Collection **marabout service**

Du même auteur chez Marabout :
Dictionnaire de l'astrologie (MS 388)

Michèle CURCIO

La parapsychologie de A à Z

MARABOUT

PRÉAMBULE

La parapsychologie est une science jeune, née d'une ancestrale tradition. L'occultisme, en effet, semble exister depuis qu'il y a des hommes : c'est l'art de déchiffrer, expliquer, pratiquer les sciences secrètes qui brouillent les cartes officielles. Il y a toujours eu des règles, des principes, des coutumes et des esprits se disant tenir d'autres informations et connaître d'autres sciences ; ces sciences ont été appelées occultes.

L'occultisme, ou pratique des sciences occultes, a perdu peu à peu la considération des esprits distingués, simplement à cause des invraisemblances qu'on a pensé y voir. Des savants ont étudié les expériences curieuses qui contrariaient par leurs résultats les principes acceptés par la religion et ce qu'on pensait être le bon sens. Pour ne pas déchoir, les savants ont tenu à expérimenter les règles imprévues de l'occultisme. Ils en ont démontré certaines naïves, illusoires et propres à leurrer un public non instruit. Pour d'autres, ils en ont constaté la crédibilité.

Afin d'exprimer que les lois de l'occultisme avaient été triées, filtrées, admises et expliquées ou bien repoussées et niées, on érigea l'occultisme en science normale, acceptable et digne d'attention et on lui donna, sous son aspect nouveau, un nom qui le soit aussi, dont la recherche et le choix ont été difficiles. C'est la parapsychologie.

A savoir nouveau, il faut un vocabulaire vérifié, contrôlé, trié, fixé. C'est ce que vous présente ici *La parapsychologie de A à Z*. Des termes en nombre presqu'infini parlaient d'occultisme ; on n'a conservé que ceux qui sont encore utiles aujourd'hui, après l'épuration et le rajeunissement de ce savoir. On trouvera ici près de deux cents noms dont une cinquantaine de noms propres. Leur ensemble offre une vue générale de ce que l'on peut souhaiter connaître des pouvoirs occultes que nous possédons, souvent sans nous en douter. Les personnalités qui ont joué un rôle dans l'évolution de ces faits curieux ou incompréhensibles figurent ici. Elles le méritent, ayant frayé la route.

Ce vocabulaire est jeune et vivant. Il n'est pas tout à fait fixé. Il peut évoluer. Mais celui qui lira ces pages pourra désormais comprendre tous les textes et tous les discours traitant de ce sujet, depuis l'Antiquité jusqu'à nos jours.

L'auteur espère être ainsi utile à ceux qui cherchent à s'informer et pour lesquels il fallait un vocabulaire fixe et bien délimité.

Ne figure ici que ce qui appartient à la parapsychologie.

M.C.

A

ABRACADABRA

Ce terme est une **formule magique** mystérieuse, dont l'origine est incertaine, que l'on représente souvent sous la forme d'un triangle, et qui a donné, dans notre langage courant, le mot « abracadabrant ».

Dans le passé, ce mot était considéré comme un talisman et on le portait sur soi, inscrit sur un parchemin vierge et enfermé dans un sachet vert, pendu à son cou comme un médaillon. Parfois, il était gravé sur une médaille.

Voici la disposition la plus classique de ces lettres :

A B R A C A D A B R A
A B R A C A D A B
A B R A C A D
A B R A C
A B R

En voici une autre :

A B R A C A D A B R A

B R A C A D A B R A B

R A C A D A B R A B R

A C A D A B R A B R A

C A D A B R A B R A C

A D A B R A B R A C A

D A B R A B R A C A D

A B R A B R A C A D A

B R A B R A C A D A B

R A B R A C A D A B R

A B R A C A D A B R A

AFFECT

Ce terme appartient à la psychologie. Il désigne ce que **ressent** un sujet. Ce peut être quoi que ce soit ; par exemple, le désir, l'angoisse, la colère, le sentiment de culpabilité, toutes les nuances affectives comme amour, passion, haine, etc.

Il est générique ; on l'utilise dans le raisonnement d'ordre général pour éviter des détails superflus, des énumérations, des listes, des exemples, là où le commentaire peut s'en dispenser.

Il est employé parfois dans des rapports d'expériences ou des commentaires relatifs à la transmission de pensée ou aux effets du subconscient.

AGENT

Dans la parapsychologie, le terme « agent » possède un sens bien déterminé, différent de son sens général. L'agent est la personne ou le fait se trouvant **à l'origine d'un phénomène PSI** (voir ce mot) spontané ou expérimental.

On utilise habituellement ce terme dans la description d'expériences, de recherches, de faits spontanés liés aux phénomènes de la parapsychologie. L'agent est la personne qui, dans l'expérience, a disposé de l'initiative. C'est la personne qui a envoyé un signal, souvent sous la forme d'une image mentale, d'autres fois d'un son ou d'un contact capable de donner naissance à un phénomène PSI, c'est-à-dire un phénomène lié à la parapsychologie. C'est l'agent qui provoque la réaction et c'est souvent lui qui note sur des fiches les résultats obtenus.

Le rôle de l'agent est donc de première importance dans les expériences relatives à la PARAPSYCHOLOGIE (voir ce mot).

AGPAOA

Agpaoa est un **guérisseur** des îles Philippines travaillant à Baguia, près de Manille. De nombreuses personnes se sont rendues sur place pour le voir opérer. Un plus grand nombre encore pour se faire soigner.

En fait, il semble que tous ces chirurgiens des Philippines et du Brésil, travaillant comme guérisseurs et souvent sans aucune précaution, aient une grande habitude des maladies et sachent les reconnaître. La guérison s'obtient par un simulacre d'opération ou d'extraction. Ces guérisseurs philippins ont attiré à Manille une foule d'Européens qu'ils ont plus ou moins bien guéris.

On les a appelés *chirurgiens aux mains nues* et Agpaoa en fut l'un des premiers. Le Dr Janine Fontaine a fait sur ce sujet un reportage et en a publié un livre (Laffont éd.). Il semble habituel, chez ces personnages, de ne s'opposer à aucune recherche et, au contraire, de conseiller d'apprendre auprès d'eux. Mais leur enseignement n'est pas probant.

ALBERT (le Grand)

Dans les pays d'Occident, au Moyen Age et même plus tard, les auteurs alchimistes, imitant leurs devanciers antiques et craignant les persécutions, avaient l'habitude d'attribuer leurs écrits à des personnages illustres du passé. Les ouvrages les plus connus portent les noms de saint Thomas d'Aquin, de RAYMOND LULLE (voir ce nom), de Roger Bacon, d'ARNAUD DE VILLENEUVE (voir ce nom) et d'Albert le Grand.

Celui qu'on appelle Albert le Grand (ou le Grand Albert) était de son vrai nom Albert de Bolstadt. En 1199, en Souabe, il jouissait d'une très grande réputation et avait des disciples ; entre autres, selon F. Ribadeau-Dumas dans son *Histoire de la Magie*, un certain abbé Tristheim. Ce dernier ne cachait pas que celui qu'il aimait appeler « le plus saint des saints » connaissait et pratiquait la **magie**, ajoutant « que toute science doit être expérimentée pour pouvoir être jugée et qu'en magie, c'est la pratique qui est dangereuse et non la connaissance ». Il était de mode alors, parmi les érudits du Moyen Age, de se passionner pour la magie. Cette science, pourtant interdite, offrait mille attraits. Albert le Grand laissa de nombreuses recettes, ou bien on les lui attribua : « Il détailla les vertus magiques des pierres et des herbes ; il précisa que ce pouvoir venait des étoiles car, selon Aristote, les corps célestes commandent le moindre détail sur la terre, ils permettent les arts, ils inspirent la divination. »

Albert le Grand avait écrit un traité d'**alchimie**, art dont il affirmait la réalité. On trouvait dans son ouvrage maint conseil pour la fabrication de l'or ; mais Albert ne dit jamais qu'il fit lui-même de l'or. La tradition affirme pourtant qu'il possédait la *pierre philosophale* et qu'il accomplit de vrais miracles.

Ses disciples racontaient volontiers que lorsque Guillaume II, comte de Hollande, dîna avec le Grand Albert à Cologne, celui-ci fit dresser la table dans le jardin du couvent ; on était pourtant en plein hiver, la neige tombait et avait tout recouvert. Dès que les invités furent assis, la neige non seulement cessa de tomber, mais disparut du jardin, qui fut alors rempli de fleurs épanouies. Des oiseaux volaient d'arbre en arbre, comme en été.

On pense bien que le Grand Albert ne manquait pas d'élèves ; ils rêvaient d'accomplir pareils prodiges et s'empressaient de préciser que Maître Albert ne parvenait à de telles démonstrations que par la magie, mais une magie naturelle, ce qui veut dire qu'elle ne devait rien au démon et n'avait rien de condamnable.

Deux ouvrages : le **Grand Albert** *et le* **Petit Albert**

On aurait conservé deux ouvrages d'Albert le Grand. Ils étaient imprimés en grandes quantités et diffusés par des colporteurs. Mais on n'en trouve plus guère car ils ont été feuilletés et consultés tant de fois, par tant de gens, qu'ils sont complètement usés. Ceux que l'on possède ne sont peut-être que des imitations et non les véritables œuvres d'Albert le Grand. On y trouve en effet de nombreuses compilations de dictons et de recettes ne pouvant convenir qu'à des esprits crédules. On en a déduit que le nom du Grand Albert couvrait plusieurs entités.

Le *Petit Albert* n'est pas l'œuvre d'une entité, mais un livre dans l'esprit du *Grand Albert*. On y trouve tout pêle-mêle : aussi bien des recettes et des affirmations parfaitement extravagantes que l'exposé de pratiques bien antérieures au personnage lui-même, remontant parfois aux époques de l'Antiquité grecque et romaine, ainsi que des recettes destinées à plaire aux jeunes, filles ou garçons.

Ce qui frappe tout de suite dans ces recueils, c'est la présence de recettes qui, aujourd'hui, nous paraissent fort sages, mêlées à un grand nombre de constatations ordinaires, évidentes et vulgaires. D'autre part, nous l'avons dit, il s'y trouve un grand nombre de recettes de beauté, comme des formules de dépilatoires et de parfums. On y découvre aussi des recette à base de fleurs et de fruits, certainement toujours utiles, que l'on pourrait facilement moderniser : du fard rouge, de l'antiride, de l'anti-hâle et des dentifrices. Il y a des pastilles à parfumer, des pommades contre les taches de rousseur, et des élixirs à raviver les encres pâlies par le temps, d'autres pour éloigner les fourmis, et même des remèdes pour effacer les traces de l'ivresse.

En fait, ces secrets ne sont pas le vrai secret d'Albert le Grand. Il a inventé un traité de PHYSIOGNOMONIE (voir ce mot) par lequel commence son œuvre. Il excelle dans les recherches chiromantiques et il a même fait un travail sur les talismans, qui semble être le résultat de considérables recherches effectuées antérieurement.

Ces **recettes de magie** étaient alors d'accès et de réalisation difficiles. Ce qui attirait en elles et qui est important dans le *Grand Albert*, c'est un formalisme impératif et très complexe qui fixe et retient longtemps l'attention du magicien sur le résultat qu'il veut obtenir. C'est là un procédé psychologique de valeur : en s'appliquant à chercher les matériaux, généralement rares et difficiles à se procurer, et à accomplir des rituels compliqués, on est forcé de se concentrer sur le résultat cherché et c'est cette concentration prolongée qui donne à la pensée la puissance nécessaire.

ALBERT (Petit)

Lorsque fut largement diffusé le GRAND ALBERT (voir ce nom), il eut un succès extraordinaire. Bien des gens conçurent l'idée d'un ouvrage lui faisant suite, qui se vendrait merveilleusement bien par colporteurs. On était au début du XVIIIe siècle quand fut publié le *Petit Albert*. Il ne devait rien à Albert le Grand, mais il était présenté de telle façon qu'on pouvait croire qu'Albert le Grand en était l'auteur. Pour consolider cette impression, quelques-uns des secrets du *Grand Albert* ont été repris dans le *Petit Albert*. On les compléta par des recettes magiques tirées d'autres recueils et notamment de la *Magiae Naturalis* de Porta.

Le texte du *Petit Albert* n'est pas dénué de valeur. Les « talismans de Paracelse » qui s'y trouvent peuvent produire réellement effet. Ils sont conçus en tenant compte des influences planétaires et ont inspiré Papus, qui en a repris le principe dans son *Traité méthodique de magie pratique*. Aux planètes sont associés les métaux.

On trouve ici aussi « l'Oraison des Salamandres » qui est, en somme, une prière. La MAIN DE GLOIRE (voir ce nom) y est expliquée. Il s'y trouve enfin la « Clé dorée du Grand Œuvre » qui est « la source générale de toute chose ».

ALCHIMIE

Alchimie est un terme d'origine arabe désignant cette science qui, depuis, est devenue la chimie. L'alchimie est une recherche méthodique effectuée dans le but de trouver l'art de la **transmutation des métaux**. Le mot transmutation a fait couler beaucoup d'encre. Son sens est exactement : transformation d'une chose en une autre qui présente des caractéristiques différentes de celles de la première. On fait grand usage de ce terme, au propre et au figuré.

On a beaucoup écrit sur l'alchimie et, notamment, qu'elle consistait en la recherche du moyen de fabriquer de l'or à partir de métaux communs. Ce secret, qui devait permettre à celui qui le découvrirait de s'enrichir, existe peut-être. S'il existe, il n'est pas divulgué.

Cependant, l'alchimie, au point de vue de la parapsychologie, a une signification plus nuancée. On considère qu'elle est symbolique ; dans ce cas, on recherche une **transmutation spirituelle de l'être** ; c'est un travail de perfectionnement de la personnalité profonde jusqu'à obtenir la véritable sagesse. Dans cette figure, l'évolution du moi est proprement le *Grand Œuvre*. Le Grand Œuvre n'est plus la fusion dans le creuset. L'or obtenu n'est plus métallique, il est psychique.

Dans l'alchimie concrète, qui est une recherche matérielle, par des méthodes expérimentales, on tend à la découverte de ce qu'on a convenu d'appeler la *pierre philosophale*. La grande majorité des scientifiques n'admettent pas qu'on puisse transformer le plomb en or. Cependant, il paraît que l'on atteint actuellement une vision très voisine, pour ne pas dire parallèle, de celle des alchimistes. En effet, pour ceux-ci, toute chose, toute matière n'était que vibrations ; il n'y avait donc pas de trop grandes difficultés à admettre que si on pouvait modifier les vibrations, on pouvait transmuer les corps, donc, entre autres, les métaux. Il suffirait par conséquent de changer les vibrations pour obtenir une transmutation. Actuellement, les savants sont en mesure de faire cela pour certains corps. Ce qui distingue les alchimistes, c'est qu'ils pensent pouvoir le faire pour tous les corps.

Des alchimistes et des mystères

Mais ces personnages capables de réussir la transmutation alchimique, existent-ils ? Ont-ils existé ?

Certains alchimistes sont connus comme tels ; mais il ne faut pas oublier qu'il peut y en avoir qui ne se soient pas faits connaître. On suppose que LE GRAND ALBERT (voir ce mot) et ses disciples avaient réussi l'expérience, mais on n'en a pas l'assurance.

On a beaucoup parlé, à ce sujet, de NICOLAS FLAMEL (voir ce nom) et de sa femme Pernelle. Georges Langelaan en parle longuement dans un ouvrage intitulé *Les faits maudits*, paru aux Éditions Planète ou Retz.

Nicolas Flamel n'est cependant pas le seul à avoir fabriqué de l'or par l'alchimie. Jean-Baptiste Van Helmont, chimiste de grand savoir qui vécut au XVIe siècle en Belgique, a écrit : « En plusieurs occasions, j'ai tenu entre mes mains la pierre philosophale. » C'était le catalyseur permettant de fabriquer de l'or à partir de plomb, d'argent ou de mercure. Il l'aurait reçue d'un ami, mais n'indique pas de qui il s'agissait.

Naturellement, certaines personnes refusent de croire à l'existence de la pierre philosophale et ne voient que trucage dans le Grand Œuvre, dont le nom ne serait significatif qu'au sens figuré.

Ce qui jette le doute, c'est que ceux qui ont disposé de la pierre philosophale l'ont toujours reçue d'un inconnu. Ou bien ils ont découvert la description du procédé du Grand Œuvre dans un grimoire venu à eux par des voies inconnues. Même Nicolas Flamel, qui fait un récit apparemment simple, laisse dans l'ombre l'essentiel des informations qu'il prétend donner.

Cependant, des témoins ont pu assister à la fameuse transmutation du plomb en or, mais, toujours, un élément a manqué.

L'alchimie s'est de tout temps présentée entourée de mystère. Lorsque Giordano Bruno, moine du XVIe siècle, se fut rendu à Venise, il y découvrit par hasard une très vieille boutique de libraire, où il fit choir un livre intitulé *Voarchadumia contra Alchemia*, qui avait été publié en 1530 à Venise. Il se douta qu'on y traitait de la transmutation. Mais la langue de ce texte, pour rester secrète, avait été modifiée.

On constate que, toutes les fois qu'il est question d'alchimie, se dresse une barrière infranchissable assurant le secret.

Si l'on étudie de près l'histoire d'Helvétius, qui était médecin personnel de Guillaume d'Orange, au XVIIe siècle, on y trouve l'intervention d'un inconnu qui lui dit : « N'avez-vous jamais reconstitué la pierre philosophale ? » Et qui, sur la réponse négative d'Helvétius, lui montre des morceaux d'une substance jaunâtre. Après plusieurs visites chez Helvétius et non sans s'être fait longuement prier, l'étrange personnage accepte de donner un morceau de cette pierre à Helvétius. C'était une minuscule miette. Un jour, Helvétius se décide à tenter l'expérience. Et il y réussit. On ne le crut pas, mais on dut, paraît-il, se rendre à l'évidence : il avait fait de l'or.

Une histoire en somme aussi trouble et aussi peu explicite est arrivée à un certain James Price, un étudiant d'Oxford, au XVIIIe siècle. Ses études brillamment terminées, le jeune homme s'était orienté vers l'alchimie. Il reprit à leur commencement toutes les études qui avaient été faites dans le but de découvrir la pierre philosophale. Il semble que ses travaux aient été couronnés d'un certain succès. Il réussit, devant des témoins très qualifiés, à réaliser la transmutation. Mais comme on lui demandait de recommencer ses expériences sous des contrôles de plus en plus rigoureux, il tomba raide mort dans le laboratoire, au milieu de ses témoins et de ses contrôleurs, après avoir absorbé du cyanure.

On a pu connaître, par la suite, des inventeurs ultra-discrets qui, s'ils ont fait de l'or, et bien que leur entourage ait cru le deviner, ne l'ont pas crié sur les toits. Il y en eut un qui fabriqua un or assez pur qu'il vendit au gouvernement des États-Unis : c'est le Dr S.H. Emmens.

On conçoit l'importance du secret. Si tout le monde pouvait apprendre à fabriquer de l'or, l'économie universelle serait bouleversée, puisqu'elle est basée sur la valeur de ce métal incorruptible, système selon lequel cette valeur doit demeurer très élevée. Les inconvénients de cette vulgarisation seraient plus grands que ses avantages.

Une expérience d'alchimie récente

Une des plus récentes expériences d'alchimie serait celle que réalisa à la télévision le comte de Saint-Germain. L'homme qui se donnait ce nom se fit passer pour (ou fut) un grand initié de la lignée de Paracelse, Philalethe et Nicolas Flamel. On possède un récit de cette séance mémorable.

L'alchimiste prend un creuset et une bobine de fusible de plomb. Il prélève sur la bobine, pour servir à l'expérience, trois centimètres de fusible. Dans un médaillon pendu à son cou, il prend une petite pincée de poudre grise qu'il déclare être de la « poudre de projection ». Il met le plomb en contact avec la poudre et le dépose ensuite dans le creuset. Le creuset est fermé et posé sur la flamme d'un réchaud à gaz. Au bout de cinq minutes, on éteint la flamme et on plonge le creuset dans l'eau froide. Quand il est refroidi, on ouvre le creuset : au fond, se trouve le fusible de plomb changé en or.

Cette séance constitue une expérience alchimique type, concrète. Elle a eu lieu dans les années soixante et a été diffusée par la télévision française.

Il va de soi que, tout comme les expériences alchimiques effectuées dans le passé, celle-ci contient des obscurités.

Et c'est heureux. Il est, en effet, important que certains secrets ne soient pas divulgués ; ils y perdraient de leur charme, de leur pouvoir, de leur autorité. Et puis, ils pourraient semer le trouble dans l'ordre établi.

AMULETTE

Ce terme vient du latin *amuletum*, lui-même supposé dérivé de *amiliri*, qui signifie éloigner. C'est un objet fabriqué généralement par un sorcier qui sert à **écarter la malchance** et qui rassemble divers éléments symboliques à la fois dans la matière dont il est fait et dans les ornements qu'il présente. L'amulette n'est efficace que portée sur soi (voir le mot TALISMAN). Le pouvoir de l'amulette, qui est dit surnaturel, pourrait être, comme dans le cas du talisman, dû seulement à une puissante autosuggestion.

APPARITION

En parapsychologie, on appelle apparition un objet ou un être vivant, personne ou animal, ou toute image, de quelque taille qu'elle soit, que l'on voit soudain en un endroit où il ne se trouvait pas l'instant d'avant, et qui est destiné à disparaître au bout d'un temps plus ou moins long sans laisser de trace. Dans la plupart des cas, on a l'impression que l'apparition est une réalité. Mais on ne la sent pas d'une manière tactile. Il faut ajouter qu'une apparition peut être vue par une ou plusieurs personnes, parfois par une foule.

Quel crédit accorder aux apparitions ?

On rencontre les plus grandes difficultés à définir et à reconnaître les apparitions. En effet, beaucoup de gens pensent que, si elle est vue par un grand nombre de personnes, l'apparition doit être considérée comme une chose réelle, existante. Cependant, certains avancent la possibilité d'une hallucination collective. Il est très vrai aussi que lorsque quelqu'un affirme avec une certaine exaltation voir quelque chose, les autres, l'entourage, les témoins de telles déclarations ont tendance à croire voir eux-mêmes cette apparition. D'où nous pouvons conclure à la plus grande difficulté à accorder crédit aux témoignages d'apparitions.

Un autre cas difficile : une apparition qui a été photographiée peut-elle être considérée comme une hallucination ?

En fait, le cas des apparitions n'a pas été résolu. On peut toujours parler d'aberration des sens et de contagion d'une impression erronée. Notre bon sens est facile à surprendre et à leurrer.

D'autre part, dans le cas d'apparitions à **caractère religieux**, on hésite à contredire énergiquement le visionnaire, preuves à l'appui ; on craint, dans ce cas, d'être considéré comme trublion et faiseur de scandale.

On peut, en effet, penser que certaines apparitions à caractère religieux ont un but moral et humanitaire ; à ce titre, la rumeur publique les accepte et celui qui les nie est forcément mal vu.

Il est difficile de faire une nette distinction entre les apparitions et les **fantômes**. On pourrait alléguer que les fantômes, habituellement, se déplacent, les apparitions étant plutôt des images se tenant immobiles et finissant par se dissiper.

Les apparitions n'ayant pas une grande influence sur le plan matériel et au point de vue social, on préfère ne pas résoudre le cas et les abandonner à la croyance populaire. Sous nos cieux, les apparitions ont la plupart du temps un caractère religieux, comme celles de Lourdes et de La Salette. Elles contiennent des avertissements dont on ne tient généralement pas compte.

Ce premier point de vue est très proche des thèses matérialistes et rationalistes. Rien ne prouve, cependant, que les apparitions ne soient pas réelles et qu'elles ne soient que des visions ou des hallucinations. Il existe une autre thèse selon laquelle il y aurait bien, parfois, des apparitions et pour lesquelles l'explication est différente. Il s'agirait alors d'êtres désincarnés, c'est-à-dire morts pour les rationalistes ; pour les autres, ils ne sont morts que matériellement et en leur corps de chair. Leur esprit, leur âme demeure et parfois regrette le monde matériel au point d'y faire des incursions. Ou bien, ils se sentent chargés d'un message d'importance capitale et reviennent en faire part au monde des vivants ; on a alors des apparitions et des fantômes dont la logique rationnelle n'a pas encore trouvé le mécanisme, le principe, la compréhension.

On peut supposer que les apparitions sont plus nombreuses, plus diverses, plus explicites qu'on en a connaissance, mais de nombreux témoins se taisent, soit parce qu'on ne les croirait pas, soit parce qu'eux-mêmes ne croient pas ce qu'ils ont vu.

APPORT

Ce terme, dans le sens qui lui est donné ici, appartient au vocabulaire du SPIRITISME (voir ce mot). Il désigne un objet, quel qu'il soit, qui ne se trouvait pas en un lieu donné et qui s'y trouve immédiatement après une **expérience de spiritisme**. Le parapsychologue physicien anglais J.-B. Hasted en a été souvent témoin et l'a raconté. Selon lui, il y aurait dans ce phénomène d'apparition et éventuellement disparition, une illustration de la théorie des quantas. Lors de célèbres expériences de spiritisme, notamment avec le colonel de Rochas, il est arrivé que des objets, comme des fleurs, par exemple, subsistent après le déroulement d'une apparition de fantômes et leur disparition. De tels objets sont des apports.

ARIGO

José Pedro de Freitas, plus connu sous le nom de Arigo, constitue l'une des énigmes les plus étranges qu'aient eu à résoudre la médecine et la chirurgie modernes.

Entre 1950 et 1971, année où il mourut dans un accident de voiture, cet homme pratiqua des milliers d'interventions chirurgicales de toute nature, depuis l'ablation d'un kyste jusqu'à l'opération de cancers de l'estomac. Il utilisait un vieux couteau de poche et ne pratiquait ni anesthésie, ni hypnotisme, ni désinfection. Pourtant, ses malades ne montraient jamais aucun signe de souffrance et guérissaient sans complications. La particularité d'Arigo était son charisme universel. Il déclara avoir été dirigé vers sa mission de **guérisseur** par un certain Docteur Fritz qui lui était apparu en songe et qui revenait le diriger dans les cas difficiles.

Ce curieux phénomène, qui se déroula au Brésil à Congonhas de Campo, petite ville située entre Belo Horizonte et Rio, déclencha un flot de vocations de *chirurgiens aux mains nues* au Brésil et aux Philippines.

Cependant, à la différence d'Arigo, la plupart de ces *chirurgiens aux mains nues* n'opéraient pas. Une manœuvre de leurs mains sur le corps du patient, un pétrissage énergique de la partie du corps qui était malade faisaient surgir une sorte de petit lambeau de chair non sanguinolent, d'ailleurs considéré par ce praticien comme la concrétisation du mal ; le patient se déclarait alors guéri. Certaines personnes, instruites aux Philippines, ont pratiqué cette chirurgie psychique en Europe.

ARNAUD DE VILLENEUVE

Arnaud de Villeneuve est né à Montpellier au XIIIe siècle. Il était considéré comme un véritable mage et avait une très grande réputation. Il soigna des rois et des papes. Il jouissait, de son vivant, d'une immense réputation et ses talents étaient recherchés.

Il était un excellent médecin ; il interprétait les songes, il faisait des prédictions. Il parlait le grec, le latin et l'arabe, connaissait les mathématiques, la philosophie. Bref, son savoir était universel. Surtout, il était alchimiste et il réalisa une transmutation du vil métal en or devant le pape Boniface VIII. Dans ses travaux d'alchimiste, il apporta des découvertes à ce que nous appelons aujourd'hui la chimie ; il découvrit, entre autres, des acides tels que l'acide sulfurique, l'acide chlorhydrique et l'acide nitrique.

Mais il s'attira les foudres de l'Église lorsque, dans ses prophéties, il annonça la venue de l'Antéchrist. Il fut emprisonné sur l'ordre de Boniface VIII. Ce dernier, cependant, tomba malade ; on fit venir près de lui Arnaud de Villeneuve qu'on sortit de sa prison. Il guérit le pape et celui-ci, non seulement le gracia, mais le couvrit de cadeaux.

Homme de savoir universel, Arnaud de Villeneuve écrivit un traité sur les jours fastes ; il établit de nombreuses formules magiques, donna des recettes de talismans qui permettaient de soigner les malades. Il connaissait la KABBALE (voir ce mot) et l'utilisa dans ses formulaires.

Il mourut dans un naufrage en 1314. Trois mois après sa mort, l'Inquisition espagnole fit brûler tous ses écrits.

ASTROLOGIE

Art de prédire les événements d'après la **position des astres** et en se basant sur la connaissance de leur influence sur les activités humaines individuelles ou collectives.

Cette définition, à la fois classique et sommaire, appelle certaines précisions. Et d'abord, sur les origines et les développements de cet art divinatoire que d'aucuns déclarent être une science exacte. La science astrologique est exacte dans la mesure où elle part d'une observation réelle de la position des corps célestes à un moment donné et de leur déplacement dans un temps également donné.

L'astrologie méditerranéenne et ses origines

Son origine est très ancienne. On dit que ce sont les **Chaldéens** qui ont inventé l'astrologie. Dans ce cas, il s'agit de l'astrologie qui a cours dans les pays dits occidentaux. Il existe d'autres astrologies, comme on va le voir.

L'astrologie que l'on utilise en France est certainement d'origine méditerranéenne. Le Bassin méditerranéen est, en fait, un berceau de haute et antique civilisation ; son ciel est clair et, par les longues nuits de veille, les bergers de Chaldée, dit-on, le contemplaient. C'est ainsi qu'ils remarquèrent que la position des corps célestes variait et, avec eux, les événements et les actions des hommes. Les astrologues d'aujourd'hui n'acceptent pas tous le terme d'« art divinatoire » appliqué à l'astrologie et la veulent une science exacte. C'est une opinion. Mais je persiste à penser que, dans l'interprétation des aspects planétaires et autres signes, il y a une certaine latitude qui permet à l'inspiration de s'exprimer.

Dans l'astrologie, on distingue celle qui concerne la destinée d'un individu, appelée « astrologie judiciaire » et celle qui concerne des collectivités, des peuples, des nations, qu'on appelle « astrologie mondiale ». Celle-ci retrouve dans le passé et prévoit dans l'avenir les rapports existant entre les mouvements des corps célestes et les événements mondiaux ou collectifs comme guerres, révolutions, paix et prospérité, épidémies ou cataclysmes.

Présumée donc d'origine chaldéenne, notre astrologie est supposée être passée en Égypte, où elle connut un extraordinaire développement. Les religions successives de l'Égypte ancienne s'appuyèrent sur des phénomènes célestes.

Comme les Grecs avaient l'habitude de parfaire leur éducation et leur culture par un séjour studieux en Égypte, ils en rapportèrent l'astrologie. A cette science conjecturale, ils ajoutèrent leur génie propre, notamment en ce qui concerne les signes du *zodiaque* et les noms des planètes. Il existe entre le zodiaque et la mythologie grecque des rapports très beaux et très profonds, qui demeurent aujourd'hui particulièrement utiles, surtout en ce qui concerne l'interprétation des signes. Les noms des signes du zodiaque comme ceux des planètes sont issus de la langue grecque, même s'ils sont passés, entre-temps, par la langue latine.

Car l'astrologie est passée rapidement de la Grèce à l'Italie. Puis, elle a conquis toute l'Europe occidentale, ensuite l'Europe centrale, enfin l'Europe orientale. Elle est restée la seule connue jusqu'à nos jours, où l'on voit ressurgir une astrologie celte, une autre qui est dite gauloise etc., sans que l'on puisse avoir la certitude que ce sont de véritables astrologies construites sur des bases solides et vérifiables, adoptées par divers peuples et ensuite oubliées.

L'astrologie que nous connaissons actuellement et désignons sans autre précision est appelée astrologie méditerranéenne.

Il existe aussi une astrologie de l'Inde, une astrologie chinoise etc., sans parler de celles qui sont nées, nous dit-on, en Amérique, lorsque ce continent appartenait à ses indigènes appelés indiens.

L'astrologie au cours des siècles

Le Moyen Age, inspiré par ses convictions religieuses, a persécuté l'astrologie et ses astrologues ; même quand elle était encore étroitement mêlée à l'astronomie, qui, elle, est véritablement une science.

Au XVIe siècle, tous les souverains s'attachaient un astrologue qui était consulté pour mener à bien les affaires de l'État et dont l'avis était pris en grande considération. L'usage durait depuis l'invention de l'astrologie, mais à partir du XVIe siècle, nous connaissons mieux les noms des grands astrologues au rôle si important. On sait par exemple que le nom de l'astrologue de Louis XI, roi de France, était Galeotti ; celui de Catherine de Médicis était Cosimo Ruggieri ; on cite également Cardan, Tycho-Brahé, Kepler, qui étaient à la fois des astronomes, des astrologues et des savants.

Le XVIIIe et le XIXe siècles ont vu s'atténuer l'importance donnée à l'astrologie, qui, néanmoins, ne disparut pas.

Le XXe siècle voit sa nouvelle floraison, très abondante et fructueuse. Il est probable qu'on la voit et qu'on l'utilise sous un angle et dans des buts légèrement différents de ceux d'autrefois. Elle se trouve aujourd'hui à la portée de tout le monde, du plus riche et du plus puissant au plus humble ; du plus cultivé et évolué au plus modeste et au moins instruit.

Ces dernières années, plusieurs astrologies ont attiré l'attention du public, dont la plus connue est l'astrologie chinoise. Les données de ces différentes méthodes sont diffusées largement dans le public, même sous forme de cartes postales et dans les journaux les plus répandus et les plus populaires.

Les influences astrales

L'astrologie mérite-t-elle cette réputation qu'on lui fait, cette valeur qu'on lui accorde ? Nul ne peut nier que des influences, auxquelles on donne le nom qu'on veut, circulent à travers le cosmos et ont un certain impact sur tout ce que porte notre globe terrestre. En codifiant certains groupes d'étoiles ou de planètes avec l'attribution d'un nom et les données générales caractérisant leurs influences, on a pu créer cette construction hypothétique appelée astrologie.

Mais nul ne doit croire que les astres impliquent une fatalité qui dirige notre destin malgré nous. Les astres « inclinent », ils n'ordonnent pas. Croire au contraire à leur toute puissance ne serait qu'une vaine superstition. En fait, les tendances qui sont en chacun de nous et qui différencient nos personnalités nous poussent ou nous retiennent dans diverses directions, variant avec le mouvement des planètes, mais, doués d'une volonté et d'un raisonnement qui nous sont propres et qui restent toujours absolument libres, nous agissons, en dernière analyse, comme nous voulons.

La science moderne n'a pas encore démontré qu'existent des influences astrales telles que les présente l'astrologie. Mais elle a cessé de les nier. En effet, plus le progrès avance, plus on reconnaît qu'il y a des questions non encore résolues. Aujourd'hui, la science admet que les manifestations en nombre infini de la matière ne sont que des formes diverses de l'énergie universelle. Mais, au regard des êtres humains, il y aura toujours, devant la pluralité, l'unité ; et c'est par cette mystérieuse unité que les êtres et les astres sont en communication.

L'astrologie a été dans le passé d'une telle importance qu'on la retrouve dans tous les textes un peu importants. Platon a étudié l'influence de la lune et du soleil sur la constitution des sexes. Dante a dit : « En se mettant en harmonie avec le Cosmos, le sage est maître de sa destinée. » Il appelle l'astrologie « la plus noble des sciences ».

Aujourd'hui, l'astrologie s'est donnée pour mission de nous aider à trouver notre voie, à comprendre la vie, à voir clair dans le plan de notre destinée personnelle et à aimer cette destinée personnelle, à l'apprécier, à la savourer.

On ne peut pas donner de valeur de Bien ou de Mal à l'influence des astres sur notre destinée. En fait, elle est toujours bonne ; c'est à nous d'en tirer le meilleur parti. Ou alors, on ne sait pas se mettre à l'unisson de l'infinie harmonie universelle.

Dans la réalité, si l'on veut tenir compte de l'astrologie pour mener sa propre vie, il faut en prendre connaissance dans un esprit objectif. Il faut tenir compte de ce que tendent à faire de nous les astres pour ne pas s'y opposer, mais utiliser cette force à notre profit ; un peu comme le judoka utilise à son profit les forces déployées, même éventuellement contre lui, par son adversaire.

De la lunette à l'ordinateur

Si, dans un lointain passé, on pratiquait l'astrologie en regardant les corps célestes avec une lunette et en mesurant soi-même les angles se formant entre eux, il n'en est plus de même aujourd'hui.

Pendant une assez longue période moderne, on a supprimé les observations directes parce que le ciel n'était pas toutes les nuits suffisamment clair. Des spécialistes ont rassemblé les observations et en ont dressé des tableaux que l'on consulte au lieu de regarder directement le ciel.

Et puis, avec la venue des ordinateurs, on a encore simplifié le travail des astrologues en leur fournissant des « logiciels » astrologiques ; ceci veut dire qu'en appuyant sur un certain nombre de touches déterminées d'un ordinateur dans lequel on a introduit le logiciel, on obtient un nombre intéressant de renseignements astrologiques qui raccourcissent singulièrement le temps passé à réaliser une étude personnelle. Ces progrès devraient permettre d'affiner les études personnelles et de donner des commentaires plus précis, plus détaillés, plus près de la vérité.

Cette introduction des méthodes toutes nouvelles dans cette science, ou cet art ancien, est une preuve de la vitalité de l'astrologie, qui ne perd aucun de ses droits ni aucune parcelle de sa valeur, même en notre siècle. Ceci tendrait à prouver l'utilité de l'astrologie et son judicieux emploi.

Le zodiaque

La forme la plus populaire de l'astrologie est celle qui se base sur le zodiaque. Le zodiaque est une ceinture fictive, censée entourer la Terre et divisée en douze sections ; chaque section porte le nom d'une constellation et se situe entre deux dates. Celui qui est né entre ces dates est directement influencé par cette constellation.

On a ainsi : le **Bélier**, né entre le 21 mars et le 20 avril ; le **Taureau**, né entre le 21 avril et le 20 mai ; le **Gémeaux**, entre le 21 mai et le 21 juin ; le **Cancer**, entre le 22 juin et le 22 juillet ; le **Lion**, entre le 23 juillet et le 22 août ; la **Vierge**, entre le 23 août et le 22 septembre ; la **Balance**, entre le 23 septembre et le 22 octobre ; le **Scorpion**, entre le 23 octobre et le 21 novembre ; le **Sagittaire**, entre le 22 novembre et le 20 décembre ; le **Capricorne**, entre le 21 décembre et le 19 janvier ; le **Verseau**, entre le 20 janvier et le 18 février et le **Poissons**, entre le 19 février et le 20 mars.

Connaissant sa propre date de naissance et le caractère des personnes nées sous le même signe, on en déduit sa propre personnalité et, en lisant les horoscopes collectifs qu'il est habituel de trouver dans la plupart des publications, on en tire quelques données sur ce qu'apporteront les jours suivants. Sous cette forme simplifiée et populaire, l'astrologie recueille pas mal de critiques et se déprécie ; il faut reconnaître, cependant, que ces horoscopes collectifs contiennent des vérités utiles.

Les ordinateurs préparés pour donner des consultations astrologiques fournissent également une **carte du ciel**, qui est un schéma conventionnel représentant la position des divers corps célestes dans le ciel à un moment donné de la vie du consultant. Si ce moment est l'instant de la naissance du sujet, cette carte est dite **ciel de nativité**. C'est la base nécessaire de toute consultation astrologique menée avec logique, car elle présente les planètes de configurations qui ont présidé à la naissance, et dont on dit qu'elles ont déterminé le caractère du consultant et les grandes lignes de sa vie.

Tout ceci concerne l'utilisation de l'astrologie occidentale ou méditerranéenne. Les autres astrologies que nous avons citées représentent la vie du consultant d'une manière qui leur est propre.

AURA

On appelle aura une émanation d'un corps vivant que l'on peut comparer à un **rayonnement**. Ce terme vient du mot latin *aura*, qui veut dire souffle et, par extension, émanation.

Dans l'Antiquité, on appelait ainsi une émanation subtile dégagée par les êtres vivants, en principe des êtres humains. La seule existence de ce terme implique la croyance en un rayonnement émanant du corps humain. Les hauts personnages de l'Égypte ancienne étaient représentés avec cette aura. On fit de même, par la suite, en Grèce et à Rome. A partir de l'aura, le christianisme créa l'auréole, dont on entoura la tête des saints. Dans notre période moderne, on appelle encore aura le rayonnement abstrait d'une personne, que l'on perçoit par sensibilité ou à l'éclat et à l'expression des yeux et du regard.

En parapsychologie, le problème de l'aura reste posé. On n'a pas encore réussi à définir de manière satisfaisante en quoi elle consiste.

L'aura est généralement décrite comme un halo de lumière colorée entourant le corps de certains êtres humains. Elle est visible aux yeux des « voyants ». Ceux-ci déclarent voir sa couleur se modifier selon les sentiments éprouvés par le sujet ou son état de santé.

Quelle est la qualité des personnes susceptibles de percevoir l'aura ? L'opinion la plus couramment admise est que l'aura varie selon l'être qui l'émet, mais aussi selon la psychologie de la personne qui la voit. On est allé jusqu'à prétendre que ce n'est pas véritablement l'aura proprement dite que perçoit le voyant, que c'est une image d'aura correspondant à ce que sait le voyant, ce qu'il perçoit ou devine du sujet observé.

On a aussi tenté de photographier l'aura; mais des objections ont été faites à ces expériences alléguant qu'elles n'étaient pas probantes et que la prétendue aura était un effet de la chaleur naturelle rayonnant du corps humain.

L'effet Kirlian

Un procédé photographique utilisant les champs électriques de haute fréquence a été mis au point en U.R.S.S. par Semyan et Valentina KIRLIAN (voir ce nom); des photos qu'ils ont prises font apparaître des auras multicolores. On a beaucoup parlé de leurs expériences. On ne retiendra ici que les observations suivantes:

— un objet inerte donne un contour uni; toute matière vivante donne un halo irrégulier et scintillant;
— le halo d'une feuille détachée d'une plante décroît et pâlit au fur et à mesure que se dévitalise l'objet;
— l'image donnée par le doigt d'une personne varie selon son état de santé, etc.

Ces observations ont suscité beaucoup de réactions: des élans d'enthousiasme et des critiques.

L'origine et la signification de ce qu'on a appelé « l'effet Kirlian » n'ont pas encore été déterminées d'une manière certaine. On reste dans une expectative qui résulte d'un esprit scientifique louable. Certains souhaitent que l'on parvienne un jour, par l'un des multiples procédés proposés pour mettre l'aura en évidence, à disposer de techniques rigoureuses d'analyse spirituelle et psychologique et de diagnostic médical quasi instantané. (D'après Edmond Bernard, dans *Renaître*, bulletin de l'U.S.F.I.P.E.S.)

AUTOSCOPIE

On donne ce nom à une vision de soi-même sans miroir, mais par l'esprit. C'est un phénomène hallucinatoire. Il est en général d'ordre pathologique.

On rencontre, cependant, des cas plus particuliers où le sujet se voit comme s'il s'agissait d'une autre personne ; on conte que cela se produit dans la maladie, au moment de la mort, ou au moment où le sujet se considère comme mourant. C'est aussi le commencement d'un phénomène de BILOCATION (voir ce mot).

AUTOSUGGESTION

Le terme autosuggestion contient d'abord le verbe suggérer, du latin *suggerere* qui voulait dire apporter. Suggérer signifie insinuer dans l'esprit de quelqu'un, inspirer.

La suggestion, ou action de suggérer, peut provenir de l'extérieur et c'est une hétéro-suggestion, communément appelée suggestion ; ou bien naître dans l'esprit du sujet, et c'est l'autosuggestion. La suggestion et l'autosuggestion ont sur l'individu des effets psychologiques particuliers, différents de ceux de la simple information. La simple information, en effet, garde, en principe, une objectivité qui la rend digne d'intérêt mais ne lui donne que peu de pouvoir sur le sujet qui en prend connaissance. Au contraire, la suggestion n'est pas objective, elle tend à modifier une opinion du sujet. Quant à l'autosuggestion, elle représente un ordre que se donne le sujet dans un but moral ou utilitaire.

Dans le cas d'autosuggestion, le sujet, informé d'un fait qui le frappe, ou se trouvant sous le choc d'une émotion, s'inspire à lui-même des idées, des notions, des opinions qu'il invente, qui viennent de lui, qui sont le fruit de son imagination et qu'il considère à l'égal d'une opinion basée sur des faits réels dont il aurait eu connaissance et dont il est intimement persuadé de l'exactitude et de la véracité.

L'autosuggestion contient souvent, au départ, une erreur. On peut même dire qu'elle contient toujours une erreur ; ou bien, elle se base sur une opinion improvisée par le sujet lui-même. Celui-ci, en partant d'une notion, non certainement vraie, mais probablement vraie, ou en tout cas vraie à ses yeux, développe l'idée et en tire diverses conséquences, opinions, attitudes, activités, discours, etc.

Quand elle ne contient que des certitudes dûment démontrées, l'autosuggestion n'en est plus une ; elle est une idée, une opinion, une information.

Les possibilités de l'autosuggestion

L'autosuggestion, en effet, offre de nombreuses possibilités qui peuvent être soit utiles, soit agréables, soit curatives. Il faut savoir s'en servir. Dans l'autosuggestion, en fait, il y a de la part du sujet une résolution qu'il souhaite tenir tout en déplorant qu'il doive faire pour cela un effort de volonté. On entend souvent dire : « Je voudrais bien, mais je ne peux pas, je n'ai pas de volonté, pas envie de me battre. » En fait, on n'est jamais, d'une façon constante, dépourvu de volonté. Généralement, à la fin d'une journée, on repasse tout ce qu'on a fait et tout ce qu'on aurait dû faire. Pour ce qui est simple et facile, on peut le noter sur un agenda. Mais pour ce qui demande un effort volontaire, on a un bon moyen et c'est l'autosuggestion.

Celui qui fume le tabac en connaît la nocivité et se promet à chaque cigarette que ce sera la dernière de la journée ; il évalue tous les ennuis que lui apporte le tabac : il excite le cœur, il altère les facultés et oblige à boire, il diminue l'appétit et la mémoire, il jaunit les doigts et les dents et il enfume la maison. La cigarette finit toujours par brûler la nappe, un papier important ou un vêtement ; quand on en manque, il faut courir en acheter et c'est une occasion de dépense, etc. Après avoir passé en revue les inconvénients du tabac, il est facile de décider une cure d'eau minérale et l'abstention du tabac puisqu'on est à la fin du jour et sur le point d'aller dormir. Au dernier instant de veille, on se dit : d'accord, je ne fume plus, je me sens fort et capable de me dominer. Il y a alors de fortes chances pour qu'au réveil on se désintéresse du tabac, au moins jusqu'à ce qu'une tierce personne vous offre la cigarette combien traîtresse de l'amitié.

Il y a eu autosuggestion efficace, mais dérangée. Il faudra recommencer lorsqu'on sera sûr de ne rencontrer aucun « ami ».

On procédera de même si l'on doit respecter un régime amaigrissant ; ou encore cesser d'absorber des boissons alcoolisées. On peut s'ordonner de dormir sans barbiturique. Bref, l'autosuggestion bien comprise et bien utilisée devient facilement un facteur de progrès personnel.

Elle remédie à l'effort de volonté que l'on ne veut pas faire, car elle n'exige aucun effort.

L'autosuggestion, toutefois, possède un versant noir : elle n'est pas que panacée ; elle peut inspirer des attitudes négatives et fausser les résultats de certains travaux. Elle peut cultiver et exacerber la haine, les haines de classes en politique, par exemple. Elle peut enlever toute force dans le travail parce qu'on aura considéré celui-ci inutile ; elle peut rendre malade parce qu'on a cru à une contagion, ce qui se voit dans le cas de verrues aux mains, par exemple. On peut avoir de la fièvre par peur de se présenter à un examen. On peut aussi être victime d'une autosuggestion dans les cas de contacts avec l'univers de la parapsychologie : c'est par autosuggestion que l'on risque de s'auto-envoûter, par exemple. On peut appeler sur soi des échecs parce qu'on est dépressif et qu'on y croit.

Il est facile de se rendre compte, d'après ces exemples des plus simples, de l'immense importance de l'autosuggestion dans la plupart des actes de la vie.

B

BAGUETTE MAGIQUE

La baguette magique n'est, naturellement, pas un bâton. Elle s'en distingue par sa forme et ses dimensions, par sa facture et son utilisation.

Les origines

Son histoire est aussi vieille que celle de l'homme même. Devant les difficultés de la chasse, l'homme préhistorique a tout naturellement pensé à compléter son bras d'un bâton : à l'armer. Ce bâton, par son poids, donna tout de suite un élan plus puissant et plus efficace au bras qui l'utilisait. Par sa longueur, il prolongeait ce bras et lui permettait de frapper l'ennemi ou l'animal convoité sans avoir besoin de l'approcher de très près. Ainsi, l'homme préhistorique ne tarda pas à s'apercevoir que celui qui tenait le bâton finissait toujours par dominer ceux qui n'en avaient pas.

Le bâton devint objet magique ; puisqu'il pouvait donner tant de force, il devint signe du commandement. Cessant parfois d'être une arme, il devint un SYMBOLE (voir ce mot) de **puissance** et de **force**. En même temps, il devint plus léger, moins long et très orné.

C'est ici que se situe l'origine de la baguette magique. Ce n'était plus la force du coup frappé avec le bâton qui donnait du pouvoir sur les autres, mais le seul fait de posséder ce bâton. L'instrument n'eut plus besoin d'être gros et lourd, il devint baguette. Comme tel, plus léger à tenir et plus facile à transporter. Il fut de plus en plus orné.

Des fées et des magiciens

Cette baguette est devenue ensuite si légère qu'elle put être tenue par la main délicate d'une femme ; d'une femme fine, jeune et jolie, une fée. Les fées ont toujours eu, dans la légende, une baguette magique, avec un point brillant à chaque extrémité. On retrouve cette baguette dans Charles Perrault, qui fait dire à la fée :

> « *Je vous donne encor ma baguette ;*
> « *En la tenant en votre main,*
> « *La cassette suivra votre même chemin,*
> « *Toujours sous la terre cachée ;*
> « *Et lorsque vous voudrez l'ouvrir,*
> « *A peine mon bâton la terre aura touchée,*
> « *Qu'aussitôt à vos yeux elle viendra s'offrir.* »

C'est à Peau d'Ane que s'adresse ainsi la bonne fée.

La baguette est devenue symbole du **pouvoir magique**. De plus en plus précieuse et ornée, elle deviendra symbole du pouvoir, non plus magique, mais politique et c'est le **sceptre**.

M. Skeat, cité par Durville, a tenté d'expliquer le pouvoir magique de la baguette. « Visiblement morts et même desséchés, écrit-il, les arbres, en leurs petites constituantes, branches et rameaux, peuvent garder en leurs fibres l'âme qui les animait pendant leur vie. »

Cette âme aurait été influencée par des rites symboliques, d'abord magiques et puis, ensuite, probablement religieux. C'est pour cela que la baguette magique ne peut être qu'en bois.

Ne renions pas la magie ; elle existe encore aujourd'hui et ce qui est venu par une longue tradition ne s'efface pas d'un coup de plume. On prépare encore des baguettes magiques et on en sait même la véritable recette, avec, ô merveille, à son extrémité ce point brillant comme une petite étoile qui la caractérisait jadis « au temps des fées ».

La magie poursuit donc son règne étrange avec ses étonnants effets. Celui qui en détient le pouvoir est le magicien, tenant en main sa baguette. Son costume, sa culture, ses activités répondent à des rites et à des règles, correspondent à des symboles qui ont une signification.

Un premier rite, et qui est essentiel, consiste, avant toute opération, à tracer le **cercle magique**. Ce tracé se fait avec la baguette magique ; il consiste dans une circonférence au centre de laquelle le magicien puisse se tenir. On suppose qu'il s'agit d'un sol en terre battue sur lequel on trace le cercle avec la baguette. Aujourd'hui, le sol est souvent un parquet, car cela peut se passer dans un appartement, et la baguette dessine le cercle symboliquement, sur un sol où il est déjà tracé. Pour accomplir ce geste et tous les actes magiques, le magicien a revêtu une robe qui doit le protéger contre tout rayonnement néfaste. Il se place dans un occultum, pour lequel on a des ouvrages donnant toutes les explications utiles, mais il a surtout sa baguette dont la préparation constitue en elle-même toute une opération.

Préparation de la baguette magique

En voici la recette : Pour faire une baguette magique, prenez une branche de sureau bien droite et sans nœuds, dont la longueur soit égale à la distance de la pointe de votre coude droit à l'extrémité du doigt le plus long de cette main. Vous devez cueillir cette branche à minuit, par temps sec et trois jours après la Nouvelle Lune. Ne manquez pas de respecter ces prescriptions, chacune a sa raison d'être. Après la Nouvelle Lune, la sève monte dans la branche avec une ardeur renouvelée. Le temps sec favorise la coupe du bois et la branche, d'autre part, a sa forme réelle, telle qu'elle restera ensuite en séchant. Trop d'humidité dans l'air, en effet, assouplit le bois qui peut avoir ensuite tendance à se déformer. Or, votre baguette magique doit être droite. L'heure a aussi son importance, car les végétaux dorment et veillent selon la position du Soleil dans le ciel. Lorsque vous aurez cueilli votre branche de sureau, vous la viderez de sa moelle. Pour cela, vous utiliserez un fil de cuivre assez ferme que vous chaufferez et introduirez dans la moelle en le tenant par un chiffon de laine afin de ne pas vous brûler les doigts. Au contact du cuivre chaud, la moelle se détruit. Cela laisse au centre de votre baguette et sur toute sa longueur un évidement régulier.

Laissez bien sécher cette branche de sureau, dépouillée naturellement de ses feuilles et bourgeons, et probablement aurez-vous intérêt à la maintenir bien rectiligne au cours de ce séchage, entre deux règles, par exemple. Lorsque votre branche est bien sèche, vous prenez une lime à bois et, avec beaucoup de soin, vous limez chaque extrémité en l'arrondissant et en la lissant d'une manière esthétique. Prenez alors un fil épais de cuivre rouge, du cuivre pur, introduisez-le dans la cavité qui a contenu la moelle ; à chaque extrémité de la baguette, le fil dépasse ; coupez-le et arrondissez-le délicatement, afin qu'il ne fasse pas de relief, mais suive bien la courbe de chaque extrémité. On voit, à présent, à chaque bout de votre baguette, un simple point brillant signalant la présence du fil.

Procurez-vous un petit coffre de bois oblong, où la baguette puisse être rangée et mettez-là ainsi à l'abri des regards et des pollutions. Vous l'envelopperez d'un carré de tissu de laine. Désormais, vous serez le seul admis à la voir, à la toucher et, autant que possible, à connaître l'existence de votre Baguette Magique.

BAGUETTE DE SOURCIER

La baguette de sourcier diffère de la baguette magique. La baguette magique est rectiligne, avec un point brillant à chaque extrémité. La baguette de sourcier est plus rustique. Elle est constituée d'un rameau d'arbre affectant la forme d'un Y. On coupe le rameau à peu près à 5 ou 6 cm de la bifurcation ; chacune des deux branches jumelles mesure environ 25 cm. Le diamètre du rameau est d'environ 4 mm.

Cette branche est choisie et prélevée sur un arbre qui ne soit pas un résineux. Ce peut être un coudrier, un noisetier, etc. On n'utilise pas, non plus, le sureau, alors qu'il est préféré pour la baguette magique.

Quel est le rôle de la baguette du sourcier ?

Dans les pays arides, les points d'eau sont rares ; il est vital de les connaître. Or, les animaux les connaissent et, si ces points changent, l'un étant tari, l'autre surgissant, les animaux les retrouvent instinctivement, seuls et par leurs propres moyens. L'homme, lui, n'en est pas capable. Il n'y a pourtant aucun motif pour que l'homme ne trouve pas ce qui est indispensable à sa vie, lorsque c'est connu du cheval, du chameau et du mouton.

Et en fait, il n'y a aucune raison pour que l'être humain ne sente pas la présence des points d'eau comme les animaux. Il les sent mais, l'esprit occupé de mille raisonnements moins indispensables, il ne perçoit pas ses propres sensations. Pour les mettre en évidence, il doit les rendre apparentes ; et c'est ce qu'il fait avec la baguette de sourcier. Correctement tenue entre ses mains, elle va signaler ce que l'homme ressent avant même que celui-ci l'ait perçu. L'être humain a beaucoup perdu de ses facultés de concentration.

Cette baguette de sourcier sert d'abord à **repérer de l'eau sous la terre** alors que rien ne la signale à l'extérieur. Le sourcier ne sait pas forcément tout de suite se servir de la baguette : cela s'apprend. Il doit savoir aussi que la baguette peut trouver autre chose que de l'eau : **des métaux, des pierres précieuses.**

Coupe de la baguette et méthode

La baguette qui est prélevée généralement sur un coudrier doit être coupée, comme la baguette magique, selon certaines conditions de temps et d'astrologie. Ce n'est pas indispensable, mais c'est préférable.

Au XVIIe siècle, l'Abbé de Vallemont écrivit un livre intitulé *Physique occulte*, dans lequel il parle assez longuement de la baguette du sourcier, expliquant les conditions astrologiques favorables à la coupe de la baguette ; cette recherche qui porte sur la coupe de la baguette a pour but de faciliter par cette baguette la découverte de l'eau ou d'autres choses bien précises, comme telle ou telle pierre ou tel autre minerai ; selon ce que l'on demandera à la baguette, on choisira un ciel astrologique différent.

Chaque sourcier a sa méthode personnelle car il doit établir lui-même une convention entre ses sensations à peine perceptibles et ce qu'il cherche. Il ne doit jamais oublier que la baguette n'est pas vivante ; elle dispose simplement des mouvements que lui communique le corps du sourcier.

Pour utiliser la baguette, on la prend à deux mains : les deux branches de la fourche sont disposées une extrémité au creux de chaque main et les mains rapprochées. Les creux des mains sont tournés vers le haut et la pointe de la baguette, réunion des deux branches, est dirigée vers l'avant.

BILOCATION

On appelle bilocation le phénomène consistant à se trouver **au même instant en deux endroits différents** ; plus couramment, on appelle ainsi une séparation temporaire de l'esprit, ou d'une partie de l'esprit, et du corps. L'esprit se dégage du corps matériel sous une apparence vivante et tel qu'il est généralement vu avec tous les aspects du corps physique pendant que ce corps physique reste visible à son point de départ et bien réel. A proprement parler, le mot bilocation veut dire « à deux endroits à la fois ».

Il va de soi que personne n'a jamais pensé que le corps réel se trouvait à deux endroits différents en même temps : il faudrait deux corps réels semblables et cela, par définition, n'est pas possible. Et c'est parce qu'on se dit que ce n'est pas possible qu'on ne l'a jamais pensé. Mais on peut aujourd'hui se demander s'il est exact que ce n'est pas possible...

On pense voir des apparences de ce corps physique, des apparences qui ne sont pas réelles. On peut les appeler corps éthérique, corps astral, corps spirituel, périsprit, fantôme odique, apparition, etc.

Le phénomène de bilocation est parfois appelé *dédoublement fluidique, bicorporéité, extériorisation du corps astral, projection du corps astral, décorporation, sortie du corps, expérience extracorporelle*, etc.

Il se produit dans des circonstances particulières, notamment dans des cas d'affaiblissement physique, comme le sommeil, l'hypnose, l'évanouissement, les narcoses.

Il faut distinguer l'AUTOSCOPIE (voir ce mot) où la conscience n'abandonne pas le corps physique de la bilocation où la conscience est transférée dans le double, le corps physique étant provisoirement inanimé.

Dans les différentes situations où se produit la bilocation, il peut y avoir doute. On a émis plusieurs hypothèses.

1. Il s'agirait d'une hallucination ; le sujet a l'impression de se dédoubler ; on réfute en disant que la perception du double est bien réelle et bien interne.
2. Le sujet aurait plusieurs personnalités (phénomène du dédoublement de la personnalité) mais, dans ce cas, il n'y aurait pas de sensation de dédoublement physique.
3. Phénomène onirique : la sensation de se dédoubler appartiendrait aux mêmes phénomènes que le rêve ; on réfute en reconnaissant une parfaite logique à la bilocation, tandis qu'un phénomène onirique contient toujours une anomalie propre au rêve.

Le phénomène de bilocation laisse au sujet, par la suite, un sentiment particulièrement net de la distinction entre le corps et l'esprit.

Bilocation et religion

La bilocation a toujours été existante et connue dans les diverses civilisations et leurs religions. On la rencontre fréquemment dans la religion chrétienne. On la cite à propos de Dom Bosco et du Padre Pio.

C'est le phénomène de bilocation qui singularise les CHAMANS (voir ce mot). Ce qui le caractérise, c'est qu'il peut se mettre volontairement en état de transe et se dédoubler. Chez le commun des mortels, ces faits sont spontanés et causés par un état pathologique ou une puissante émotion. Le problème est de savoir si le sujet dit avoir voyagé par la pensée ou s'il l'a réellement fait.

Expériences de bilocation

A la suite de diverses expériences, on a pu constater que l'absorption de certains produits favorisait la bilocation. En fait, il s'agit d'obtenir un bouleversement profond de la pensée. Le corps du sujet reste sur place et ceux qui contrôlent l'expérience le voient inanimé. Toute la question est de savoir pourquoi et comment, au cours d'une bilocation, des personnes peuvent effectivement voir le sujet sous l'apparence qu'il a dans son état inconscient, mais animé et conscient. Ceci se produit, par exemple, lorsque le sujet apparaît aux yeux d'un tiers en danger et l'avertit.

Le phénomène de bilocation ne touche que l'esprit, le corps physique ne bouge pas. Mais l'esprit peut entrer en contact avec des personnes éloignées et les voir ; il peut leur parler ; il peut se montrer à elles sous une apparence matérielle, mais on ne trouve rien sous sa main si on tente de le toucher.

Le phénomène de bilocation n'est pas sans lien avec la TÉLÉPATHIE (voir ce mot) car il implique souvent une communication à distance.

Terminons en précisant que les expériences de bilocation sont délicates à conduire et qu'il ne faut pas réveiller le sujet pendant son « absence », car cela peut entraver la réintégration de l'esprit dans le corps et laisser, par la suite, subsister quelque dérangement cérébral.

Pour le chercheur, la bilocation pose des problèmes d'ordre non seulement physiologique et psychologique, mais physique : si on peut se trouver en même temps à deux endroits séparés par une certaine distance, que devient la notion d'espace ? Il faut se souvenir à ce propos (ou apprendre) que toute la théorie de la Relativité se fonde sur l'idée qu'il ne peut pas y avoir de simultanéité à distance.

La parapsychologique montre ici, dans le cas précis de la bilocation, que l'on ne sait peut-être encore rien, ou presque rien, de la physique.

BIOFEEDBACK

Le terme anglo-saxon *biofeedback* est emprunté à la cybernétique. Il désigne, en parapsychologie, une forme d'autorégulation par l'**action psychique volontaire** des processus bio-physiologiques de notre organisme.

Les physiologues avaient établi que notre système nerveux se compose de deux parties qui sont : d'une part, le système nerveux central, dit également cérébro-spinal ; il reçoit les signaux du monde extérieur et régule l'activité motrice et la pensée par l'intermédiaire de la volonté. D'autre part, le système neurovégétatif contrôlant les fonctions comme la respiration, la circulation, la digestion, qui sont indépendantes et autonomes, avec possibilité d'action volontaire intercalée.

En effet, le système nerveux neurovégétatif n'est pas aussi automatique qu'on l'a longtemps cru. On peut agir sur lui par la volonté.

Ceci posé, passons au terme *feedback*. En cybernétique, il désigne un phénomène de rétroaction susceptible de modifier la cause initiale de l'action. C'est la physiologie qui a créé, à partir de feedback, le terme biofeedback pour exprimer qu'on peut, par une action consciente et volontaire, agir sur les phénomènes purement biologiques d'un organisme vivant. Le terme seul est nouveau ; les usages qu'il implique sont beaucoup plus anciens. L'action sur le système neurovégétatif n'est en effet pas une nouveauté. On la trouve en Inde chez les Yogis. Ces derniers peuvent contrôler leur pouls, leur respiration, leur activité cérébrale.

Des savants biologistes, en se basant sur l'interaction du cortex et des zones avoisinantes avec lesquelles il est en constante relation, ont découvert l'unité psychosomatique de l'être humain. Ce que l'on a probablement toujours su par tradition est maintenant confirmé par des appareils complexes et précis et donne lieu à un développement de la conception des maladies psychosomatiques en proposant des méthodes de traitement et de guérison.

BIONIQUE

La bionique est une science tout à fait moderne qui permet une meilleure approche du spiritisme et de la parapsychologie en permettant d'envisager plus complètement le problème de la vie. Ce n'est ni un terme, ni une science appartenant à la parapsychologie, mais on le rencontre dans ces textes et, à ce titre, il mérite d'être connu, au moins de nom.

La bionique est une démarche scientifique par son esprit et par sa méthode qui incline physiciens et ingénieurs à interroger la nature sur ses réalisations et à considérer tout particulièrement les êtres vivants comme des modèles dont l'organisation est hautement perfectionnée. Cette perfection doit, en principe, inspirer nos techniciens dans leurs recherches. On l'appelle aussi **cybernétique**, quand elle vise à reproduire dans le domaine électronique les systèmes de réception, de traitement de l'information, de commande et d'auto-régulation des êtres vivants. Il est de fait que les êtres vivants ont inspiré l'ordinateur. M. E. Bernard a fait, dans le bulletin de l'U.S.F.I.P.E.S. *Renaître*, sur ce sujet, un exposé fort utile dont voici l'essentiel.

La première fonction de l'ordinateur est l'enregistrement. Or, c'est la première activité des êtres vivants et elle est chez eux à peu près automatique au début de la vie. Par exemple, les perceptions auditives humaines consistent à utiliser les ondes sonores après les avoir converties en influx nerveux. La gamme perçue et utilisée par l'être humain n'est pas complète. Certains animaux, comme les chauves-souris et les dauphins, entre autres, ont des perceptions que nous ne pouvons pas recueillir.

Ceci pour l'ouïe. On peut en dire autant de la vue : elle permet la perception des formes, donc des mouvements.

Dans le domaine de l'odorat, on croit constater des dons moins intenses chez l'homme que chez la plupart des animaux.

Il y a aussi des « récepteurs thermiques » chez l'homme comme chez les animaux.

Certains problèmes n'ont pas été pleinement résolus ni traduits en pratique comme, par exemple, le sens de l'orientation sur de grandes distances.

On discerne, chez l'homme, des facultés inhabituelles ; ou bien seraient-elles normales, si l'homme ne les avait négligées : on les appelle facultés « paranormales ».

La bionique a de multiples applications ; mais elle reste une science et une technique aux ressources limitées : l'imagination créatrice manquera toujours aux robots.

BLAVATSKY (Héléna Petrovna)

Elle est née à Ekaterinoslav en 1831. Elle appartenait à une très riche et noble famille russe. Toute son enfance fut nourrie des légendes et des superstitions de son pays. Pour l'éloigner de ces croyances populaires, on la confia à une gouvernante anglaise. Mais, volontaire et capricieuse, l'enfant découragea la nurse qui partit. Par la suite, la petite fille montra une grande attirance pour les créatures diaboliques ou féériques.

Après son mariage, qui avait été un défi, avec le général Blavatsky, elle s'enfuit avec une dame russe et parcourut l'Égypte, la Grèce et divers pays d'Europe orientale. Elle parcourut aussi l'Asie centrale, l'Inde, l'Afrique, l'Amérique du Sud. Partout, elle entrait en rapports avec les sorciers et les magiciens locaux. En Asie centrale, elle eut une expérience avec un chaman qui pratiqua devant elle une bilocation. Quand elle retrouva enfin sa famille, elle était visiblement pourvue d'étranges pouvoirs occultes. Elle disposait de dons certains de voyance et de médiumnité.

Ayant reçu des maîtres qui l'avaient instruite en Asie centrale la mission de révéler au monde les prodigieuses connaissances qu'elle avait acquises, elle alla fonder à New York, en 1875, la Société Théosophique.

Sa carrière, dès lors, se déroule aux États-Unis, en Inde et en Grande-Bretagne. Elle est morte à Londres en 1891, à la fin d'une vie extrêmement remplie.

A la base de deux organisations

Deux organisations actives, en France, se réclament de Mme Blavatsky : **la Société Théosophique**, dite aussi « branche Adyar », car son siège international se trouve dans la ville de ce nom, près de Madras (Inde) et la **Loge Unie des Théosophes**. Toutes deux visent à donner à leurs membres une formation spirituelle progressive les mettant peu à peu à même d'acquérir la connaissance intégrale des vérités secrètes traditionelles telles qu'on les trouve codifiées dans les deux ouvrages de Mme Blavatsky servant de textes d'étude : *Isis dévoilée* et *La doctrine secrète.*

BOZZANO (Ernest)

Ernest Bozzano est né à Gênes (Italie) le 9 janvier 1862 et il est mort à Savone (également en Italie) le 24 juin 1943.

Dès son adolescence, il se révolta contre les croyances consistant en un acte de foi. Il déclara que l'étude des philosophes spiritualistes, de Platon, de Hegel, de Descartes, et les autres, ne lui apportait rien, et il en vint à « repousser en bloc les postulats métaphysiques échafaudés dans le vide, expliqua-t-il plus tard, comparables en tous points aux actes de foi ».

Ne se sentant pas capable d'autre chose que d'étudier, réfléchir et approfondir, il se tourna vers la philosophie scientifique et devint ultra-matérialiste. Il aurait fait toute sa carrière selon ce courant d'idées, a-t-il dit de lui-même, s'il n'avait pas été attiré par un courant nouveau « si, a-t-il écrit, à l'horizon du savoir humain, n'avait rayonné l'aube d'une science nouvelle dominant toutes les autres, la **métaphysique**, que le Professeur Charles Richet appelait ''la reine des sciences'', mais que la postérité nommera ''la science de l'âme''. »

Passionné pour cette nouvelle branche d'études, Ernest Bozzano ne va pas manquer d'y apporter toute son ardeur pour la recherche et le travail, avec de nombreuses expériences des ouvrages couvrant toute l'étendue de ces questions. Il va s'attacher surtout à démontrer la survivance de l'être humain et il ira même jusqu'à démontrer la survivance des animaux.

On possède d'Ernest Bozzano des textes passionnants sur les animaux. Il a étudié des cas de survivance prouvant que, dans la mesure où la survivance humaine existe, celle des animaux existe aussi : des chiens morts sont revenus communiquer avec leurs maîtres pour les sauver dans des cas dramatiques ; un chien mourant seul dans un accident a appelé son maître, après sa mort, pour lui indiquer où se trouvait son corps.

Son œuvre écrite est considérable et une grande partie en a été traduite en français : *Les phénomènes de hantise*, en 1920 ; *Phénomènes psychiques au moment de la mort*, en 1923 : *Les énigmes de la psychométrie* et *Les phénomènes de la télékinésie*, en 1927 ; *Les manifestations supranormales chez les peuples sauvages*, en 1927 ; *Les manifestations métapsychiques et les animaux*, en 1929 ; ainsi que *Pensée et volonté*, en 1934, et *Les phénomènes de bilocation*, en 1937.

Ernest Bozzano fut membre d'honneur de l'INSTITUT MÉTAPSYCHIQUE INTERNATIONAL (voir ce nom).

BROWN (Rosemary)

C'est une femme qui a montré des dons de médiumnité dès l'âge de sept ans. Elle avait toujours été sensible au supranormal, particulièrement au dialogue avec les désincarnés. En 1964, alors qu'elle était veuve et après un certain nombre de difficultés, elle commença à recevoir des communications de Franz Liszt. Il lui transmit, par audition, des mélodies qu'elle transcrivit de manière à pouvoir les interpréter. On en vint, dans son entourage, à organiser des concerts dont les programmes étaient, au dire des connaisseurs, conformes à la manière de Liszt. Puis, d'autres compositeurs se manifestèrent, chacun dans le style qui lui avait été propre de son vivant.

La **production musicale** de Rosemary Brown suscita un grand intérêt ; ses compositions furent expertisées et le Dr W.H.C. Tenaeff, de l'Institut de Parapsychologie d'Utrecht, soumit la jeune femme à des séries de tests. Il ne rejeta pas l'hypothèse de la survivance, mais il considéra ce cas comme tout à fait exceptionnel. Il existe des enregistrements des compositions de Rosemary Brown.

C

CABALE (voir à Kabbale)

CAGLIOSTRO

Il s'appelait Joseph Balsamo et il était né à Palerme (Italie), le 2 juin 1743. Sa famille était bien considérée, son père était libraire. Il pouvait prétendre à un sang noble par sa mère. Il eut pour marraine une grand-tante fort riche qui s'appelait Vincenza Cagliostro. Le père fit de mauvaises affaires et mourut jeune. Joseph, envoyé au séminaire, y fit de brillantes études et devint moine. On l'affecta comme aide du pharmacien du couvent : il y apprit beaucoup de choses concernant les maladies et les médicaments. Il soigna les malades dans les campagnes sous l'habit de Frère de la Charité. Il quitta assez vite l'habit monastique et devint un aventurier. C'est à cette époque qu'il séduisit une très belle jeune fille et qu'il l'épousa : elle s'appelait Lorenza.

A cette période de sa vie, il apprend l'ALCHIMIE et s'initie à la KABBALE (voir ces mots). Mais il trempe volontiers dans des affaires douteuses et fait de temps à autre de la prison. Il mène désormais une existence étrange, parfois malhonnête, mais toujours en acceptant de soigner et en guérissant tous les malades qui s'adressent à lui. Il se déplace beaucoup et finit par se faire introduire à la cour de France, à Versailles. Il s'enrichit, souvent en devinant d'avance les numéros gagnants des loteries, puis fonde une loge de Francs-Maçons. Il prend à cette époque le nom de Cagliostro et se donne le titre de comte avec la particule.

Il se livre à la magie et, de temps à autre, une guérison sensationnelle fait parler de lui. En 1780, il est à Strasbourg près du Cardinal de Rohan. Puis il revient à Paris et c'est l'affaire du collier de la reine où il va tenter de défendre Rohan, ce qui sera le commencement de sa perte car la comtesse de la Motte, qu'il dénonce, va lui nuire.

On dit qu'il a contribué à faire éclater la Révolution par ses activités dans les loges maçonniques. D'aventures en bonnes actions et de prison en acquittements éclatants, il poursuivra cette existence agitée, toujours accompagné de sa femme Lorenza et finira par mourir en prison.

Mais il laisse un souvenir admirable et demeure un des plus brillants guérisseurs qu'on ait jamais connu.

CARRÉ MAGIQUE

On appelle carré magique un tableau divisé en un certain nombre de cases égales : dans chaque case, est placé un nombre ; ces nombres sont disposés de telle façon que leur addition donne le **même total** pour toutes les rangées, toutes les colonnes et les diagonales.

Les carrés magiques ne sont connus que depuis le XVIe siècle et leur origine reste un problème. Le carré magique est désigné par un « ordre », selon ce qu'il contient. Un carré magique d'ordre 4 est formé de rangées de quatre cases. Le résultat de l'addition des nombres d'une rangée donne la « constante » de ce carré.

Le carré d'ordre 3

Pour construire un carré magique d'ordre 3, on procède ainsi qu'il suit, en prenant les 9 premiers nombres. Dans les cases d'un tableau formé de trois rangées de trois cases, on dispose les nombres selon leur suite naturelle, soit, pour la première rangée 1, 2 et 3 ; pour la deuxième rangée, 4, 5, 6 et pour la troisième rangée 7, 8, 9. On intervertit alors les nombres se trouvant aux extrémités des diagonales, ce qui donne : première rangée : 9, 2, 7 ; deuxième rangée : 4, 5, 6 ; troisième rangée : 3, 8, 1.

On prolonge d'une case de chaque côté la rangée du milieu et la colonne du milieu ; cette case supplémentaire étant ajoutée contre la case du milieu. Dans chacune de ces nouvelles cases, on place le nombre se trouvant dans la case contiguë. On lit alors les diagonales et on place leurs nombres dans les cases normales d'un nouveau tableau dressé sans les prolongements. Cela donne pour la première rangée : 4, 9, 2 ; pour la deuxième rangée : 3, 5, 7 ; pour la troisième rangée : 8, 1, 6.

Les carrés magiques

Si le carré est d'un ordre différent, le procédé est différent. On ne donnera pas ici tous les procédés, mais on cherchera pourquoi des carrés sont dits magiques.

Tout d'abord, on notera que ces carrés magiques ont des noms qui sont, en fait, des noms de planète. Le **carré d'ordre 3**, celui qui vient de nous servir d'exemple, s'appelle *carré de Saturne.*

Le **carré d'ordre 4**, dont chaque colonne et chaque rangée comprennent quatre cases, est appelé *carré de Jupiter,* sa première rangée contient les nombres : 4, 14, 15, 1 ; la deuxième rangée : 9, 7, 6, 12 ; la troisième rangée : 5, 11, 10, 8 ; la quatrième rangée : 16, 2, 3, 13.

Le **carré d'ordre 5** est le *carré magique de Mars ;* le **carré d'ordre 6** est le *carré magique du Soleil ;* le **carré d'ordre 7** est le *carré magique de Vénus ;* le **carré d'ordre 8** est le *carré magique de Mercure ;* le **carré d'ordre 9** est le *carré magique de la Lune.*

A l'époque où les magiciens écrivaient des grimoires et ces carrés, les mathématiciens n'en avaient jamais parlé.

On commence alors à se poser des questions. D'autre part, si on observe les sceaux magiques, dont on a des dessins, on remarque qu'ils contiennent un dessin d'un trait en ligne brisée variant avec le nom du sceau, qui est, comme pour les carrés, un nom de planète. On remarque que, étant donné un carré contenant les nombres dans leur ordre normal comme dans notre premier exemple, si on suit le tracé indiqué par la ligne brisée sur le sceau, on obtient le carré magique correspondant au nom de ce sceau directement et sans faire les calculs précités. Ces carrés sont donc en lien direct avec des pratiques et des recettes magiques qui ne semblent pas être parvenues jusqu'à nous.

CARTOMANCIE

On appelle cartomancie l'art de deviner l'avenir par les **cartes à jouer.** Il n'est pas dans notre propos d'exposer l'histoire des cartes à jouer ; il suffit que l'on sache qu'elles représentent des figures traditionnelles, donc très répandues dans les pays occidentaux, et dessinées de telle manière qu'elles n'ont ni haut ni bas. Le haut est comme le bas. Pour pratiquer la cartomancie, toutefois, il arrive que l'on ait besoin de savoir si la carte est sortie droite ou renversée. On marquera donc les cartes destinées à cet usage pour reconnaître si elles sont droites ou renversées.

Le mot cartomancie contient le suffixe *mancie* qui désigne un art divinatoire. Pratiquer la cartomancie se dit en langage courant « tirer les cartes ».

Dans la lecture des cartes, il entre une part d'inspiration non sans quelque rapport avec la voyance. Lorsque le consultant est invité à tirer une carte du jeu, on considère que son subconscient participe à ce geste et que c'est ce fait qui donne sa réalité à l'art divinatoire en question.

Si les cartes « parlent », c'est qu'elles sont inchangées depuis fort longtemps et au point que leurs images sont fixées dans la mentalité de tout le monde ou presque, ce qui fait que ce sont maintenant des symboles parlants, et parlant un même langage pour tous.

Toutes les méthodes ont une base commune que l'on va indiquer ici ; c'est la signification des cartes.

Le consultant

Il y a d'abord une carte représentant le consultant et qui est :
— s'il s'agit d'un homme marié, blond : *le roi de Cœur ;*
— s'il s'agit d'un homme marié, brun : *le roi de Trèfle ;*
— s'il s'agit d'un veuf : *le roi de Pique ;*
— s'il s'agit d'une femme mariée blonde : *la dame de Cœur ;*
— s'il s'agit d'une femme mariée brune : *la dame de Trèfle ;*
— s'il s'agit d'une veuve : *la dame de Pique ;*
— s'il s'agit d'un célibataire blond : *le valet de Cœur ;*
— s'il s'agit d'un célibataire brun : *le valet de Trèfle ;*
— s'il s'agit d'une jeune fille blonde : *le huit de Cœur ;*
— s'il s'agit d'une jeune fille brune : *le huit de Trèfle.*

La signification donnée aux cartes est une tradition assez longue et assez régulière pour avoir de l'influence sur le psychisme du tireur de cartes et lui inspirer des indications valables. Mais l'opérateur peut avoir ses propres notions et utiliser son propre code pour l'interprétation des cartes sorties.

L'auscultation par trois

Il y a plusieurs recettes pour pratiquer la cartomancie. On va donner ici l'« auscultation par trois » parce qu'elle est simple.

Après avoir admis la signification des cartes données ci-dessus, on bat les cartes, c'est-à-dire qu'on les mêle. On pose le paquet devant soi et on « coupe », c'est-à-dire qu'on le partage en deux, de la main gauche. La main gauche, en effet, est réputée plus instinctive et moins imbue de logique que la main droite. On retourne alors les cartes par groupes de trois.

Lorsque dans un groupe de trois cartes, il y en a deux de la même couleur, on met de côté celle qui est à gauche.

Si les trois cartes ont la même couleur ou la même valeur, elles sont placées dans leur ordre à droite de celles qui ont été déjà mises de côté.

Le paquet épuisé, on reprend les cartes non retenues, on les bat, et on recommence la même opération. Et puis, on recommence une troisième fois.

Après ces trois tirages, le nombre des cartes mises de côté doit être impair et la carte représentant le consultant doit s'y trouver. Si elle ne s'y trouve pas, on la cherche dans le jeu et on la sort. Si les cartes mises de côté sont en nombre pair, on la leur joint ; si elles sont en nombre impair, on la place au-dessus des autres. Si les cartes mises de côté renferment celle du consultant et si elles sont en nombre pair, on leur adjoint une carte tirée au hasard.

Les cartes ainsi retenues sont interprétées de gauche à droite, en donnant à chacune son sens et en tenant compte des rencontres et des voisinages.

Voici quel est le sens communément donné aux cartes.

Quelle que soit la méthode utilisée, pour consulter les cartes, leur valeur et leur signification sont traditionnelles et en voici un résumé.

Les couleurs

Voici d'abord la signification des couleurs.

Il y a, comme chacun sait, non pas deux couleurs qui seraient le rouge et le noir, mais quatre couleurs qui sont Pique, Cœur, Carreau et Trèfle. Ceci, c'est l'ordre dans lequel elles se placent dans une partie de cartes, comme le jeu de Bridge, par exemple.

- **Le Pique,** quelle qu'en soit la valeur, est toujours d'abord une carte inquiétante. Elle signale une malchance, parfois le malheur, sauf si cette signification est atténuée par un Trèfle ou un Cœur.
- **Le Cœur** est une carte généralement favorable pour tout ce qui concerne le sentiment, l'amour, l'amitié.
- **Le Carreau** est souvent défavorable. Son pouvoir maléfique est cependant facilement influençable et peut être considérablement atténué ou radicalement renversé par le voisinage.

• **Le Trèfle**, enfin, signale la réussite dans tous les cas où il est question d'argent.

Les significations individuelles

A côté de ces significations, encore relativement générales et communes à plusieurs cartes, il y a des significations individuelles à chaque carte. Les voici.

• Dans les **Piques** : le *Roi* représente un homme de loi, ou un médecin, ou un fonctionnaire dont l'influence est considérée comme défavorable. La *Dame* est une femme veuve, méchante, une fausse amie, et peu fortunée. Il faut s'en méfier. Le *Valet* est un garçon méchant, faux, traître et hypocrite. Mais il y a l'*As* qui indique la réussite par persévérance, obstination, constance et en surmontant de nombreux obstacles. Le *Dix* signale des chagrins, des maladies, un deuil, un divorce, des déceptions. Le *Neuf* est le mauvais augure : chagrins, rupture, solitude, soit par célibat, soit au couvent. Le *Huit* parle de larmes, de contrariétés causées par l'envie et la malveillance, la nécessité de se méfier de l'entourage. Le *Sept*, ce sont des ennuis, des chagrins, mais la victoire sur des obstacles accumulés.

• Dans les **Cœurs** : le *Roi* est un homme blond ou châtain, marié ou veuf, un ami sincère, serviable, instruit des questions d'argent et obligeant. La *Dame* est une femme blonde ou châtain clair, mariée ou veuve, qui est une amie sûre et dont la présence annonce une solution favorable des problèmes en cours. Le *Valet* est un jeune célibataire blond, galant et aimable. L'*As* est le symbole de la maison, de la sérénité domestique. C'est aussi une bonne nouvelle ou une lettre d'amour. Ou encore une visite amicale. Le *Dix*, c'est l'amour dans la maison, l'estime de l'entourage, une réalisation heureuse, une bonne surprise. Le *Neuf* est la réussite, que ce soit en affaires ou en amour. Heureuse solution de tous les problèmes. Le *Huit* parle de réjouissances pour le consultant ou pour un de ses proches. Une jeune fille blonde sera remarquée ou un jeune homme blond aura une épouse parfaite. Le *Sept* signale un bonheur calme ; éventuellement un prochain mariage avec tous les avantages souhaitables.

• Concernant les **Carreaux** : le *Roi* est un homme marié ou veuf ; ce peut être un militaire ou un étranger, qui peut se révéler volage ou autoritaire. La *Dame* est une femme blonde, étrangère ou d'une autre région, qui peut rendre des services, mais dont il faudrait se méfier. Le *Valet* est un messager : il apporte des nouvelles. Il annonce succès ou réussite. L'*As* est une lettre d'amour très prochaine, ou bien une lettre annonçant une nouvelle qui se révèle bonne ou mauvaise selon les cartes voisines. Le *Dix* est un voyage, généralement lointain. Le *Neuf* signifie retard ou contrariété ; s'il voisine avec un Cœur, c'est une bonne nouvelle. De même avec un Trèfle. Mais avec un Pique, il s'agit de mauvaises nouvelles. Le *Huit* est un petit voyage. Le *Sept* indique des pourparlers délicats éventuellement difficiles.

• Avec les **Trèfles**, on a : le *Roi* qui est un homme marié ou veuf, brun, puissant ou influent, dévoué, annonçant des succès matériels, des honneurs, la prospérité. La *Dame* est une femme brune, mariée ou veuve, riche, fidèle et dévouée, sincère. Le *Valet* est un jeune homme bourré de qualités. L'*As* annonce toutes sortes de succès, plus spécialement en affaires. Le *Dix*, c'est la réussite d'une importante affaire d'argent que l'on attend ou qui sera une surprise. Le *Neuf*, c'est l'annonce d'un mariage inespéré ou la réussite dans des affaires annoncées par les cartes suivantes. Le *Huit*, c'est l'amélioration de la situation ou la fortune. Le *Sept* annonce la réussite dans les entreprises par suite du dévouement d'une jeune fille ou d'une femme brune.

La carte renversée

Toutes ces indications supposent que la carte se présente « droite ». Si la carte considérée se présente « renversée », les significations doivent être lues dans le sens le plus défavorable. Seules les cartes à Pique sont déjà défavorables, elles seront donc inchangées. Il est important, en lisant les cartes, de donner tout son sens au voisinage. Surtout aux rencontres de cartes de même couleur ou de même valeur. S'il y a beaucoup de Piques, c'est un destin malheureux, peut-être dramatique qui s'annonce. Le bon cartomancien, dans ce cas, n'insiste pas trop et, s'il est possible, ajourne la consultation. S'il y a beaucoup de Trèfles, c'est un présage de succès et surtout de fortune. On procède alors à un examen plus approfondi pour obtenir des précisions.

D'autres méthodes

La méthode donnée ici est la plus simple. Il en existe qui ont gardé le nom de leur inventeur : par exemple la **méthode de Mademoiselle Lenormand.** Elle diffère sensiblement de celle que nous venons de décrire. Elle est simple, rapide et donne les lignes principales. Elle a intérêt à se voir complétée.

Il existe aussi la consultation **par Sept** et **par Quinze,** enfin **Vingt et Un.**

L'amateur se procurera un manuel détaillé pour se perfectionner, les indications ci-dessus étant très simplifiées. L'expérience personnelle est aussi réellement utile pour affiner la divination.

A faire sérieusement !

Il arrive souvent, en société, lorsque plusieurs amis sont réunis, que l'on veuille s'amuser à consulter les cartes. Ce n'est pas une chose conseillée. En effet, les « arts divinatoires » ne constituent pas un amusement. Quoi qu'on en dise, on est tenté d'en croire certaines annonces. Si, en jouant, vous « tirez les cartes » et si les nouvelles sont excellentes, tout est bien et tout le monde est content. Si, au contraire, vous sortez une foule de Piques, c'est le malheur qui est annoncé, que ce soit vrai ou faux. Désormais, quoi qu'on en dise, une ombre planera sur des gens qui n'en avaient vraiment pas besoin. Le sourire gêné de celui ou celle qui, devant cet étalage catastrophique, dit bravement : « Ça ne fait rien, d'ailleurs je ne crois pas aux présages ni aux arts divinatoires » n'a aucune valeur réelle. En fait, vous aurez jeté le trouble dans le soi-disant consultant et tué sa sérénité pour plusieurs jours.

Il en va autrement si on veut vraiment vous consulter. Vous vous installez alors dans le calme et en tête à tête avec le consultant ; les autres personnes présentes commettraient une indiscrétion en assistant à l'opération, même si toute l'assistance affirme une solide incrédulité. Si votre consultant le désire, ou, au moins, déclare le désirer, n'acceptez pourtant pas que quiconque assiste à la consultation. Demandez à être en la présence unique de votre consultant.

L'annonce d'une catastrophe, d'une maladie, d'un échec, même chez le plus sceptique et le plus incrédule des consultants laisse toujours une ombre dans le subconscient. En général, il vous rappelle le lendemain ou un des jours suivants pour vous demander s'il faut vous croire. Car on a beau se dire sceptique, il y a toujours en chacun de nous une petite voix anxieuse pour dire « et si c'était vrai ?... »

On vous déconseille donc de transformer une aimable plaisanterie en source d'angoisse ou d'en prendre, si peu que ce soit, le risque.

CASTANEDA (Carlos)

Carlos Castaneda était un étudiant diplômé de l'Université de Californie, à Los Angeles (États-Unis), lorsqu'il commença à travailler sérieusement sur les **plantes hallucinogènes.** C'était en 1960. En réalité, il recherchait des faits anthropologiques et se mit à étudier les Indiens du sud-ouest des États-Unis. Il entra en relations avec un SORCIER-CHAMAN (voir ces mots) qui s'intéressa à lui. Décidant de faire de l'étudiant un homme complet, le chaman prit en main son éducation. Il lui apprit à se mettre à l'écoute de son corps, à sortir de soi la connaissance acquise et à considérer la vérité comme supérieure au savoir. Il lui enseigna les plantes secrètes utilisées pour certaines cures et certaines expériences.

Castaneda tira de ces leçons la matière de quatre livres qui sont : *L'herbe du diable et la petite fumée, Voir, Voyage à Ixtlan* et *Histoire de pouvoir.* Ses livres sont donc le résultat de ce que lui enseigna un chaman qui l'instruisit complètement sur les plantes hallucinogènes ; le jeune homme les essaya lui-même, détail qui enlève de la sûreté à son information mais qui apporte une vue très réaliste des résultats de l'usage de ces plantes. L'œuvre de Castaneda suscita enthousiasme et critiques. Il reste discuté. Qu'il soit discutable ou appréciable, il demeure un explorateur curieux des replis les plus secrets de notre psychisme et c'est à ce titre qu'il a sa place en parapsychologie.

On lui reproche d'avoir, plus ou moins malgré lui, mis en évidence en les décrivant et en les expérimentant lui-même les effets psychédéliques de plantes comme le datura ou le peyotl et, par là, intrigué et attiré des gens vers un usage d'abord curieux, ensuite invétéré de ce qu'on est convenu d'appeler « la drogue ».

CAYCE (Edgar)

Edgar Cayce était un Américain qui fit preuve de curieux et puissants dons de **voyance**. Il était originaire du Kentucky et avait fait des études secondaires simples ; il a toujours dit ne rien connaître à la médecine.

A 9 ans, alors que son père l'avait giflé parce qu'il n'arrivait pas à retenir l'orthographe d'un mot, il alla se coucher avec un livre de grammaire. Il avait mal à la tête parce qu'il venait de tomber. Il sentit que, s'il dormait un peu au lieu de se forcer à étudier dans son livre, en se réveillant, il saurait sa leçon d'orthographe. Il s'endormit lourdement, la tête appuyée sur sa grammaire. Au réveil, le lendemain, il récita le contenu de ce livre page par page. Il recommença tant qu'on le lui demanda. Son père, étonné, crut que le jeune Edgar avait toujours bien travaillé à l'école et qu'il s'était moqué de lui la veille. Mais ensuite, cela se produisit avec tous les livres qu'il mit sous sa tête pour dormir.

Vers 1910, ayant été légèrement blessé à la colonne vertébrale au cours d'une partie de base-ball, il expliqua lui-même à sa mère comment le soigner et, le lendemain, il était guéri, mais il ne se rappelait rien des conseils qu'il avait donnés à sa mère pour le soigner. Depuis, il sut toujours établir le diagnostic de tous les malades qui lui furent présentés et les **soigner.**

Son cas attira une telle attention qu'il fit l'objet d'une communication à l'Académie de Médecine de New York qui avait envoyé quelqu'un l'examiner. Il travailla comme assistant chez un photographe pour gagner sa vie car il soignait toujours gratuitement. Il en vint à travailler exclusivement pour la médecine et il aida de nombreux chercheurs. Il recevait des malades qui venaient le consulter, mais il ne voulut jamais faire de diagnostic ni traiter des gens, ni seulement donner des conseils hors de la présence d'un médecin. Il agissait en état de transe et oubliait tout à son réveil.

Il est mort en 1945. Il reste aux États-Unis une abondante bibliothèque du récit de toutes les cures qu'il réalisa, avec la description précise du diagnostic et le traitement par lequel il guérit le malade. Il lui arriva même de faire œuvre de voyant et d'aider ainsi la police.

CAYCEDO (Docteur)

Alfonso Caycedo est né en 1932 à Bogota, capitale de la Colombie, où il fait ses premières études. Désireux de devenir médecin, il se rend à Madrid pour suivre les cours de la Faculté de Médecine. Il lit des ouvrages de Lopez Ibor et de Vidor Franki qui sont des psychiatres connus et cela lui donne le désir de préparer cette spécialité. Cependant, tout ne lui convient pas dans ces techniques et il le remarque pendant son internat dans le service du Dr Lopez Ibor : il juge inhumaines certaines pratiques comme l'électro-choc ou le coma insulinique. Il découvre l'**hypnose** chimique.

Par la suite, il voyage ; il rencontre à Nancy le Dr Cuvelier, disciple de COUÉ (voir ce nom) ; il se propose d'utiliser l'hypnose à des fins médicales, mais il estime qu'il faudra dans ce cas lui donner un autre nom, l'actuel ayant été déprécié par les numéros de music-hall. Il invente alors le mot SOPHROLOGIE, (voir ce mot) qu'il tire de la langue grecque.

Pour avancer plus loin dans la connaissance objective de la conscience humaine, il décide d'appliquer la méthode phénoménologique et, dans ce but, il se rend en Suisse pour devenir l'assistant du grand spécialiste de cette méthode, le Dr Ludwig Biswanger. Il se marie à cette époque avec une jeune femme passionnée de l'Orient qui va influencer sa carrière. La passion de sa femme pour le **yoga** l'amuse d'abord ; mais il trouve chez lui, apportés par sa femme, des livres parlant de la conscience ; il est frappé par la thèse d'Aurobindo. Il part alors pour l'Inde avec sa femme. Il commence, dès son arrivée, par prendre contact avec des médecins, afin de ne pas se laisser leurrer, éventuellement, par des charlatans.

Il saisit en profondeur le sens de la pratique du yoga et en tire l'essentiel de ses thèses sur la pratique à laquelle il vient de donner le nom entièrement nouveau de **sophrologie.**

Par la suite, il voyagera également au Japon. Ainsi, lui sera-t-il facile de mettre au point, en s'appuyant sur les notions en vogue dans les pays orientaux, cette nouvelle relaxation, ce nouvel hypnotisme qu'il appelle la sophrologie.

CERVEAU

On appelle cerveau la partie supérieure de l'encéphale ; elle est constituée par deux hémisphères, dits hémisphères cérébraux, et les éléments qui les unissent. L'encéphale est la totalité de la masse nerveuse enfermée dans la boîte crânienne. Le développement considérable du cerveau est une des caractéristiques essentielles de l'évolution chez les vertébrés. Chez l'homme, les hémisphères cérébraux recouvrent les autres régions de l'encéphale.

Tous les fluides nerveux qui parcourent le corps humain sont réputés avoir leur origine dans le cerveau. Ainsi, dans l'individu, l'être psychique est nettement distinct du physique. Il est enfermé dans la boîte crânienne et se prolonge dans la colonne vertébrale d'où partent les nerfs qui, à travers les apophyses et les muscles, entrent en contact avec le monde extérieur.

L'être psychique est la partie de l'individu qui s'est développée vers la pensée, la méditation, la contemplation et la compréhension de l'univers qui l'entoure.

Les protubérances crâniennes

Le développement du cerveau ne se fait pas comme une bulle de savon ! Chez l'embryon, puis chez le nouveau-né, se développent de préférence certains secteurs de l'être psychique : ils vont donner au crâne sa forme personnelle qui est unique et propre à chaque individu. C'est pourquoi le langage populaire nomme « bosse » les prédispositions particulières : « la bosse des mathématiques », par exemple, ou « la bosse du commerce ». Ces diverses modulations ne se voient pas, surtout tant que l'être humain est chevelu. Il s'agit, en observant, en tâtant un crâne de trouver où sont ses bosses.

Le premier qui, à notre connaissance, s'est préoccupé de cette question s'appelait FRANÇOIS-JOSEPH GALL (voir ce mot). Il était d'origine allemande, mais c'est à Paris qu'il effectua les travaux qui le rendirent célèbre. De ses études, dont certaines ont été réfutées, on conserve la distinction de **trois zones crânienne** : celle des instincts, celle des sentiments et celle des aptitudes. S'il y a protubérance à l'emplacement de la zone considérée, le secteur auquel elle correspond est plus développé que les autres chez le sujet.

Tous les chercheurs ne sont pas d'accord sur le système de Gall.

Une école annonce que c'est dans la voie du système astrologique qu'il faut chercher.

Toutes les notions physiologiques sont étrangères à la parapsychologie. Mais il y a dans la question du cerveau un élément capital auquel on arrive maintenant.

Le cerveau comporte une partie superficielle grise de deux ou trois millimètres d'épaisseur qu'on appelle le cortex. Cette écorce est bourrée de cellules interconnectées dont on évalue le nombre à 14 milliards. Or, ces circuits, ces cellules, cette organisation contiennent la source et assurent la naissance, dans notre pensée, de la conscience et de la volonté.

La suggestopédie

Par ailleurs, le cerveau est formé, on l'a dit, de **deux hémisphères** : le droit et le gauche. On est parvenu à déterminer la spécificité de ces deux hémisphères. Depuis une dizaine d'années, de nombreux travaux, américains pour la plupart, ont montré que l'hémisphère gauche était spécialisé dans les activités logiques et basées sur le langage, tandis que l'hémisphère droit se spécialisait dans les activités intuitives et créatrices. Toutefois, il y a toujours des influences réciproques entre l'un et l'autre hémisphère. Si l'on agit sur l'un des deux en désactivant certaines structures, d'autres structures de l'autre hémisphère se modifient et se mettent automatiquement dans la possibilité de remplacer la structure désactivée.

Par ailleurs, le lien entre les deux hémisphères est renforcé par le fait que certaines fonctions psychiques participent à l'activité de l'un et l'autre hémisphères. Il en est ainsi pour la mémoire, ce qui donne, de la part de l'hémisphère gauche, la mémoire volontaire, basée sur une logique de raisonnement, et de la part de l'hémisphère droit, une mémoire spontanée, passionnelle.

Ces notions récentes sur le cerveau ont été à la source de thèses modernes sur l'enseignement, notamment de la part d'un savant bulgare, le professeur Lozanov. Cette méthode, qui applique la suggestion à l'enseignement, en se basant sur la structure du cerveau a pris le nom de suggestopédie.

CHAMAN

On appelle généralement chamans, ou chamanes si ce sont des femmes, des **sorciers de l'Asie septentrionale** et de nombreuses autres contrées dont l'ensemble des pratiques, groupées sous le terme générique de *chamanisme*, ont pour but de porter remède aux diverses difficultés de la vie, principalement aux maladies.

Un des auteurs les plus lus et les plus suivis lorsqu'il s'agit de chamanisme est sans conteste H. Harva, qui a écrit *Les représentations religieuses des peuples altaïques*, en 1959. Selon lui, c'est pour désigner spécialement le chaman de Sibérie que le mot a été créé. C'est en 1662 qu'on l'a utilisé dans un livre pour la première fois. L'intérêt pour le chamanisme, pourtant, ne s'est manifesté qu'au XIXe siècle. On présume que le mot lui-même vient de la langue toungouse, où ce mot est sâman. Le nom de ce personnage varie cependant avec les dialectes. La tradition veut que le premier chaman ait été... une chamane. Ce sont les femmes, en effet, qui, les premières, possédèrent ces dons spéciaux. Une trace symbolique en reste ; une paire de disques métalliques brillants pendus sur la poitrine du chaman et symbolisant apparemment des seins.

Les chamans ne sont pas des guérisseurs et la preuve en est qu'on ne les appelle pas uniquement en cas de maladie ou de blessure, mais dans une foule d'autres cas. Par ailleurs, on réserve généralement le nom de guérisseur à des personnages utilisant, pour guérir les maladies, leur magnétisme personnel ou bien des plantes et de l'argile, etc. En conclusion, des méthodes typiquement occidentales où n'interviennent que très peu les dons psychiques.

C'est dans les solitudes glacées des régions arctiques que survit le mieux le chamanisme ; mais l'étude ethnologique en est rendue difficile par les rigueurs du climat et aussi par le fait qu'il n'est plus permis d'être chaman dans la Sibérie septentrionale. Cette qualification est pourchassée comme celle de nos guérisseurs quand ils sont victimes des poursuites de la médecine officielle. Il se trouve cependant que le chamanisme s'est transféré de Sibérie vers d'autres contrées comme la Laponie, le Groenland, les régions avoisinant le Pôle Nord et aussi le nord du Canada où il s'est diffusé chez les Indiens nord-américains.

Aujourd'hui, le terme de chaman désigne des personnages doués de pouvoirs particuliers qui font d'eux une espèce intermédiaire entre le prêtre, le magicien et l'homme-médecine. Ceux-ci sont répandus largement à travers le monde et l'on en rencontre en Amérique du Nord, en Amérique Latine, en Australie, en Afrique centrale, en Indonésie et même chez les Tibétains.

Contrairement à ce qu'expriment de nombreux auteurs du siècle dernier et des premières années de ce siècle-ci, le chamanisme n'est pas un amas de superstitions qui eût pu faire croire, au Moyen Age, à des rapports avec Satan et conduire au bûcher. On commence actuellement à méditer sur les pratiques provenant de tout ce que l'on rassemble, parfois encore avec quelque mépris, sous le nom générique de parapsychologie. Aujourd'hui, on veut tout expliquer.

« Le chamanisme, écrit Ivar Lissnar, cité par Mario Mercier dans *Chamanisme et Chamans*, est la concrétisation de connaissances multimillénaires se rapportant à l'âme, au psychisme humain et aux manifestations de la nature vivante. »

Il ne s'agit pas ici d'un système magico-religieux. Un système religieux s'établit sur des dogmes, sur des rites, sur des dates qui jalonnent le temps en raison des fondements mêmes de cette religion. Il n'y a que la seule certitude d'un espace invisible, mais réel et accessible au moyen d'usages, de coutumes longuement appris. Il n'a pas d'autre but que d'accroître la puissance de l'homme dès que celui-ci a pris conscience des pouvoirs qu'il détient et qu'il devine mal.

On ne doit attacher ni naïveté, ni ridicule à ces croyances. Elles en valent bien d'autres. Le défaut des chercheurs actuels est de vouloir trop systématiser.

La base du chamanisme est la **croyance en un espace surnaturel** auquel des techniques particulières permettent à certains hommes d'accéder. Ces techniques appartiennent à la magie. Or, la magie ne s'acquiert pas facilement ; il faut l'apprendre et son enseignement est la résultante d'une très longue tradition. Cela réside dans le développement de certains pouvoirs de l'homme dont le principal est l'imagination comme l'a si bien dit PARACELSE (voir ce nom).

Quand l'apprentissage du futur chaman est terminé, il sait se déplacer en esprit et c'est alors qu'il peut, tout en laissant son corps sur place, se rendre dans le monde astral pour discuter avec les puissances et... « faire la pluie et le beau temps »... Il peut aussi guider les défunts qui accèdent à l'autre monde et qui ont besoin qu'on leur explique qu'ils ne sont effectivement plus de notre univers terrestre et matériel et comment ils doivent se conduire dans leur nouveau séjour.

Le chaman pratique donc couramment la BILOCATION, la TÉLÉPATHIE (voir ces mots) et la lecture de l'avenir. Il peut faire et défaire des CHARMES. Il pratique la MÉDIUMNITÉ (voir ces mots) et l'incorporation. Le chaman peut requérir l'aide des esprits en les appelant par certains rites, afin que ceux-ci le soutiennent dans sa lutte pour renverser les obstacles et déjouer les ruses des démons.

Le chaman pratique également la transe, le dédoublement et l'extase. Il sait dissocier son esprit de son corps. Tandis que ce dernier paraît inanimé, l'esprit voyage, sans tenir compte de la distance, ni du temps.

Pendant que son esprit voyage loin de son corps, l'entourage du chaman l'attend, non sans anxiété, car le retour est aussi difficile à réussir que le départ. Le chaman revenu raconte alors son voyage, avec ses péripéties.

Une des grandes tâches du chaman est de remédier à la faute commise par la violation des tabous. Ceux-ci sont très nombreux dans le Grand Nord et tout le monde s'expose à les violer par ignorance. Le chaman, alors appelé, remet les choses et les règles en place.

Sans être un prêtre, le chaman est la personne compétente pour tout ce qui concerne l'âme. Il en connaît les faiblesses et sait les dangers qu'elle court.

La fonction de guérisseur du chaman tient à son influence sur les âmes. A proximité du cercle polaire, on a coutume de considérer les maladies comme provenant d'un désordre de l'âme. Il eût été difficile de penser à des miasmes sous un tel climat. Quand il est appelé près d'un malade, c'est l'âme de ce malade que considère le chaman et c'est elle qu'il soigne.

La tradition chamanique ainsi que les autres traditions religieuses n'attribuent pas aux maladies des causes naturelles. L'individu devient malade parce que son âme est égarée ; parfois on dit qu'elle a été volée par des forces hostiles. L'essentiel est de la retrouver et la rattraper avant qu'elle n'aille trop loin. Elle courrait alors le risque de ne plus retrouver la voie du retour, ce qui entraînerait la mort du malade. C'est le traitement pratiqué par le chaman qui permettra de retrouver cette âme et de lui faire réintégrer le corps du patient.

Cette âme, toutefois, a pu être incorporée par des « démons ». Tout est alors différent. Il faudra, dans ce cas, lorsque le chaman aura rattrapé l'âme, en expulser le démon qui s'y est installé.

Le chaman doit alors organiser une séance particulière de guérison, portant le nom de « **kamlénie** ».

Le kamlénie de guérison est l'activité la mieux connue du chaman ; n'exigeant en effet aucun secret, elle a pu être observée par des voyageurs et racontée. On a, depuis, tendance à donner à la guérison la première place dans les activités du chaman. Ce serait une erreur de le croire. En fait, ses rapports avec le surnaturel donnent au chaman un champ d'action infiniment plus vaste que la fonction de guérisseur. En fait, il dirige la vie du clan ou de la tribu. Chargé de veiller à ce que les pêches et les chasses soient bonnes, à ce que prospère le troupeau, il devait intervenir « en haut lieu », c'est-à-dire auprès des divinités, pour que tout se passe bien.

C'est aussi le chaman qui se déplaçait en esprit pour aller quérir près des dieux des informations sur l'avenir du clan. Aujourd'hui, le chaman continue à prédire l'avenir ; mais il ne le fait plus pour les nations ; il réserve son talent aux particuliers.

La tribu s'est longtemps laissée guider par le chaman.

Il y a toujours eu une hiérarchie parmi les chamans. Les uns acquièrent des fonctions de plus en plus élevées par leur talent et leur efficacité. Les autres savent choisir en quelque sorte une spécialité, dans laquelle ils deviennent inégalables. Les voyages dans l'astral n'ont pas seulement pour but la mission qui leur a été confiée ; ils s'y rendent aussi pour acquérir de nouveaux savoirs. (Aujourd'hui, on dirait « se recycler ».)

Le chamanisme existe toujours ; cependant, il a assimilé des apports extérieurs ; les invasions turques et mongoles, la domination des Russes ont défiguré en partie les coutumes et les rituels en apportant les leurs. Les envahisseurs ont été trop malins pour lutter directement contre les chamans ; ils ont sapé leur pouvoir en prétendant qu'ils les tenaient du démon.

Par ailleurs, il faut tenir compte des progrès de ce qu'on appelle la civilisation.

Le chamanisme, en nos temps modernes, ne jouit plus du respect craintif qui l'entourait autrefois, il y a, par exemple, une centaine d'années. A la faveur du brassage des populations, il s'est vu supplanté, dans certaines de ses fonctions, par les représentants des religions pratiquées par les peuples envahisseurs. On l'accuse de servir le démon.

En dehors des séances de transes et de dédoublement, qui ne sont pas permanentes, ni même très fréquentes, le chaman mène la vie normale d'un chef de famille, avec sa femme et ses enfants.

CHARME

Ce mot a deux acceptions.

Première acception : on appelle charme une forme de MAGIE (voir ce mot) qui possède des traits de **l'envoûtement**. Les charmes sont, dans ce cas, des procédés au moyen desquels on donne à certains objets des pouvoirs exceptionnels d'attirance ou des effets particuliers inexplicables.

On appelle charme, également, une qualité personnelle d'une définition délicate, donnant à la personne qui la possède une ascendance d'une espèce particulière sur les autres. **Avoir du charme**, dans ce cas, est en relation moins étroite et moins évidente avec la magie.

Contrairement à ce que l'on serait tenté de croire, le charme n'est pas l'apanage des femmes. Chez les hommes, cette qualité existe aussi et avec autant d'avantages, on devrait dire d'agrément.

Si le charme s'inclut ici dans la parapsychologie, ce n'est pas sans raison. Dans le développement et l'amélioration de la personnalité, à côté des chemins conduisant au succès, où le charme a son rôle à jouer, il existe une recherche du bonheur ; et pour avoir un minimum d'aptitude au bonheur, il faut posséder cette qualité très particulière qu'est le charme.

Les sources du charme

L'acquisition du charme se fait suivant des règles formant deux groupes : le premier groupe concerne les sources physiques du charme ; le second, ses sources psychiques.

Les sources physiques du charme n'appartiennent pas à la parapsychologie : après un bilan de ce que l'on possède en qualités physiques, on s'arrange pour en exploiter l'ensemble au maximum. Les femmes en ont l'habitude, pour peu qu'elles veillent à leur aspect physique ; il s'agit d'en retirer le maximum d'agrément pour soi et pour les autres.

Et puis, autour du physique que l'on a au maximum amélioré, il s'agit de bâtir une personnalité qui ne soit pas désagréable. L'expression générale de la physionomie jouera le principal rôle et les éléments psychiques du charme feront facilement oublier d'éventuels défauts physiques.

Il faut savoir que l'organisme humain émet une forme d'énergie qui s'irradie et se communique à l'entourage. C'est un **magnétisme** animal. Son existence et son effet sont connus depuis les temps les plus anciens. C'est ce rayonnement qu'il faut chercher à développer pour accroître le charme personnel.

Télépathie, télépsychie et représentation mentale

A ce développement du magnétisme personnel, les parapsychologues conseillent d'ajouter la TÉLÉPATHIE (voir ce mot). Ici, un sujet pense une chose déterminée ; un autre sujet perçoit et peut exprimer les pensées du premier.

Par la pratique de la télépathie, on peut atteindre celle, plus affinée, de la télépsychie. Ici, on suggère une pensée, une attitude psychique ou intellectuelle à une autre personne. Les méthodes préconisées pour y parvenir sont toutes basées sur la représentation mentale. On devine le sens de cette expression : créer en son esprit une image, constituée et fixée volontairement, puis la visualiser mobile et traduisant une expression, une opinion, une intention volontairement choisie par la personne émettrice. La personne destinataire obéit généralement ; on répète l'opération autant de fois qu'il le faut pour obtenir l'acte souhaité.

Pratiquez la télépsychie pour suggérer à une personne donnée les idées, les actions que vous souhaitez de sa part et qui vous seront favorables. Veillez, pour le succès de votre expérience, à ne suggérer que des attitudes ou gestes possibles, proches de ce que pense ou fait habituellement votre sujet ; modifiez ensuite graduellement le geste ou les mots pour approcher peu à peu de ce que vous souhaitez lui voir faire ou dire.

La télépsychie et la représentation mentale appartiennent à la parapsychologie. Elles vous permettent d'agir sur les opinions et les sentiments d'autrui. Apprenez-les.

Recréez devant les yeux de l'esprit une image de la personne que vous voulez influencer, avec l'expression que vous lui voyez habituellement. Puis, recommencez jusqu'à ce que votre image mentale vous obéisse : au lieu de conserver l'expression que vous lui voyez dans la réalité, amenez-la dans votre pensée à vous considérer avec une bienveillance d'abord à peine indiquée, et peu à peu de plus en plus marquée. Quand l'image créée dans votre pensée vous sera très bienveillante, arrangez-vous pour rencontrer la personne considérée et vous constaterez qu'elle a désormais pour vous l'expression que vous lui donnez en pensée ; au cours de cette expérience, votre propre expression aura évolué et votre charme personnel se sera développé. Désormais, vous aurez la possibilité de persuader les gens d'adopter votre point de vue...

Sachez qu'une des conditions essentielles de la réussite de cette opération est le secret. Nul être au monde ne doit se douter que vous vous y livrez.

La représentation mentale est souvent utilisée pour ramener vers soi les sentiments d'une personne versatile, sur le plan amoureux. On ne conseille pas volontiers cet usage, car, en amour, il faudrait laisser à chacun son libre-arbitre intégral. Mais on peut recommander la méthode pour resserrer les liens entre les membres d'une famille désunie, ou pour retrouver la bienveillance d'un camarade de travail ou d'un supérieur.

Dans toutes les situations, la représentation mentale de visages affables et bienveillants est utile. Elle contribue grandement à renforcer votre ascendant sur votre entourage et même, d'une façon générale, dans tous les milieux où vous êtes appelé à pénétrer.

Un entourage bienveillant, des affections qui durent, une ambiance de sympathie et de confiance, c'est ce que vous procure dans la vie quotidienne votre ascendant personnel, auquel, quoi qu'on en pense, nul ne peut résister.

C'est exactement ce qu'on appelle le charme.

CHEVAUX D'ELBERFELD (Les)

Les chevaux d'Elberfeld se rapportent aux **« animaux psi »**. C'est une histoire merveilleuse et vraie.

Il était donc une fois, à Berlin, un riche éleveur de chevaux ; il s'appelait von Osten. Il déclara — ceci se passait en 1862 — avoir enseigné le calcul à un cheval. Ce cheval s'appelait Hans. Une telle annonce ne recueillit à peu près que des rires. Sauf de la part d'un négociant d'une localité appelée Elberfeld. Ce négociant s'appelait Karl Krall. Celui-ci s'intéressa aux expériences de von Osten et, même, fit sa connaissance et se rendit acquéreur du fameux Hans. Ayant appris les méthodes utilisées par von Osten, il acheta des chevaux qu'il nomma respectivement Muhammed, Zarif, Barto et un poney qu'il appela Hänschen.

La démonstration

Voici comment se passait la démonstration.

Les chevaux étaient conduits devant un tableau noir comme ceux des écoles ; l'écurie servant à ces études et dressages s'appelait d'ailleurs leur école. On inscrivait au tableau noir un nombre, après avoir désigné et amené le cheval qu'on désirait interroger. Le cheval lisait le nombre en exprimant les chiffres par des coups de sabot sur une planche inclinée. Le sabot gauche exprimait les dizaines, le droit les unités. On n'allait pas au-delà des dizaines. Le sabot frappait des coups très légers et très réguliers qui, nettement, n'avaient pas d'autre but que d'être des signaux expressifs. Karl Krall réussissait à faire effectuer aux chevaux des opérations de calcul arithmétique. Il leur avait appris également à exprimer par des coups de sabot quelques idées simples dans un allemand phonétique. Ceci d'après un tableau de correspondance entre coups et lettres ou sons qui avait été établi par von Osten.

Par un récit qu'en a fait un témoin, nommé William Mackensie, on sait que les coups frappés en vue d'une réponse n'étaient pas les mêmes que ceux destinés à exprimer autre chose de plus instinctif, comme la lassitude ou l'impatience.

« Le témoin réussit, dit-il, à faire effectuer par les chevaux des additions, des soustractions, des multiplications et même des extractions de racines carrées et cubiques. »

La séance se déroulait ainsi quel que fût le cheval : on inscrivait au tableau noir l'opération qui était à faire. Puis, on amenait le cheval, un seul à la fois. Il jetait un coup d'œil sur le tableau et frappait de ses sabots la réponse presque immédiatement.

Les témoins étaient stupéfaits et le doute se forma en eux : n'y avait-il aucune tricherie ? Par ailleurs, même sans tricherie, était-ce le cheval qui faisait l'opération ou bien en lisait-il le résultat par télépathie dans le cerveau de son maître. Même sans vouloir tricher, n'existait-il pas certains signaux inconscients faits par celui qui connaissait le résultat de l'opération et que le cheval interprétait ?

Pour répondre à ces critiques, on organisa des séances où le cheval était laissé seul dans la salle, les témoins se trouvant tous à l'extérieur et l'observant par une lucarne à vitre. Le phénomène se produisait aussi bien lorsque personne ne connaissait la réponse au calcul demandé et qu'on devait le faire après le cheval pour contrôler.

Après une observation longue et soigneuse des chevaux, notamment par le psychologue genevois Claparède, qui en a fait le récit, on constata qu'après cinq mois d'instruction, les chevaux ne faisaient plus de progrès. Par ailleurs, ils ne pouvaient réussir que des opérations qu'on leur posait ; ils ne savaient pas en poser eux-mêmes. Enfin, ils savaient faire les opérations mais ne pouvaient dire combien il y avait de personnes présentes, ni rien compter par eux-mêmes.

Des calculateurs prodiges

Il faut les comparer, non à des animaux savants, mais à des calculateurs prodiges comme on en rencontre parfois. Ces derniers peuvent exécuter des opérations très longues et très compliquées mais ne les réalisent pas par l'écriture. Si on les interroge, ils disent qu'ils voient le résultat dès que la question est posée. Certains ne donnent pas d'explication, ils ne savent pas ce qui se passe en eux. S'ils tentent d'expliquer leurs opérations mentales, on constate qu'elles ne sont pas « orthodoxes ». On ne sait pas. Est-ce que le calculateur prodige ainsi que les chevaux d'Elberfeld ont une vision soudaine du résultat ?

On a comparé leur cas à celui d'EDGAR CAYCE (voir ce nom) qui, devant un malade, trouvait spontanément la nature de sa maladie et donnait les traitements à suivre et les médicaments à prendre ?

En cherchant une explication, on peut imaginer une communication directe entre certains cerveaux. Dans ce cas, l'éducateur des chevaux ne leur avait rien appris, mais les avait sensibilisés à des opérations arithmétiques. Il semble que la réponse nous manque parce que nous ignorons la méthode de Karl Krall. Ignorer tout, c'est beaucoup dire : on a pu lire, dans le numéro 25 de la revue *Planète,* un récit par un témoin oculaire qui assista à cet enseignement et nous le raconte. Le récit est de M. William Mackensie ; il a été publié en 1965.

L'instruction du cheval n'avait aucun rapport avec un « dressage », écrit M. Mackensie. Dans le cas de dressage, dit-il, l'instruction vise à habituer l'animal à réagir de façon constante à un stimulus invariable. L'instruction du type de celle donnée aux chevaux d'Elberfeld tendait au contraire à obtenir de l'animal des réponses différentes, après que celui-ci eut, en somme, appris à penser.

Durant la première leçon qu'il donna à un nouveau cheval en présence des témoins, Krall commença par prendre entre ses deux mains une des lourdes jambes antérieures de l'animal en frappant plusieurs fois le sabot sur la planche inclinée installée tout exprès. Il disait chaque fois à haute voix : eins, eins, eins, (un, en allemand). Puis il fit une série de deux coups consécutifs en disant zwei, zwei, zwei (deux, deux, deux) et ainsi de suite jusqu'à dix. Incroyable, mais vrai : après deux leçons seulement, le cheval semblait avoir parfaitement assimilé la notion de nombre.

Ce témoin explique comment Karl Krall avait laissé à leur disposition un des chevaux afin qu'ils puissent, le témoin Mackensie et des collègues venus avec lui, faire toutes les observations et tous les contrôles qu'ils jugeraient bons. Ils purent ainsi constater que, selon toutes apparences, le cheval pouvait résoudre des opérations dont l'expérimentateur ignorait le résultat, ce qui exclut toute télépathie. Il tire cette conclusion : « Ce qui veut dire qu'il faut accepter la thèse d'une intelligence véritable et personnelle de l'animal. Si la chose nous surprend tellement et laisse incrédules tant de sceptiques, c'est que, jusqu'à présent, nous savons peu de choses sur le psychisme animal ».

Le cas des Chevaux d'Elberfeld laissera toujours planer un doute sur ce que « pensent » les animaux et nous conduira de plus en plus à les respecter, surtout le cheval, notre ami...

CHIROGNOMONIE

On appelle ainsi l'art de connaître le caractère d'une personne d'après **la forme de sa main.** L'inventeur de cette méthode s'appelle d'Arpentigny et il vécut au siècle dernier. Sa science est expérimentale et résulte de ses observations.

Quelques significations

La main est d'abord large ou étroite. Large, elle indique énergie, entrain et largeur de vues, d'idées. Elle peut aller jusqu'à la brutalité. La main étroite indique le positivisme, l'étroitesse des idées, le manque d'élan et d'imagination, mais par contre, la douceur.

La main ferme au toucher trahit l'activité, la volonté, la décision. Molle, la main indique une grande sensibilité pouvant aller jusqu'au manque d'énergie, la nonchalance, la paresse, même.

Si le dessus de la main est ridé, c'est signe de bienveillance ; s'il est bombé, c'est un signe de chance.

Si la forme de la main est régulière et harmonieuse, elle indique une intelligence équilibrée. La main lourde et de forme irrégulière, inharmonieuse et inesthétique signale une intelligence peu ou mal développée.

On divise, pour en faciliter l'observation, la main en plusieurs parties. La partie dite haute va du bas des doigts à leur extrémité. On y voit les marques de l'intellectualité. La partie basse de la main va du poignet à la base des doigts. On y lit les éléments de matérialité de la personne.

Les doigts longs signalent un esprit méticuleux et, très longs, de la susceptibilité. Les doigts courts sont d'un esprit jugeant l'ensemble et d'un esprit d'organisation. Pointus, les doigts sont d'un esprit poétique ; carrés, d'un esprit réaliste, exact. Spatulés, ils sont signes de tyrannie. Tordus, mal formés, il faut s'en méfier. Le tableau ci-joint résume tous les détails (extrait du livre de M. Curcio : *Guide de l'Occultisme*).

LA CHIROGNOMONIE

PHALANGES	LE POUCE	L'INDEX	LE MAJEUR	L'ANNULAIRE	L'AURICULAIRE
1ère dite DIVINE Longue	Volonté	Ambition	Orgueil qui rend timide	Goût artistique	Goût de l'instruction
Très longue	Tyrannie	Exaltation	Tristesse, isolement	L'art l'emporte sur l'ambition	
Courte	Indécision	Matérialité	Scepticisme	Esprit prosaïque	Assimilation rapide
2e dite LOGIQUE Longue	Logique	Désir de protéger	Manque de confiance en soi	Attrait pour le merveilleux	Esprit brillant
Très longue		Décorum	Crainte du ridicule	Passion du jeu	
Courte	Fantaisie	Esprit positif	Indépendance	Amour de la réussite méritée	Esprit précis
3e dite MATÉRIELLE Longue		Amour du confort	Caractère difficile	Goût des entreprises difficiles	Aptitudes aux exercices d'agilité
Très longue		Égoïsme	Mauvaise humeur	Goût du danger	
Courte		Simplicité	Révolte	Amour des voyages	Préférence pour la force

LES ONGLES (pour tous les doigts)

Enchâssés profondément : timidité ou réserve.
Enchâssés court : critique, esprit de contrôle.
Stries longitudinales : troubles de la nutrition.
Stries transversales : chocs nerveux.

LES DOIGTS (tous)

Lisses : jugement spontané.
Noueux : jugement réfléchi et calculateur.
Nœud à la seconde phalange : amour de l'ordre.
Pouce renversé : générosité.

CHIROMANCIE

On définit souvent la chiromancie comme l'art de prédire l'avenir d'après **les lignes et les signes de la main.** Cette expression paraît incomplète ; ou aller tout de suite trop loin. Car, avant d'être en mesure de commenter l'avenir du sujet, en déchiffrant les lignes et les signes de sa main, on découvre les traits de son caractère et certains aspects de sa santé.

On assure que cet art est très vieux. Il en est fait état dans l'Ancien Testament : « Dieu a mis dans la main de tous des signes afin que chacun connaisse son destin. » (Job, XXVII, 7).

Si on fait remonter très loin dans le temps la chiromancie, c'est qu'on en trouve trace dans des documents de l'Inde antérieurs à ce que l'on sait de la vie de Moïse. Il est à remarquer que la confiance accordée à la chiromancie tend à lui donner un caractère de certitude propre à l'extirper de la parapsychologie pour la ranger dans l'histoire naturelle.

Il est cependant plus raisonnable de lui laisser son caractère de « mancie », c'est-à-dire d'art divinatoire. En fait, le chiromancien constate bien des lignes et des signes inscrits dans la main, mais, étant donné le nombre infini de ces lignes et de ces signes, il est forcé de faire un choix ; là se situe son intervention personnelle et l'effet de son inspiration.

Ce qu'on lit dans la main peut se modifier au cours de la vie et une nouvelle lecture plusieurs années après une première consultation peut donner des résultats différents.

Pour orienter le lecteur et sans entrer dans des détails que l'on trouvera dans des ouvrages spécialisés, voici quelques indications.

On observe la main gauche de préférence à la main droite. Dans la main, on peut déjà trouver des indications utiles en examinant trois lignes : la ligne de vie, la ligne de cœur et la ligne de tête.

La ligne de vie

Commençons par la ligne de vie. C'est une ligne qui prend naissance entre le pouce et l'index. On considère qu'à la base du pouce se trouve un réservoir vital dont la ligne de vie forme la limite. Si la ligne de vie est pâle, elle annonce un tempérament lymphatique ; si elle est rouge, c'est un tempérament sanguin, et si elle est jaune, c'est un tempérament bilieux. Sa teinte ne doit cependant pas être trop marquée pour indiquer une bonne santé. Sinon, il y a un problème.

Si cette ligne est large, il y a tendance aux excès ; si elle est fine et bien tracée, on est devant une personnalité assez forte et qui se domine ; sa vie sera longue. Si la ligne est trop fine, à peine tracée, il y a faiblesse de constitution et parfois tendance à l'inertie. Si la ligne de vie est longue, nette, bien tracée, elle indique équilibre et vitalité, elle signale bonne humeur et optimisme. Le sujet est net, franc, loyal. Si la ligne de vie est longue et tortueuse, il s'agit d'une personne à laquelle on ne peut pas se fier.

Une coupure de la ligne de vie indique un danger, une maladie grave.

On dit qu'une ligne de vie indique, par sa longueur ou sa brièveté, la longueur ou la brièveté de la vie. Ce serait faux, selon certains auteurs.

Si des lignes secondaires coupent la ligne de vie, elles indiquent les luttes et les difficultés.

Il arrive que la ligne de vie soit double, formée de deux lignes parallèles. C'est la marque d'une résistance nerveuse accroissant la résistance générale du sujet.

La ligne de cœur

La ligne qui part du bord externe de la main et se termine sous la base du médius, après un parcours parallèle à la base des doigts, est appelée ligne de cœur.

Si elle est très rouge, c'est signe de jalousie ; jaune, d'un tempérament tourmenté ; blanche, de troubles circulatoires.

Si la ligne de cœur est courte, il y a manque de sentiments ; si elle est brouillée, les sentiments sont indécis et changeants.

Si elle est nette, se terminant par des rameaux, elle indique la bonté ; courbe, elle est signe d'étroitesse d'esprit.

Si elle se rapproche de l'index, dépassant donc la base du médius, elle annonce un amour malheureux ; si elle se tourne en crosse vers la ligne de vie, il n'y aura pas de bonheur dans l'amour. Quand elle se divise en grands rameaux sous l'index, il y aura richesse grâce à des amitiés puissantes.

La ligne de tête

La ligne de tête est au milieu du creux de la main ; elle part d'un point proche de la ligne de vie, parfois confondu avec celle-ci et se dirige vers le bord externe de la main, à peu près au milieu de la distance séparant la base de l'auriculaire de la base du poignet.

Si elle est très pâle, cette ligne indique une relative faiblesse intellectuelle. Trop rouge, il y aura incompréhension par manque d'attention.

Lorsqu'elle est longue, elle se termine sur une verticale virtuelle descendant d'un point situé entre l'annulaire et l'auriculaire : elle indique alors volonté, courage, activité intellectuelle importante. Trop longue et plongeant vers le poignet, donc arrivant sur le Mont de la Lune, elle est le signe d'une imagination déréglée. Trop courte, il y a manque d'ambition. Si elle se termine en fourche, elle indique un esprit vif et adaptable.

Si la ligne de tête se confond avec la ligne de vie à leur commencement, il y a concentration, et cela peut aller jusqu'au repliement sur soi. Une « île » dans la ligne de tête annonce des difficultés.

Les monts

A côté de ces bases, fourmillent d'autres lignes et des signes multiples. Ils ont tous une signification. Si on ne tient pas à pratiquer la chiromancie, les détails sont superflus. Vouloir trop d'exactitude en pratiquant une mancie conduit à des erreurs, à des interprétations fantaisistes. De plus, les signes moins importants que les trois lignes principales peuvent varier sensiblement au cours d'une vie.

La surface intérieure de la main contient non seulement des lignes, mais aussi des reliefs, qu'on appelle des « monts ». Lorsqu'ils sont situés à la base d'un doigt, ces monts portent le nom de ce doigt.

On trouve, à la base de l'index, le **mont de Jupiter** ; il indique l'orgueil et l'ambition, le désir de dominer les autres. S'il est bien développé, l'orgueil peut aller jusqu'à la vanité et même la fanfaronnade.

A la base du majeur, se trouve le **mont de Saturne.** Il indique le sérieux, la prudence, la justesse et l'à-propos du raisonnement. Si le doigt de Saturne est fort, ce mont est peu développé. Si la personne est très « saturnienne », on lui verra une grande tendance à la réflexion. Il y aura de la méfiance. Le sujet est obstiné et pessimiste. Il est économe, parfois à l'excès.

Le **mont d'Apollon**, ou du soleil, est à la base de l'annulaire. Il est, quand il est très marqué, signe d'ambition ; le sujet est gai et sociable. Il est émotif, il aime la beauté ; si l'annulaire est particulièrement long, et le mont bien développé, le sujet a un caractère impulsif qui peut même être capricieux. Il est généralement enclin au jeu. Si l'annulaire est mal formé, s'il est tordu, le sujet est vain, arrogant, égoïste, parfois vicieux. L'auriculaire est le doigt du **mont de Mercure.** Il apporte un esprit très intuitif ; si le doigt est mal formé, il y aura de la ruse. Le mercurien a la parole facile et, si les doigts sont mal formés, il peut utiliser cette facilité à ruser et à tromper les autres.

A la base de la paume, sur son bord extérieur, il y a le **mont de la Lune.** S'il est bien développé, le sujet sera un créateur et un artiste, si, en même temps, le mont d'Apollon est bien dessiné. Si le doigt et le mont de Mercure sont bien développés en même temps que le mont de la Lune, on est devant un esprit créateur, un romancier ou un poète.

Le **mont de Vénus** est le renflement qui se voit à la base du pouce et qu'entoure la ligne de vie. Il indique la santé et la vitalité du sujet. Si ce mont est bien développé et présente un renflement proéminent, le sujet est certainement généreux, chaleureux, plein de vie et possède de forts instincts amoureux. Mais si ce mont est hypertrophié, surtout près du poignet, il y a domination de l'instinct animal, mais le sujet n'est ni vicieux, ni perverti.

Il faut accorder davantage d'attention au **mont de Mars** parce qu'il est plus difficile à étudier. Il est double ; l'un, Mars positif, est situé entre la racine du pouce et le mont de Jupiter ; l'autre, dit négatif, est entre le mont de Mercure et le mont de la Lune. Au centre de la paume, s'étend la plaine de Mars. Le Mars positif marque un caractère belliqueux. Le sujet a un courage surtout physique ; il peut faire un excellent combattant. Mars négatif indique aussi du courage, mais sous une autre forme : la puissance de résistance, soit morale, soit physique. Le sujet chez qui ces deux monts sont bien développés montrera, si les circonstances le demandent, un courage complet, une force qui vaincra tous les obstacles. Si la plaine de Mars présente une proéminence, le sujet est capable de colères parfois dangereuses, s'il ne parvient pas à se dominer. Mais, au contraire, si les trois monts de Mars sont déficients, on est devant une personnalité très faible, frêle, vaincue dès le départ.

Ce sont là des points essentiels de la lecture des lignes de la main. Des ouvrages spécialisés permettent d'aller plus loin dans le détail et la précision.

CLAIRVOYANCE

La clairvoyance est une faculté de notre esprit qui ne se rencontre habituellement que chez certains sujets considérés comme exceptionnels. On l'appelle plus communément **voyance** et, plus scientifiquement, **métagnomie.** Il s'agit d'une connaissance paranormale d'événements ou d'objets qui s'exerce sur l'entourage du sujet, puis s'étend à tout ce qui le concerne, qu'il s'agisse de faits limités ou d'événements d'ordre général.

Le phénomène agit comme si le temps et la distance n'existaient plus.

Les sujets aptes à réussir de brillantes expériences de clairvoyance sont rares. Plus nombreux sont ceux qui ont des capacités sporadiques de voyance et qui utilisent leur bon sens et quelques interrogations bien choisies pour réussir, envers un consultant, de bonnes prédictions en donnant, en outre, des conseils utiles et valables.

Dans certains cas, la clairvoyance entre en contact, à s'y confondre, avec le spiritisme : le clairvoyant agit alors en médium et parle au nom d'un « désincarné ».

Le Professeur Rhine

C'est dans le but d'étudier, entre autres cas, les phénomènes de clairvoyance que le Professeur RHINE (voir ce nom) a dressé toute une série de tests et qu'ont été dessinées les cartes de ZÉNER (voir ce nom).

Les débutants dans l'étude de la parapsychologie sont, en général, tentés par la télépathie. La clairvoyance, cependant, est passionnante, mais d'un abord et d'une compréhension plus difficiles. On a souvent pensé que les expériences de Rhine avaient porté sur la télépathie ; en fait, elles concernaient la clairvoyance. On sait qu'il s'agissait de faire nommer par le sujet des cartes portant des dessins simples que l'expérimentateur prenait une à une sans les regarder lui-même et déposait en un endroit déterminé. Personne ne savait donc de quelles cartes il s'agissait et, à la fin de l'expérience, on contrôlait le pourcentage de réponses exactes pour apprécier le don de clairvoyance.

Ce que le Professeur Rhine voulait mettre en évidence par ces expériences, c'est la capacité de voir quelles sont les cartes tirées, alors que personne ne le sait. C'est donc une connaissance paranormale de certains faits et non la lecture dans la pensée d'autrui.

Ce sont là des sortes de confusion fréquentes dans les entretiens, les textes, les débats sur des sujets de parapsychologie. Elles forment des barrières d'incompréhension dans les échanges d'idées, les exposés, éventuellement les congrès. Il est essentiel de les éviter.

On cite le cas d'un certain Pearce qui se présenta un jour au Professeur Rhine en déclarant avoir des dons de clairvoyance qu'il souhaitait mettre à la disposition de Rhine pour ses expériences. On commença par quelques tests qu'il subit brillamment. On organisa alors une expérience pour laquelle on tint à éliminer toute possibilité d'erreur ou de tricherie pouvant fausser plus ou moins volontairement les résultats. L'expérience portait sur la mesure de la distance jusqu'à laquelle pouvait « voir » le clairvoyant. En effet, si le sujet est très éloigné de ce qu'il doit voir, les influences personnelles de l'entourage qui, volontairement ou non, lui adressent des informations sont supprimées. L'expérience était effectuée avec des cartes de Zéner. Les résultats ne furent pas éclatants, mais pas nuls non plus. On juge ces résultats au pourcentage de réponses justes faites par le clairvoyant. On considéra que la preuve était faite de l'existence de la clairvoyance, nettement distincte des autres facultés nouvellement découvertes ou non, normales ou non, du psychisme humain.

Sommes-nous tous des clairvoyants ?

Il est difficile de trouver de bons clairvoyants ; on parvient rarement, on pourrait dire jamais, à une proportion de réponses exactes de dix sur dix. Par contre, il en existe beaucoup qui sont de moyenne force et l'on pourrait facilement reconnaître que la plupart des gens le sont « un peu ». Il est peu de gens auxquels cela n'est pas arrivé au moins une fois dans leur vie : « Je l'avais prédit, je l'avais vu, je le savais ! » sont des expressions que l'on rencontre souvent dans les heures agitées, lorsqu'on parle d'un accident, d'une aventure sortant de l'ordinaire.

Il semble que l'acquisition de ce don se fasse spontanément lorsqu'une puissante émotion bouleverse un esprit. Est-ce donc que nous pouvons tous être des clairvoyants lorsque des circonstances émouvantes retranchent de notre esprit tout ce qui est habitude, usage courant, vie quotidienne ? Le devenons-nous dans les grands moments d'émotion et de bouleversement ? Comme si le ronronnement quotidien nous empêchait de percevoir ces dons merveilleux qui dorment en nous ? De plus, et pour compliquer le problème, les clairvoyants qui le sont en principe constamment, peuvent se trouver brusquement en défaut. Lorsqu'il s'agit d'un professionnel de ces opérations et que ce vide lui arrive au cours d'une consultation, il tente de sauver la face en improvisant. Il lui est en effet difficile de s'arrêter et de se permettre de déclarer : « La séance est terminée, je ne "vois" plus... »

On s'est aperçu, expérimentalement toujours, que les dons de clairvoyance sont plus fréquents et plus intenses chez les enfants que chez les adultes. Il est permis de penser que les adultes sont en cela victimes de certaines inhibitions venant de leur éducation ou de leur culture au cours desquelles on leur a inculqué des idées et des thèses contraires à celles qui tentent d'expliquer ou de commenter la clairvoyance.

On a voulu aussi rechercher la clairvoyance chez des êtres non civilisés, pensant que l'éducation ne leur avait pas nui. On s'est alors heurté à un milieu trop doué : les primitifs pensent que la clairvoyance est un don naturel tout à fait normal ; ils ne saisissent pas le but, et parfois le mécanisme des expériences qu'on voudrait leur faire faire.

La parapsychologie présente cette difficulté, sur laquelle on n'appuiera jamais assez, d'observer et expérimenter des capacités cérébrales humaines fugaces que la moindre pensée accessoire peut dérégler. Cette étrangeté fait partie de sa séduction, mais en rend l'étude expérimentale bien délicate.

Beaucoup de sceptiques cherchent constamment la tromperie dans les expériences de clairvoyance ; il faut être très mesuré dans cette sorte d'appréciation. On peut facilement prendre pour une tricherie un effet du hasard. On peut aussi prendre pour tricherie un zèle si vif qu'il force exceptionnellement les capacités du sujet. On cite le cas d'une petite fille qui savait que, pour des expériences sur la clairvoyance chez les enfants, on offrait un demi-dollar à ceux qui obtiendraient un résultat positif correspondant au score de 25 réponses justes. Cette petite fille se présenta :

— Vous donnez un demi-dollar pour 25 réponses justes ; moi, je peux vous faire ces 25 réponses justes.

On fit l'expérience dans les règles habituelles et la petite fille trouva les réponses justes sans une faute. L'expérimentateur lui manifesta son étonnement :

— Tu as donc l'habitude de faire ces exercices ?

— C'est la première fois. Mais j'avais besoin d'un demi-dollar. Pendant toute l'expérience, je me suis répété, il faut que tu gagnes ces cinquante cents.

Cette anedocte est peut-être plus riche qu'on ne pense. Nos possibilités mentales peuvent sans doute aller aussi loin que nous sommes en mesure de l'imaginer. Mais il y a des inhibitions. Celles-ci tombent dans les cas spéciaux : grands événements, drames, joies immenses, etc. Dans de tels cas, nous oublions que nous ne croyons pas pouvoir le faire...

Possédant toutes ces facultés dites paranormales, nous ne les utilisons pas : nous avons inventé d'autres moyens. Elles se sont atrophiées.

CLAVICULE DE SALOMON

La clavicule (mot signifiant clef) de Salomon est une **formule** et un rituel à l'aide desquels l'illustre roi Salomon, qui utilisa volontiers la magie, convoqua les esprits du mal pour les capturer et les empêcher de nuire. Voici ce texte, reproduit par François Ribadeau-Dumas dans son *Histoire de la Magie* (Les Productions de Paris, éd.). Il doit être prononcé après avoir accompli les rites magiques consistant en un tracé d'un triangle enfermé dans un cercle et après avoir revêtu les habits traditionnels du magicien.

> « *O grand Lucifuge, je te prie de quitter le lieu que tu habites, où qu'il puisse être, et de venir ici me parler. Si tu ne peux pas venir, je t'y contraindrai par le pouvoir du grand Dieu vivant, du Fils et de l'Esprit. Viens promptement ou je te tourmenterai éternellement par la puissance de mes graves paroles et par la Grande Clef de Salomon, dont il usa pour obliger les Esprits rebelles à accepter un pacte. Aussi, apparais aussi vite que possible ou bien je te tourmenterai continuellement par les puissantes paroles de la clé :*
>
> *Aglon Tetagram Vaycheon Stimulamathon Erohares Retragsammathon Clyoran Icion Existien Eryona Onera Erasyn Moyn Meffias Soter Emmanuel Sabaoth Adinaï, je t'appelle ! Amen.* »

Il s'agit, comme on le voit, d'une formule typique des opérations de magie. Il est déconseillé d'en faire l'essai si l'on n'a pas une personnalité forte et de longues heures de solitude avec la certitude de n'être pas dérangé. Les rites magiques, en effet, sont chargés d'une grande force qui vient d'une tradition ancienne, assortie de menaces, capable de déséquilibrer gravement un esprit insuffisamment fort. Il y a, dans toute opération de magie, une grande puissance venue des profondeurs du subconscient et de l'inconscient collectif et dont il faut absolument se méfier. Ajoutons qu'il faut un rituel précis et un costume adéquat.

CLICHÉ

Les « voyants » s'expriment selon ce qu'ils voient concernant leur interlocuteur. Habituellement, ils laissent courir leur intuition selon ce qu'instinctivement ils lisent sur le consultant : ses mains, ses gestes, ses attitudes, sa physionomie, tout cela provoque chez le voyant des réactions premières, spontanées, dans lesquelles n'intervient aucune réflexion logique. Lorsque le voyant est dans des dispositions optimales, lorsque rien ne le trouble, lorsqu'il peut devenir d'une objectivité absolue, des **images** se créent spontanément dans son esprit qui s'imposent par dessus ce qu'il voit en réalité. La durée de ces images est très variable et parfois un éclair peut suffire. Elles sont très nettes et très explicites. On appelle ces images subites et non dirigées des « clichés ».

Des personnes ne pratiquant pas la voyance peuvent avoir aussi des clichés. Le plus souvent, elles n'en tiennent pas compte. Parfois le cliché s'est révélé si net et si fort, tellement imprévu et pourtant vraisemblable, qu'il marque toute une journée ou un laps de temps plus long et préoccupe jusqu'à ce que le cours de la vie l'explique.

Le « voyant », lui, doit s'habituer à ne pas se laisser envahir par les clichés. Il doit adopter une discipline lui permettant de s'en décharger aussitôt interprété ce qui doit se faire instantanément. Il ne pourrait plus assumer sa propre vie et les consultations de ses divers clients s'il laissait les clichés prendre trop d'importance et de durée.

Le cliché appartient à la parapsychologie parce que la logique ne l'explique pas, ni la science.

COOK (Florence)

Ce nom est à rapprocher de celui de KATIE KING (voir ce nom). En effet, c'est pendant les expériences de **médiumnité** de Florence Cook qu'apparaissait Katie King, un fantôme, en somme, mais merveilleusement présent. On est à la fin du XIXe siècle et la mode est à de telles expériences, au cours desquelles un médium favorise l'apparition de divers fantômes et créatures impalpables, mais parfois même « palpables », nées de rien et disparaissant sitôt la séance terminée. Des personnalités très sérieuses s'occupaient de ces extraordinaires manifestations.

Florence Cook participa pour la première fois à de telles expériences alors qu'elle avait 16 ans. Elle y trouva tout de suite un grand intérêt : faire parler d'elle et, qui sait ? peut-être se faire payer...

Elle avait assisté à des séances où MM. Herne et Williams, médiums, obtenaient des résultats très intéressants avec des MATÉRIALISATIONS (voir ce mot). Florence Cook se fit clairement expliquer ce que l'on cherchait à obtenir et, après quelques essais, parvint à de beaux résultats, surtout dans sa famille, qui parut voir de tels efforts d'un œil intéressé. Elle avait manifesté l'intention de se faire payer pour ces expériences, mais un riche habitant de Manchester, M. Charles Blackburn, lui assura des appointements mensuels afin qu'elle ne soit pas tentée de faire des efforts particuliers qui eussent déréglé le procédé et ôté toute sincérité à l'expérience.

Le groupe qui organisait les expériences de médiumnité prenait des précautions inimaginables pour assurer la régularité de ces opérations.

Katie King

Florence était enfermée dans une armoire dont on avait percé les portes de deux sortes de hublots ; ainsi s'assurait-on qu'elle ne pouvait pas tricher et pouvait-on la voir pendant l'expérience. On déposait des cordes sur les genoux du médium et, quand on rouvrait les portes de l'armoire un instant après, on trouvait Miss Cook ligotée sur sa chaise avec la corde. On déclarait que ce ligotage était l'œuvre des esprits... On scellait les nœuds ; puis, on refermait l'armoire en dirigeant les rayons d'une petite lampe à travers un des hublots, tandis que la pièce était plongée dans une demi-obscurité. Au bout d'un moment, derrière ce hublot, apparaissait un visage pâle qui disait être celui de Katie King. Mais Katie, après quelques apparitions, souhaita, et le dit, que l'on modifie l'installation pour qu'elle puisse se montrer « en pied ». Ce que l'on fit, en remplaçant les portes par de lourds rideaux. Florence Cook entra dans l'armoire, vêtue de noir. Au bout d'un long moment, on vit apparaître, dans l'entrebâillement des rideaux, une belle jeune femme vêtue de blanc. C'était Katie King.

Katie, au bout de quelques expériences, quitta l'abri de l'armoire et se mêla aux assistants. Elle s'enhardit jusqu'à accepter d'embrasser un des assistants, M. William Volckman, qui avait joué un rôle important dans une enquête de la Société dialectique de Londres, sur le Modern Spiritualism, et fut admis à une séance. Il observa Florence et conclut que Katie et elle étaient la même personne. Quand Katie vint, il se jeta sur elle et la retint d'une poigne solide. Celle-ci ne se dissipa nullement dans l'air : elle résista. Mais quelqu'un éteignit l'éclairage et Katie s'échappa à la faveur de l'obscurité. On retrouva, en rallumant, Miss Cook ficelée sur sa chaise. Miss Cook fut ainsi plusieurs fois prise en flagrant délit de fraude.

Les expériences avec l'apparition de Katie King n'étaient qu'une farce, même pas très habile.

COUÉ (Émile)

Émile Coué, qui fut pharmacien et psychothérapeute, est né à Troyes en 1857 et mort à Nancy en 1926.

Il s'est rendu célèbre par ses études sur l'hypnose et l'autosuggestion, y trouvant une méthode de guérison. On a fait beaucoup de plaisanteries sur sa théorie parce qu'elle a été vulgarisée avant d'être comprise. Sa méthode d'**autosuggestion consciente** n'a rien de commun avec une autopersuasion (dites : je suis guéri et vous le serez).

Principes fondamentaux de la méthode Coué

Très sérieuse et ayant permis aux thèses sur l'hypnose d'avancer beaucoup, la méthode Coué se résume en quelques principes fondamentaux que voici :

1. Toute idée, bonne ou mauvaise, introduite dans le subconscient, tend à devenir une réalité dans la limite du possible.
2. L'intensité d'une suggestion est proportionnelle à l'émotion qui l'accompagne.
3. Ce n'est pas la volonté qui est la principale qualité de l'homme, mais l'imagination. Chaque fois qu'il y a conflit entre la volonté et l'imagination, c'est toujours l'imagination qui l'emporte. Lorsqu'une idée s'est emparée de l'esprit au point de déclencher une suggestion, tous les efforts que fait le sujet pour résister à cette suggestion ne servent qu'à l'activer. C'est la loi de l'effort converti.
4. Un but étant posé, le subconscient se charge de trouver les moyens de le réaliser. C'est la loi de la finalité subconsciente.
5. La suggestion n'agit que si elle a été transformée en autosuggestion. (Voir le mot HYPNOSE.)

Lors du premier Congrès mondial d'HYPNOPÉDIE (voir ce mot) et d'hypnosophrologie qui s'est déroulé à Paris, en 1976, avec la participation du Dr Lozanov (promoteur de la sophrologie), on a vu les méthodes Coué reprendre de la vigueur et de l'autorité. Le Dr Parcheminey, qui avait assisté aux cures accomplies par Émile Coué, a écrit : « Coué utilisait avec pertinence toute l'efficacité de la psychothérapie collective. » Pendant la guerre de 14-18, Coué a travaillé à la découverte de l'inconscient.

CRISTALLOSCOPIE

Ce terme d'allure savante et rare désigne simplement la voyance à l'aide d'une **boule de cristal.** On peut dire aussi *captotromancie.* Ces termes ont une allure pédante qui fait qu'on ne les utilise pas volontiers.

L'emploi d'une boule de cristal équivaut à celui d'une surface réfléchissante, un miroir noir, un miroir ordinaire, un verre d'eau, une carafe ronde, etc. Mais la boule de cristal a ceci de particulier qu'elle est fabriquée avec le plus grand soin pour ne pas présenter de défaut dans sa masse, défaut qui peut créer des erreurs dans les images qu'elle permet de déceler.

Pour « voir » dans la boule de cristal, il faut, après s'être assuré qu'elle est parfaitement propre et nette, la placer dans un demi-jour où elle puisse offrir une teinte uniforme sans aucun point brillant. Le regard du voyant se porte, non à la surface de la boule, mais dans sa masse, près du centre. Au bout d'un petit moment, la masse de la boule perd de sa transparence et les visions apparaissent. Il ne faut pas se leurrer. La boule est un support de voyance, en fait aucune image ne s'y produit. La vision provient du subconscient du voyant.

On s'est livré à diverses études sur les images qui se créent dans la boule de cristal et Maxwell qui les a étudiées les classe en six catégories que voici :

1. les visions de faits purement imaginaires ;
2. faits réels appartenant au passé et que le sujet (le voyant) affirme avoir toujours ignorés ;
3. souvenirs oubliés rappelés à la mémoire sous forme de visions ;
4. faits actuels que le voyant ignore complètement ;
5. faits futurs ;
6. faits restant douteux.

CROOKES (William)

Il est né en 1829. Il est Anglais et demeurera un des plus illustres physiciens de ce pays. Il n'avait encore que 19 ans qu'il était déjà assistant du Professeur Hoffmann, au Collège Royal de Chimie. Un an plus tard, il était professeur suppléant ; à 22 ans, il dirigeait l'Observatoire météorologique d'Oxford et il était professeur de chimie à Chester alors qu'il n'avait que 23 ans.

Carrière rapide et science précoce. On lui doit la découverte du thallium, du radiomètre et surtout du « tube de Crookes ». C'était une carrière très brillante et Crookes entra très tôt dans la Royal Society (Académie des Sciences de Londres). Il fit des recherches remarquables en astronomie et spectroscopie et devint membre correspondant de l'Académie des Sciences de Paris. Mais, en même temps, il s'intéressa sérieusement aux recherches alors en vogue sur la médiumnité. Loin d'en sourire, il les suivit avec un sérieux et une précision scientifiques.

Ses expériences sur la médiumnité portèrent surtout sur la personnalité de Miss Kate Fox et David-Dunglas Home. Il ouvrit la période scientifique de la parapsychologie, apportant aux observations et aux expériences le même sérieux qu'il réservait à la physique.

Les choses se gâtèrent lors des expériences de Crookes avec Miss FLORENCE COOK (voir ce nom), que David-Dunglas Home traitait de « farceuse ». Le savant aux travaux graves et importants se laissa leurrer de la manière la plus évidente par une fille et il crut dur comme fer aux apparitions de la soi-disant Katie King.

Crookes publia des comptes rendus des expériences auxquelles il prit part : *Experimental investigations on psychic force*, paru à Londres, en 1871. Son second ouvrage, plus complet, fut traduit en français sous le titre : *Recherches sur les phénomènes du spiritualisme* (Researches on the phenomena of spiritualism). On remarquera le terme « spiritualism » pour parapsychologie.

Dans cet ouvrage, le lecteur a l'impression que Crookes est devenu le simple et admiratif spectateur de séances dont Katie King semblait avoir en mains la direction. Le savant, de son côté, abandonne quelque peu l'objectivité du scientifique ; on a l'impression qu'il est amoureux de Katie King. Peut-être un amour paternel, mais certainement non objectif. En dépit de ces mouvements de cœur, Crookes apporta beaucoup à la parapsychologie par le caractère scientifique de ses observations.

CROWLEY (Aleister)

Edouard Alexandre Crowley est né le 12 octobre 1875 à Leamington, en Grande-Bretagne. Il fit de bonnes études et puis s'installa à Londres. Il montra très vite un goût passionné pour les pseudonymes et se fabriqua constamment de fausses origines aristocratiques. Sa famille, enrichie dans la brasserie, menait et l'obligeait à suivre une vie très austère. Est-ce par l'effet de l'esprit de rébellion propre à l'adolescence ? Crowley atteignait à peine l'âge adulte quand, après avoir voulu devenir « soldat de Dieu », il devint selon lui « soldat du Démon ».

Comme son père était mort en lui laissant une fortune qui le dégageait de la nécessité de travailler, il voyagea. Il se découvrit une vocation d'occultiste et de mage. Il eut une révélation : sa tâche serait de se mettre en quête des secrets des sciences occultes, des méthodes lui permettant de développer ses dons, de remonter aux sources de la magie, de visiter les hauts-lieux de l'esprit, comme l'Inde, le Tibet et la Chine.

En fait, il cherchait une voie par laquelle il puisse atteindre la célébrité. C'est à Paris, à la Bibliothèque de l'Arsenal, qu'il découvrit l'œuvre d'un mage nommé Abra-Melin, traitant de la Magie sacrée. Il installe alors un centre de magie très formel en un lieu nommé Boleskine, en Écosse, près du Loch Ness ; mais un nombre impressionnant de drames fond alors sur sa maison : son cocher, alcoolique, est frappé du délirium tremens ; une voyante qu'il a fait venir de Londres renonce à son don pour se livrer à la prostitution ; le propriétaire de la maison disparaît et le boucher du village s'ouvre l'artère fémorale et meurt de l'hémorragie. Coïncidences ? Aura maléfique ? On a souvent soupçonné Crowley de magie noire, dont ce seraient les chocs en retour, mais encore faut-il y croire.

En tout ce qu'il tente, la personnalité de Crowley frappe l'imagination.

Aleister Crowley mourut en 1944 dans une petite pension de famille du sud de l'Angleterre. Il était ruiné et sa santé avait été définitivement gâchée par l'abus de la drogue.

CRYPTESTHÉSIE

A l'époque où la parapsychologie s'appelait encore, mais pour peu de temps, occultisme, on s'est mis en quête de mots nouveaux pour désigner cette science nouvelle ; sortant de la secrète caverne au fond de laquelle bouillonnaient ses mystères, ses étrangetés et ses éléments les plus simples travestis de décors mélodramatiques, elle se voulait, désormais, compréhensible par tous.

Cryptesthésie était un mot savamment composé à partir de termes mystérieux pour désigner la **voyance.** La racine *crypt* qui a donné crypte pour l'église profonde, par opposition à l'église de surface, a été incorporée à plusieurs termes, tous créés en vue de désigner ce qui est obscur, mal connu, mystérieux, loin de l'évidente clarté solaire. La racine grecque *kryptos* signifie caché.

Notons que les mots inventés au XIXe siècle et au début du XXe pour désigner différentes activités relatives à l'occultisme, ne sont jamais parvenus jusqu'au dictionnaire. Ils sont restés à l'état de jargon. Ainsi en est-il non seulement de la cryptesthésie, mais de la *typtologie,* l'*idiosyncrasie,* la *diapsychie,* la *métagnomie,* la *grammatologie,* la *psychoscopie,* la *métagnomie,* la *cryptopsychie,* la *télesthésie,* etc.

Il est superflu de chercher à les commenter ; ces termes ont été abandonnés depuis plus de dix ans.

CRYPTOMNÉSIE

C'est une question de mémoire. Comme amnésie veut dire privé de mémoire, cryptomnésie indique que la mémoire est provisoirement cachée. Il s'agit du **souvenir latent** de faits en apparence oubliés, mais qui peuvent ressurgir dans la conscience claire, soit après une recherche méthodique, soit dans un état de somnambulisme. On a, dans ce cas, l'impression d'une connaissance supranormale de ces faits.

Ne pas confondre avec l'impression de « déjà vu », qui n'est souvent qu'une erreur psychique avec assimilation à des situations semblables.

CRYPTOPSYCHIE

Ensemble des pouvoirs psychiques subconscients. La liste pourrait en être longue, mais le terme est peu utilisé ; il a été inventé par le Pr. Richet.

D

DÉDOUBLEMENT

Le dédoublement de la personnalité n'appartient pas à la parapsychologie, mais à la psychiatrie. En parapsychologie, le dédoublement est légèrement différent : il ne se produit ni spontanément, ni involontairement comme le dédoublement psychiatrique.

En parapsychologie, le dédoublement se produit toutes les fois qu'un sujet, demeurant sur place, se rend psychiquement en un autre lieu sans se laisser influencer par la distance. Il voit ce qui s'y passe, il peut éventuellement agir, il peut se montrer visible ou rester invisible, il peut, à son retour, rendre compte de son déplacement et décrire les lieux et les personnes qu'il a vus. On peut obtenir ce phénomène sur soi-même et parfois assez facilement si l'on est sous le coup d'une puissante émotion et de préférence à jeun.

Pour se dédoubler soi-même, il faut être capable de s'autosuggestionner ou d'agir sur soi-même assez puissamment. On sort alors de son corps physique qui demeure sur place comme endormi et on se rend, en esprit, à un endroit déterminé, où l'on voit ce qui s'y passe. On complète par un effet télépathique si on a une communication à faire à la personne que l'on va ainsi visiter.

Pour tenter l'expérience sur un tiers, on hypnotise le sujet jusqu'à l'endormissement. On lui parle alors et on peut le convaincre de se rendre en un lieu donné ; on doit parfois lui en expliquer l'itinéraire. Là, on l'invite à observer ce qui se passe et à le raconter. Généralement, le sujet parle et décrit ce qu'il fait et ce qu'il voit.

Il arrive que l'on se dédouble malgré soi pendant un sommeil profond.

Pendant qu'un sujet tente cette expérience, il est bon qu'un ami sincère veille sur son corps physique afin qu'il ne lui arrive rien et aussi que rien ne le réveille brutalement. En effet, certaines maladresses ou des incidents fâcheux pourraient rendre plus difficile et même problématique la réintégration dans le corps physique du corps fluidique qui a voyagé.

Une telle expérience peut susciter l'étonnement de ceux qui ne sont pas au fait des apparentes étrangetés de la parapsychologie. Mais on ne peut crier au trucage, car les expériences qui ont été réalisées ont été faites avec les plus grandes garanties.

La question du dédoublement rejoint parfois celle de l'hypnose.

Le double ou fantôme est le périsprit des spirites, le corps astral des occultistes ; pour les théosophes, il est formé de l'union du corps astral et du corps éthérique.

Le dédoublement est appelé parfois bilocation.

DÉS À JOUER

Tout le monde connaît les dés à jouer. Pour faire acte de divination, ayez-en trois. Ayez aussi une grande feuille de papier (par exemple feuille de kraft ou de papier à dessin) et tracez-y une circonférence. Divisez le cercle délimité par cette circonférence en douze secteurs égaux par des rayons passant par le centre et numérotez-les de 1 à 12, en tournant autour du centre dans le sens inverse de celui des aiguilles d'une montre.

Jetez au hasard les trois dés sur le grand disque de papier. Ils tomberont en indiquant d'abord un chiffre par eux-mêmes et un autre chiffre par le secteur du disque sur lequel ils sont tombés.

Les douze secteurs

Les douze secteurs concernent douze sujets possibles de votre vie, dont voici la liste :

1. les événements généraux de l'année prochaine (de la date de ce jour à 365 jours plus tard),
2. l'état de vos finances,
3. vos chances de voyager,
4. ce qui concerne la maison,
5. le déroulement des affaire en cours,
6. votre santé,
7. les problèmes associatifs, le mariage inclus,
8. toute ressource financière parvenue à vous sans travail : loterie, héritage, etc.,
9. votre état d'esprit et celui de votre entourage,
10. votre occupation principale (profession ou autre),
11. les amis, leur influence,
12. vos ennemis, leur influence.

Les dés

Les dés peuvent présenter un nombre de 1 à 6. Voici la signification de ces nombres que l'on appliquera au secteur de la vie représenté par le secteur de votre disque dans lequel est tombé le dé :
1. Il y a des possibilités de réussite dans le domaine correspondant au secteur.
2. Le domaine correspondant au secteur dans lequel est tombé le dé dépendra de l'état des relations amicales que vous aurez avec votre entourage.
3. Ce sont les résultats les meilleurs qui vous attendent dans ce secteur.
4. Il y aura des contretemps, des problèmes, des « ratés » dans le domaine correspondant au secteur où est le dé.
5. Le domaine correspondant au secteur où est le dé sera très favorisé.
6. Effet bénéfique à tous points de vue.
Cette notice bien lue et enregistrée, pensez fortement à votre destinée et lancez les dés. Il vous reste à interpréter. Des cas particuliers peuvent se présenter. Si deux ou trois dés tombent dans le même secteur : ce domaine va prendre

de plus en plus d'importance par rapport aux autres aspects de votre vie.

Mais il peut arriver que les dés tombent en dehors du cercle. Dans ce cas, s'il y a un dé hors du cercle, les événements ne tourneront pas de la façon prévue ; les indications des autres dés sont sans valeur. S'il y a deux dés en dehors du cercle : prévoir une dispute sérieuse. Les trois dés hors du cercle : vœux exaucés, mais vous n'en retirerez pas grand chose.

Comme dans tous les arts divinatoires, votre talent personnel jouera le principal rôle : votre voyance, votre médiumnité. C'est ce qui en fait un art divinatoire et non un jeu.

DESBAROLLES (Adolphe)

Adolphe Desbarolles, né et mort à Paris (1801-1886), fut d'abord connu comme peintre. L'étude de son art le conduisit à étudier le geste. Il s'attarda plus particulièrement sur les mains ; puis porta son attention sur l'écriture, image des gestes instinctifs et habituels de la main. Peu à peu, il se fit une certaine réputation comme **chiromancien**, c'est-à-dire interprète de la personnalité d'après les lignes de la main.

Des gestes, il passa à l'écriture et on lui doit les premières lois tendant à déterminer les rapports existant entre la psychologie d'un sujet et son écriture. Il exposa ses théories dans un livre qu'il publia chez Lacroix et Verbicknoven, éditeurs à Paris, et qui parut en 1866 ; il était intitulé *Le caractère du peuple allemand expliqué par la physiologie.* On trouvait, dans ce texte, beaucoup d'observations nouvelles sur l'influence de la personnalité sur l'écriture. L'ouvrage fut très critiqué en France. Mais, en Allemagne, il fut pris au sérieux ; il est vrai que ce pays connaissait déjà la **graphologie**. Puis, Desbarolles annonça la sortie prochaine d'un livre intitulé *Les mystères de l'écriture.* (Pour plus de détails, voir le mot GRAPHOLOGIE.)

DÉSENVOÛTEMENT

Le désenvoûtement, cela apparaît avec évidence, est l'opération consistant à défaire ce qu'a fait l'ENVOÛTEMENT (voir ce mot). A la base de l'envoûtement, il y a des actes matériels et des expressions de la volonté de l'envoûteur. Le désenvoûtement détruira les effets matériels et, d'autre part, combattra par des influences inverses les effets psychiques.

Les actes matériels se traduisent généralement par des objets déposés à son insu chez l'envoûté par l'envoûteur : ce sont des petites boules de plumes dans l'oreiller et des objets imprévus, notamment la *dagyde*, petite poupée sommaire représentant théoriquement l'envoûté. Les petites boules, comme la dagyde, doivent être brûlées. Le local où vit l'envoûté doit être balayé par de grandes flammes rapides ; on peut jeter sur le sol, sous les meubles, du sel bénit. On peut laver et désinfecter. Enfin, en direction des quatre points cardinaux, on pose sur le mur un sceau de Salomon (deux triangles équilatéraux entrelacés et inversés, l'un bleu, l'autre rouge). La personne même de l'envoûté est déchargée des influences qu'elle a reçues par une séance de magnétisme : les passes vont de la tête aux pieds, afin de recueillir et d'éliminer toute trace de l'envoûtement.

En lisant ce qui précède, on constate que ce sont là des opérations parlant vigoureusement au subconscient.

Nul n'est à la merci d'un envoûtement : il suffit pour ne pas en subir, quand bien même on en pratiquerait sur vous le rituel, de vous dire secrètement, en vous-même : « Je refuse l'envoûtement, je ne le pratique pas et ne veux pas m'intégrer dans cette sorte de manœuvre. Si l'on veut m'envoûter, ma volonté, libre et indépendante, refuse toute influence de cet ordre. »

Le désenvoûtement, comme l'envoûtement, est lié à la TÉLÉPATHIE ou communication à distance (voir ce mot) et à la talismanie, car le TALISMAN (voir ce mot) constitue une solide protection contre l'envoûtement.

DIVINATION

On appelle divination l'art ou l'action de **prédire l'avenir**. On emploie ce terme aussi bien pour l'art de la divination que pour la prescience de ce qui va arriver. Ici, cependant, où l'on traite de parapsychologie, la divination n'est pas instinctive, ou bien peut-on dire qu'elle est plus qu'instinctive : elle est conçue et exprimée. Quand elle n'est pas le fait de l'instinct ou du hasard, la divination est motivée, voulue, dirigée et, le plus souvent, appuyée sur un système de données concrètes et sur des points qui peuvent être l'écriture, le visage, la main, la boule de cristal, etc. Les arts divinatoires sont l'ensemble des méthodes par lesquelles on s'exprime dans la divination.

Un art, une science ou un savoir ?

Le terme divination se suffit à lui-même ; toutefois, sa définition peut ouvrir un débat, certains esprits refusant de donner le nom d'art à cet acte divinatoire. « On ne saurait le nommer art », est-il écrit dans l'*Encyclopédie des Sciences Occultes* publiée sous la direction de Dom Néroman, « parce que l'art est une traduction artificielle du réel, une reconstruction sous des apparences logiques mais non intégralement conformes à la réalité. »

Ce n'est pas non plus une science, parce que cela exigerait alors une mise au courant, une étude, un apprentissage. Or, en matière de divination, comme dans la plupart des branches de la parapsychologie, s'il y a matière à étudier, disons que ce ne sont que des cas particuliers. Il y a plutôt de l'inspiration, des capacités spontanées ou une initiation.

Parmi les problèmes que pose la parapsychologie, la divination est un des plus complexes.

La divination n'est pas un savoir ; on n'a aucun motif d'être informé sur l'acte ou le fait qu'on devine. Ce n'est pas, non plus, un effet de l'imagination : on peut imaginer une quantité infinie de faits et de situations sans faire acte de divination : il y a de la logique, de l'expérience. La divination possède une autre certitude.

Une science intuitive

On pourrait peut-être dire que la divination est une science intuitive. Mais qu'est-ce alors que l'intuition ? Ne faisant pas partie de la parapsychologie, mais de la psychologie proprement dite, le mot intuition ne figure pas dans ces pages en tant que terme à définir. Cependant, les éléments de la divination, sous quelque forme qu'ils se présentent, n'appartiennent pas à la conscience logique ; créer en soi un état intuitif est une attitude et une activité qui sont particulières et appartiennent bien à la parapsychologie. Il existe pour y parvenir des méthodes.

On peut définir l'intuition comme un pouvoir possédant des caractères de mystère et de rareté, hors des formes rationnelles du réel, qui, sans sortir des faits, entre dans un domaine de relations causales dépassant celles qui sont immédiatement accessibles à l'intelligence. L'intuition n'a aucun lien avec la logique objective. Toutefois, cette logique existe et peut servir à expliquer les faits qui ont fait l'objet de l'intuition mais il s'agit là de logique abstraite qui n'a d'autre but que de satisfaire l'esprit. La divination utilise l'intuition sous les deux formes qu'elle peut revêtir : intuition sensible et intuition intellectuelle.

Comme on sait, l'intuition comprend des vues sur le monde qui nous entoure, mais des vues échappant à la fonction du temps. Donc, non contrôlables.

L'intuition ne se soumet pas aux lois de la raison ; mais elle s'accorde avec la divination qui ne s'y soumet pas davantage. Cette intuition qui naît s'exprime et s'éteint en dehors de la logique rationnelle, résout le problème de la disparition du temps qui trouble le phénomène de divination. Et pourtant, elle reste dans notre monde à trois dimensions. Elle ne se rattache pas à la quatrième dimension. Alors, comment traite-t-elle d'un futur qui, par définition, n'existe pas encore ? On répond en parlant de présages, de signes, de figures du hasard, c'est-à-dire qu'on ne répond pas. Parce que si on répondait avec une logique totale à la question : « qu'est-ce que la divination ? », ce sujet n'appartiendrait plus à la parapsychologie.

Mais chacun sait que si « le présent est plein du passé »,

selon le philosophe Kant, « il est gros de l'avenir ».

Cet avenir, le présent le contient et nous le montre. La plupart des gens, la plupart du temps, ne le voient pas. Pour les instants-éclairs où on le voit, pour les personnes qui le voient, il y a divination.

DIVINATOIRES (arts)

Quelles que soient les difficultés des définitions et les objections qui tendent à éviter de dire que la DIVINATION (voir ce mot) est un art, on a l'habitude de grouper l'ensemble des méthodes utilisées pour fouiller l'avenir individuel ou collectif sous le nom générique d'arts divinatoires.

Les arts divinatoires occupent une grande partie du genre humain à prendre de l'argent à l'autre partie en rémunération du talent spécial de deviner, de prédire, d'expliquer l'avenir. Les personnes qui sont rationalistes, scientifiques, logiques et généralement cultivées pensent rarement et certaines ne pensent jamais à recourir aux praticiens des arts divinatoires, au moment de résoudre une anxiété ou de prendre une décision. Toutefois, on n'est pas forcé de se baser sur les déclarations des gens pour se faire une opinion à ce sujet. Nombreuses sont les personnes qui réfutent la divination, les cartomanciennes et les voyants et, secrètement, les consultent avec une grande confiance chaque fois qu'elles ont une décision à prendre. Aussi, les arts divinatoires ont-ils un rôle de premier rang depuis qu'existe l'humanité.

Les arts divinatoires s'appuient sur ce qu'on est convenu d'appeler nos pouvoirs inconnus pour la simple raison qu'on ne leur a pas encore trouvé d'explication qui satisfasse notre logique élémentaire. Mais ceux-ci gagnent peu à peu du terrain et finiront par se laisser déchiffrer.

Quel que soit le nom de l'art divinatoire qui vous intéresse, quelle que soit la méthode employée, sachez qu'en dernière analyse il s'agit toujours d'un phénomène de voyance. Mais la divination à l'état pur, par « clichés », est rare et spontanée. La divination la plus courante, celle à laquelle s'adressent le plus grand nombre de gens, fait appel à la voyance.

Les différentes méthodes

Qu'il s'agisse du SPIRITISME, souvent utilisé comme méthode divinatoire ; des TAROTS, ces cartes populaires et mystérieuses ; de la CARTOMANCIE, basée sur les cartes à jouer ; de TÉLÉPATHIE, phénomène qui se déroule en nous-mêmes et peut se produire dans l'esprit du devin ; de NUMÉROLOGIE où ce sont des nombres qui indiquent ce que sera demain ; de DIVINATION pure et simple, quelquefois de CRISTALLOSCOPIE, ou regard sur la boule de cristal ; de GÉOMANCIE où l'avenir s'inscrit dans le sable ; de CHIROMANCIE, qui déchiffre les lignes de la main ; d'ONIROMANCIE, basée sur vos rêves de la nuit ; de PHYSIOGNOMONIE, où l'on déchiffre les traits de votre visage ; de RADIESTHÉSIE, utilisant le pendule ; tous ces arts divinatoires, et d'autres encore, font appel à la voyance, en utilisant pour celle-ci des supports différents. Chacun de ces noms figure à sa place alphabétique dans ces pages, et porte son explication la plus objective et la plus complète, en même temps que la plus à même d'être comprise par tout le monde.

Il serait probablement utile d'indiquer, pour chacun de ces arts divinatoires, quelle est la foi qu'on peut leur accorder. Mais cette tâche serait impossible pour la simple raison que l'art divinatoire vaut ce que vaut le devin qui l'utilise. Pour cela, il n'est pas possible de se prononcer.

DRAGON NOIR

C'est un livre qui porte la mention qu'il ne faut pas le lire le soir, de 1 h à 3 h, ni de 7 h à 9 h, ni à minuit. C'est un des **recueils de formules magiques** qui faisaient un peu peur et qu'autrefois on colportait dans les campagnes, témoins d'une sorcellerie populaire, auxquels, toutefois, on doit accorder la méfiance qui est due aux traditions très anciennes, qui ont laissé de fortes empreintes dans le subconscient populaire. Il s'agit d'une basse sorcellerie, où tout n'est peut-être pas faux, dans la mesure où cela s'adresse à des gens susceptibles de le croire.

C'est ainsi, par exemple, qu'on y trouve une liste des **jours heureux et malheureux** que voici : la liste des jours est présentée synoptiquement avec la liste des douze mois de l'année.

Jours heureux	Mois	Jours malheureux
3, 10, 27, 31	janvier	13, 23
7, 8, 18	février	2, 10, 17, 22
3, 9, 12, 14, 16	mars	13, 19, 23, 28
5, 17	avril	18, 20, 29, 30
1, 2, 4, 6, 9, 14	mai	10, 17, 20
3, 5, 7, 9, 12, 23	juin	4, 20
2, 6, 10, 23, 30	juillet	5, 13, 27
5, 7, 10, 14, 19	août	2, 13, 27, 31
6, 10, 13, 19, 30	septembre	12, 13, 15, 16
13, 16, 22, 31	octobre	3, 9, 27
3, 13, 23, 30	novembre	6, 25
10, 20, 29	décembre	15, 28, 31

Il contient des directives pour demander et provoquer l'apparition des démons. Il faut prendre toutes les précautions indiquées, y est-il écrit, car les risques sont grands, en cas d'erreur. On peut y perdre sa « belle âme éternelle » comme eût dit Shakespeare. On y trouve des CHARMES (voir ce mot) et des contre-charmes qui sont des recettes pour à la fois se garder des charmes et en envoyer d'autres à leur auteur, les charmes étant ici les envoûtements. La brochure se termine par un bon conseil : « Prenez bien garde de n'oublier aucune circonstance (c'est-à-dire aucune règle) car il n'y a point de raillerie à cette affaire. »

Il n'est pas davantage de raillerie dans ces définitions et que l'on ne croie pas que c'est se montrer naïf jusqu'à la bêtise que d'y croire ; ce qui vient d'une très ancienne tradition a posé une empreinte dans l'esprit des générations qui se sont succédé et il faut une très longue période de culture intellectuelle et de liberté d'esprit pour être libéré de quelques superstitions et croyances, dont on aime dire qu'elles ont eu, autrefois, leur raison d'être.

Il y est expressément recommandé de ne rien tenter avant d'avoir tracé le cercle magique. Celui-ci doit être tracé sur le sol avec de la craie bénite et d'un diamètre de deux mètres afin que l'on puisse s'y tenir.

On vend encore dans certaines librairies spécialisées la brochure du *Dragon noir*. Il est cité également au cours d'ouvrages d'allure fort sérieuse édités assez récemment.

DRAGON ROUGE

C'est un « grimoire du diable ». Il date de 1521. Il appartient à cette littérature populaire par laquelle se diffusaient des almanachs et des recettes de magie et qui était colportée dans les campagnes, en un temps où il n'était pas facile de quitter la maison pour aller à la ville faire ses achats : aussi les marchands venaient à vous. Manquant d'appuis et de force devant les difficultés de la vie, et rendu inquiet par l'isolement, on les achetait facilement et on les cachait dans l'armoire à linge.

Le *Dragon rouge* est un **recueil de recettes de magie noire**, celle qui ne se contente pas de protéger, mais qui attaque. On y initie le lecteur à l'art de converser avec les morts : on ne les respecte pas autant qu'on les craint. Les rites nécessaires pour atteindre ces étranges buts sont décrits avec minutie et paraissent avoir quelque peu terrifié celui qui les a reproduits (le texte qui nous a servi est de G. Vergnes) car il a censuré les prières réputées les plus efficaces pour faire apparaître les démons. On s'y adresse aux puissances infernales, puis aux esprits supérieurs. Le rituel à suivre est exposé dans le détail.

On y trouve, y est-il précisé, « le secret de la Poule noire ».

Voici ce qui concerne « le grand art de parler aux morts » : il est indispensable d'assister à une Messe de Minuit à minuit juste. A un moment de cet office, le prêtre élève l'hostie au-dessus de lui ; on prononce alors les mots suivants, intérieurement, mais avec force : « Exsurgent mortui et ac me veniunt. »

On quitte alors l'église, on se rend dans le cimetière et, sur la première tombe qui se présente, on prononce une prière qui n'est pas reproduite dans le livre, de crainte probablement qu'on ne l'utilise à des fins mauvaises.

Après quelques formalités, à l'instant où le soleil paraît, on se tourne vers l'orient et on peut commencer le dialogue avec le mort qui est apparu, surtout si on possède le texte que l'auteur a censuré ici.

Aujourd'hui, dans les campagnes, on n'invoque les défunts que très rarement ; mais dans les villes, on pratique le spiritisme qui, au fond, n'est pas autre chose. A cela près qu'il n'y a pas de rituel. Le monde moderne le plus simple et le plus naïf ne se contente plus de formules terrifiantes ; il lui faut la teinture de l'intellectualité et ALLAN KARDEC (voir ce nom) a réinventé toutes ces obscures activités.

Le *Dragon rouge* contient les noms des multiples démons qui peuplent les espaces infernaux. Sans doute, certains aimeront-ils les connaître pour les adresser à quelque ennemi personnel insaisissable ; si l'on répandait ces noms et ces formules, il y aurait dans l'air des nuées entières de malédictions adressées souvent à des gens qui ne les méritent pas, comme votre percepteur, par exemple...

On trouve également dans le *Dragon rouge* la recette pour préparer une baguette plus ou moins magique. Il est dit où, quand et comment la couper et précisé qu'elle est fourchue. On trouve également dans le *Dragon rouge* l'appel aux forces infernales et les possibilités de faire un pacte avec les démons. Ce n'est jamais conseillé. Le Pacte dit en effet « Je promets au grand Lucifuge de le récompenser dans vingt ans de tous les trésors qu'il me donnera, en foi de quoi je me suis signé : XXX. »

Pacte risqué s'il en est, car qu'est-ce que vingt ans pour un tel engagement ? C'est à peine si l'on aura le temps de profiter des avantages procurés par le Lucifuge. Qu'on se dise, si l'on est tenté, que vingt ans, c'est court.

Par précaution, dit le même *Dragon rouge*, adressez au Tout-Puissant cette prière pour éviter d'être damné dans vingt ans. Suit une prière que l'on peut considérer comme profondément hypocrite...

E

ECTOPLASME

Ce terme existe en biologie, où il se définit ainsi : couche périphérique hialine du cytoplasme qui entoure la zone centrale ou endoplasme et dont la différenciation est bien visible chez certains protozoaires comme l'amibe.

En parapsychologie, on appelle ectoplasme une substance mystérieuse qui se dégagerait du corps de certains médiums pendant la transe et qui, à quelque distance, se matérialiserait pour former des membres, des visages et même des personnages complets, c'est-à-dire des fantômes.

On possède, dans l'ensemble des travaux auxquels a donné lieu l'étude expérimentale de la parapsychologie, des descriptions détaillées de cas dans lesquels un médium est parvenu à produire un ectoplasme. Car, en effet, l'ectoplasme qui peut se produire spontanément (ce sont les fantômes) peut être créé expérimentalement. En fait, certaines personnes, pendant qu'elles sont plongées dans le sommeil hypnotique provoqué par des passes magnétiques, émettent des effets visibles que l'on pourrait appeler substance si ces produits étaient matériels et concrets. Mais ils ne le sont pas. Ce sont des apparences, des nébulosités, des sortes de vapeur. C'est cela qu'on appelle des ectoplasmes.

« Du corps du médium, a écrit le Dr Geley parlant de l'ectoplasme, s'exprime une substance d'abord amorphe ou polymorphe. Cette substance se constitue en représentations diverses qui sont généralement des représentations d'organes plus ou moins complexes. »

C'est-à-dire que cette substance prend généralement la forme du corps humain ou de parties du corps humain : des mains, un visage. Ou bien des êtres humains apparemment complets : des fantômes.

On peut facilement photographier les ectoplasmes, parce qu'ils sont généralement blancs ou même lumineux. On a pu voir de telles réalisations bouger et agir. Le célèbre médium Daniel-Dunglas Home en produisait. Il faisait apparaître des mains qui caressaient et touchaient des membres de l'assistance et WILLIAM CROOKES (voir ce nom) qui faisait des expériences avec ce médium en a vu se former en pleine lumière alors qu'en général on les fait se former dans la pénombre. Ces mains bougeaient, mais on n'est pas parvenu à leur faire écrire quelque chose, sauf une main de Napoléon Premier suscitée en présence de Napoléon III et de l'Impératrice Eugénie, qui signa sur une feuille de papier.

On a l'impression que les ectoplasmes sont faits d'une matière protoplasmique. Selon le Dr GELEY (voir ce nom), ce produit devait être la matière vivante primitive, origine du monde.

On a cru remarquer que l'ectoplasme n'est pas indépendant du sujet dont il est issu. Il se montre comme faisant partie de la substance du sujet et peut le réintégrer subitement si un incident, aussi minime soit-il, trouble l'expérience. Ceci est la forme expérimentale de l'ectoplasme.

Une autre catégorie d'ectoplasme est le fantôme. Il a la forme et l'apparence d'un être vivant. S'il est issu d'un autre être vivant, par exemple par DÉDOUBLEMENT (voir ce mot), il ne se distingue de celui qui l'a émis que par le fait qu'il est impalpable et qu'il traverse les murs, les meubles et les divers obstacles comme s'ils étaient très poreux et lui-même très fluide. Il passerait alors à travers un corps solide sans se déformer. Un fantôme n'est donc pas forcément émané d'un désincarné, c'est-à-dire d'un mort, il peut être l'effet d'un dédoublement d'un vivant dont le corps physique est endormi.

Des expériences de création d'ectoplasme furent réalisées dans les années vingt et les années trente à l'Institut métapsychique international de Paris, avenue Niel. C'est à cet institut qu'on réalisa des moulages ectoplasmiques. On a constaté, à cette occasion, que les créations ectoplasmiques de mains étaient d'une taille au dessous de la normale, comme des mains d'enfant, mais avec la forme et les « lignes » de mains adultes.

Il semble qu'un lien existe entre les médiums producteurs d'ectoplasme et le spiritisme. Cela n'étonnerait pas, car en parapsychologie les chemins se croisent et s'entrecroisent.

Enfin, il est permis de s'étonner de ne plus voir de telles expériences se reproduire de nos jours ; M. Robert Toquet donne à cela diverses raisons, mais sans doute cela ne dépend-il que d'un petit nombre de personnes, celles qui organisent ces séances. Et peut-être s'estiment-elles satisfaites. Ces expériences, en effet, sont rarement faites à titre de passe-temps mais d'étude. Enfin, disons que si l'on en réalise encore, de nos jours, peut-être ne le publie-t-on pas, ne le fait-on pas connaître.

ÉLIXIR DE VIE

C'est un sujet qui se rapporte à l'ALCHIMIE (voir ce mot). L'élixir de vie, en alchimie, est une eau mercurielle qui résulte de la liquéfaction du mercure sous l'influence de la pierre philosophale. On l'appelle aussi « 5e élixir » ou « or potable ». Il posséderait la propriété de rajeunir les humains, de prolonger leur vie, de préserver leur santé et même, dans certains cas, de ressusciter les morts. On le représente symboliquement par la tarentule, dont la morsure, pensait-on, provoquait, non la mort, mais un engourdissement du corps.

On raconte qu'Avicenne, célèbre médecin et philosophe arabe, qui vécut de 980 à 1037, n'est pas mort, mais maintenu en vie par l'usage de cet élixir et qu'il est heureux, riche et puissant, dans un lieu secret. C'est avec cet élixir que CAGLIOSTRO (voir ce nom), par les promesses de rajeunissement qu'il lui fit, gagna l'amitié du cardinal de Rohan et ses entrées à la Cour.

ENCHIRIDION DU PAPE LÉON

Ce document ne semble pas être uniquement un formulaire de magie. Il fut envoyé par le pape Léon III à l'empereur Charlemagne. C'est un livre contenant de belles prières et « les caractères les plus cachés de la Kabbale » (Eliphas Levi). Ayant dû la vie à l'empereur Charlemagne, le pape Léon III lui adressa, en reconnaissance, une oraison que le Souverain fit copier en lettres d'or et porta toujours sur lui.

Religion et magie

Il y a, dans ce document, bien d'autres oraisons et prières du plus haut esprit mais tout le texte colore nettement de la magie la plus superstitieuse la foi chrétienne d'alors.

On y trouve une « oraison » contre toutes sortes de CHARMES (voir ce mot), possessions, maléfices, contre toute action des sorciers et même contre toutes sortes de malheurs frappant chevaux et juments, bœufs, vaches, moutons, brebis et autres animaux. On y trouve aussi une « patenôtre » pour aller infailliblement en Paradis et sept Oraisons, dont une pour chaque jour de la semaine.

On a peine à croire que ces textes furent rédigés par un pape canonisé : saint Léon, fêté le 12 juin.

Les divers « grimoires » du passé étaient un curieux mélange de termes usités en religion et de superstitions très vulgaires. Il est intéressant de relever ces particularités qui révèlent, dans les manifestations de la religion, une grande part de superstition, une grande part de MAGIE (voir ce mot), de la naïveté et des obscurités qui expliquent les réactions ultérieures, notamment celles des philosophes du

XVIIIe siècle. On y devine, en même temps, la profondeur et l'intensité des misères qui accablaient le petit peuple, surtout dans les campagnes. Ces oraisons sont écrites dans notre langue actuelle dans l'ouvrage qui en présente un recueil (*Ces livres qui font peur*, par Georges Vergnes chez Robert Laffont, 1982), mais lorsqu'on les imagine soit en latin vulgaire, soit dans le français du temps, elles prennent une ampleur et une gravité qui traduisent la foi mal assimilée et la crainte permanente.

ENVOÛTEMENT

Un envoûtement est une opération de magie exécutée suivant des rites traditionnels avec toujours, à la base, une volonté forte, de toute manière, de soumette un être humain à la puissance d'un autre. L'auteur de l'envoûtement exerce sur sa victime une force qu'il croit guider et contrôler vigoureusement. Trop souvent, cela se révèle, en fait, une force incontrôlable et violente. La victime n'est pas en mesure de combattre cette force, ni d'en trouver la source. Même, il n'est pas rare que la victime ne s'aperçoive pas qu'elle est envoûtée.

Il faut savoir que l'envoûtement est une action strictement humaine. Il est l'œuvre d'êtres humains ne possédant aucun pouvoir surnaturel, mais connaissant certains procédés et formules. C'est donc un savoir hors des connaissances normales mais qui reste dans les activités humaines et qui n'a aucun caractère anormal, surhumain, surnaturel.

En cela, il se distingue de la possession, laquelle implique l'existence du démon, du diable, d'entités infernales et d'esprits du mal non humains.

On peut dire que l'envoûtement est la soumission d'un être à la volonté d'un autre : dans l'acception la plus large du terme, l'envoûtement est un acte que l'on peut observer quotidiennement ; on voit fréquemment un orateur envoûter son auditoire, un auteur envoûter ses lecteurs, un artiste envoûter un certain nombre de spectateurs. Ajoutons que l'amour est une manifestation type de l'envoûtement : c'est un phénomène généralement involontaire qui a sa source dans l'inconscient. Ce sont là des formes d'envoûtement, mais quand on le désigne sans autre précision, l'envoûtement est l'opération magique citée au début de ces lignes.

L'auto-envoûtement

Il faut savoir qu'il existe aussi un auto-envoûtement. Le magicien qui annonce se charger des désenvoûtements reçoit un grand nombre de demandes émanant de personnes que nul n'a envoûtées ; elles déclarent pourtant avec une parfaite sincérité qu'on leur a jeté un sort ou qu'elles sont destinées à voir échouer toutes leurs entreprises, à cause de l'intervention d'un ennemi. C'est que l'être humain n'aime guère se reconnaître responsable de ses échecs et préfère, au lieu d'admettre ses faiblesses, se dire et se croire victime d'un mauvais sort jeté sur lui par des moyens magiques.

Enfin, il existe un auto-envoûtement qui suit un envoûtement réel et qui en est la conséquence : la victime ne croit pas être désenvoûtée et provoque elle-même des manifestations qui paraissent être la conséquence d'un envoûtement alors que celui-ci est levé.

La dagyde

Si on souhaite savoir comment agit l'envoûteur, il faut d'abord penser à l'inconscient : dans le passé, avant que l'on ait discerné le conscient, le subconscient et l'inconscient, la MAGIE (voir ce mot) et l'envoûtement existaient : c'était une méthode empirique qui avait fait ses preuves. Elle paraissait d'autant plus mystérieuse qu'on en ignorait le mécanisme.

L'envoûteur agit par l'intermédiaire d'un **objet** sur lequel il fixe sa pensée. Cet objet est en rapport étroit avec la victime. Pour plus de facilité, l'envoûteur utilise une poupée d'une forme sommaire mais possédant incorporé en elle un objet lié étroitement à la victime : mèche de cheveux, rognure d'ongle, morceau de tissu arraché à un vêtement, etc. Cette poupée est une *dagyde*. C'est sur cet objet que le sorcier agira pour provoquer l'envoûtement. Pour lui, au cours de l'opération, la dagyde est la victime elle-même. En effet, les êtres primitifs imaginent mal ce qui est abstrait et travaillent mieux sur un objet matériel, réel, concret.

Un rituel de magie condense sur l'objet ou la dagyde la volonté de l'envoûteur. Ce dernier, par de longs exercices réguliers, est parvenu à émettre des pensées qu'il transmet, sans les exprimer, dans l'esprit de sa victime : c'est de la télépathie. Ces pensées sont des notions négatives et néfastes, déprimantes et productrices de craintes informulées. L'effet de découragement, puis de terreur est assez vite atteint, chez des gens simples ; chez des gens plus évolués aussi...

Une passion ou une haine puissante peut aussi entraîner un envoûtement, ou des effets analogues à l'envoûtement.

Selon l'*Encyclopédie des Sciences Occultes* dirigée par Dom Méroman, « l'envoûtement est un étonnant essai très ancien pour industrialiser la télépathie. Il repose sur le calcul que voici : étant donné que l'on peut, à distance, imposer une pensée, comment prolonger et renouveler à volonté cet acte bien particulier ? En se livrant à l'exercice de ces pouvoirs, on arrive à les accroître ; en observant un rituel immuable, on imprime ces notions dans la pensée du destinataire de l'envoûtement. Cette théorie est abondamment confirmée par l'existence des dagydes. Il devient facile de s'adresser à une représentation de la personne à envoûter pour lui dicter des actes qu'on veut lui voir accomplir. Cette concrétisation donne beaucoup de force à la concentration de pensée. »

Le retour d'affection

Précisons, en terminant, qu'un emploi courant de l'envoûtement se pratique actuellement : le « retour d'affection ».

Le client dit : « Je l'aime ; elle (ou il) ne m'aime pas (ou plus) et je veux retrouver cet amour. » Le magicien dit : « Apportez-moi un objet lui ayant appartenu (ou une photographie). » Il est clair que l'on va procéder à un envoûtement. Les magiciens réellement honnêtes refusent de pratiquer le « retour d'affection », pensant qu'il y aurait là une atteinte à la liberté, au libre arbitre. (On peut voir également le mot TÉLÉPATHIE, ainsi que le remède à la chose : DÉSENVOÛTEMENT.)

Des manuels spécialisés donnent des rituels d'envoûtement, bien que leur utilisation ne puisse guère être conseillée.

E.S.P. (voir à P.E.S.)

ESPRIT ET ESPRITS

Ce mot vient du latin *spiritus*, qui veut dire souffle, respiration. Son sens premier, fondamental, est « inspiration divine ». Dans un ordre d'idées plus général, en l'être humain, l'esprit s'oppose, intellectuellement, à la matière, au corps. L'esprit est alors le principe immatériel, la **substance incorporelle de l'être** par opposition à la substance corporelle. Mais le terme est employé avec une telle fréquence qu'il a plusieurs significations et le mot « esprit » peut désigner un être incorporel. L'esprit peut exister sans être inclus dans un corps physique. On appelle aussi « esprit » un être considéré comme vivant dans l'au-delà. Il y a bien d'autres significations au mot « esprit », mais elles ne concernent pas la parapsychologie.

Lorsqu'on parle de l'esprit en employant ce terme au singulier, on considère souvent l'élément incorporel qui est en nous et qui nous fait agir.

Le spiritisme prend en considération le corps, ou élément matériel du sujet, et l'esprit, élément abstrait, invisible, mais dont on sait qu'il existe ; toujours d'après le spiritisme, lorsque le corps a cessé de vivre, l'esprit subsiste et s'en retire. Les détails de cette séparation varient selon les religions et les philosophies.

Les esprits

Il y a une forme d'esprit que l'on désigne le plus souvent au pluriel : ce sont les éléments de vie incorporelle qui existent, qui ont pu avoir déjà vécu dans un corps de chair et d'os, ou bien qui n'ont pu parvenir à s'incorporer et qui continuent leur existence très près de notre monde matériel dont ils regrettent qu'il leur soit inaccessible. Ces esprits sont souvent très près de nous et, s'ils veulent attirer notre attention, ils se manifestent matériellement par des bruits imprévus ou des déplacements d'objets.

C'est donc un sens légèrement différent que reçoit le mot esprit utilisé au pluriel : « les esprits » est une expression désignant l'ensemble des **désincarnés** et d'autres **êtres incorporels** qui, généralement, troublent par leurs manifestations le quotidien des vivants. Ils animent les maisons hantées (voir le mot HANTISE), ils servent de guides à des êtres vivants qu'ils ont décidé d'aider et de protéger. Ce sont eux généralement qui, sous le nom de POLTERGEIST (voir ce mot), sont perçus par les vivants dans certains lieux où ils produisent divers phénomènes.

Enfin, les esprits peuvent s'intéresser de très près aux vivants et communiquer régulièrement avec eux par l'intermédiaire de MÉDIUMS (voir ce mot).

ESPRITS-GUIDES

Lors d'expériences de médiumnité, lors d'appels à des entités de l'au-delà et de la réception de leurs messages par coups frappés ou par écriture automatique, il arrive que des communications parviennent transmises non pas directement par le désincarné qui s'est manifesté, mais par une entité intermédiaire entre le monde des vivants et celui des désincarnés que l'on appelle généralement les morts. Une sorte de porte-parole. Cet être qui se manifeste ainsi peut être connu ou non des assistants. Il explique sa présence en exposant que les désincarnés sollicités viendraient sans ordre adresser n'importe quel message, parfois incompréhensibles si eux, les guides, n'existaient pas ; ils sont les intermédiaires qui facilitent les communications, comme des interprètes. Ils se désignent souvent eux-mêmes comme « guides » ou « esprits-guides ».

C'est ainsi, par exemple, que dans des expériences de médiumnité assez extraordinaires réalisées aux États-Unis chez un certain Jonathan Koons, et rapportées par ERNEST BOZZANO (voir ce nom), Koons eut l'impression d'entrer en rapport avec des êtres supérieurs. Ces derniers déclarèrent être des « esprits-guides », avoir vécu (probablement sous-entendu en qualité d'êtres régulièrement incarnés) « des milliers d'années avant l'ère assignée dans l'Histoire à la légende d'Adam et Ève ». Ils se faisaient appeler du nom générique de « King », qui pourrait être un mot anglais traduit en français par Roi. Ces esprits-guides se disaient porteurs de vérités.

Il ne nous est pas possible de préciser autrement ces guides. Ils appartiennent au domaine du spiritisme et de la médiumnité, bien qu'il ne semble pas qu'ALLAN KARDEC (voir ce nom) les ait cités dans *Le Livre des Esprits*.

Certains esprits-guides portent le nom de personnes ayant réellement vécu, d'autres non.

(Voir également le mot GUIDES.)

ETTEILLA

Il vivait au XVIIIe siècle et il réforma la CARTOMANCIE (voir ce mot), c'est-à-dire perfectionna l'art de lire l'avenir dans les cartes. Son véritable nom était Alliette dont il fit son pseudonyme par anagramme.

Dans la méthode d'Eteilla, on utilise un jeu de 32 cartes auquel on en ajoute une 33e qui représentera le consultant. Les cartes sont classées par couleur, soit : Carreau, Cœur, Pique, Trèfle. Dans chaque couleur, on a : Roi, Dame, Valet, Dix, Neuf, Huit et Sept. Ainsi placées, on donne des numéros aux cartes, dont le Un est, on l'a dit, le consultant ; viennent les autres cartes dont l'As de Cœur, l'As et le Neuf de Pique ne reçoivent pas de numéro. Le Sept de Trèfle est donc le numéro 30. On bat, on coupe, on aligne les douze premières cartes parmi lesquelles on place, s'il n'y est, le Un, le consultant. On interprète en partant du consultant et de 5 en 5, toujours de droite à gauche.

EXTASE

Ce terme vient du mot grec *ekstasis*, qui signifie transport. C'est déjà une première lueur : en extase, on est comme transporté en dehors des contingences matérielles et sociales, morales même. En fait, le mot extase désigne l'état d'une personne qui se trouve apparemment **soustraite au monde sensible.** C'est bien ce que désigne ce terme en parapsychologie. L'état extatique est peut-être difficile à définir, mais il appartient avec évidence à la série de modifications du psychisme que l'on obtient par des procédés peu, mal ou pas du tout connus.

On ne saurait traiter scientifiquement de l'extase parce que c'est un état qui est essentiellement subjectif. Il en résulte que tout ce qu'on peut en dire est strictement personnel. L'état d'extase a fait l'objet de nombreuses tentatives d'explications et de commentaires. En fait, on peut dire d'ores et déjà que l'extase est un état de vie ralentie, où les organes profonds ne fournissent plus que le minimum de leur fonction ; de ce fait, toute l'énergie reste disponible pour l'élément psychique de la personnalité. Il en résulte une capacité soudaine de l'être à s'incorporer au grand tout. La personne qui est en extase n'a plus conscience des misères de ce monde : elle s'en trouve psychiquement détachée. Ses soucis personnels les plus aigus s'effacent. Son moi se détache de l'existence quotidienne pour prendre part à une euphorie intégrale qui semble présenter un certain caractère absolu. L'extase appartient à un état second qui ne résulte pas forcément du magnétisme, bien que celui-ci permette parfois d'y accéder. Il y a plusieurs voies.

Les voies d'accès à l'extase

Les Hindous ne sont pas seuls à utiliser l'extase dans leurs activités religieuses ; c'est en effet leur méthode et aussi leur but : se détacher de l'existence et de ses douleurs, abandonner ce monde matériel et se tourner vers une possibilité d'accès au nirvana.

Cela se produit parfois dans les pays occidentaux où de saints personnages sont tombés ostensiblement en extase en passant par la foi religieuse. Ce fut le cas des martyrs chrétiens, qui purent ainsi supporter honorablement leurs souffrances. Ce fut également le cas, plus récemment, de certaines personnalités canonisées après une vie édifiante.

Actuellement, l'extase est parfois le cas de certains voyants.

Le yoghi de l'Inde atteint l'extase par le ralentissement méthodique et graduel de sa respiration et d'autres de ses fonctions physiologiques, y compris le ralentissement et parfois l'arrêt des battements du cœur.

On peut provoquer en soi une extase sans danger en fixant un point lumineux. En ce cas, l'accès à l'extase passe par l'hypnotisme. L'extase peut aussi passer par le magnétisme. En magnétisant fortement un sujet, on peut le conduire hors de la vie matérielle et le voir accomplir des actes que, normalement, il aurait juré irréalisables. On prétend parfois que les voyants se mettent en état d'extase pour prendre conscience de l'avenir et voir dans la boule de cristal, ou même les tarots et les cartes.

L'extase peut être obtenue par des procédés très divers qui dépendent de la sensibilité du sujet, de sa formation, du milieu dont il est issu. C'est ainsi qu'en Orient, certaines sectes y parviennent en tournant : les *derviches-tourneurs*. En fait, leur étrange coutume consistant à tourner sur eux-mêmes jusqu'à tomber est simplement une recherche de l'extase.

F

FAKIR

Ce terme vient de la langue arabe où il signifie pauvre. C'est en général et surtout, à l'origine, un **ascète mahométan,** qu'il soit arabe ou hindou, qui ne possède rien et vit de dons charitables. On lui attribue volontiers des pouvoirs miraculeux et, en nos temps modernes, bien des fakirs ont fait de ce qui était un état, une profession. Ils disent posséder un pouvoir de divination. Par ailleurs, ils disent avoir des dons miraculeux et font des démonstrations à l'aide de stratagèmes, d'où la SUGGESTION (voir ce mot) n'est pas exclue. Leur tour le plus classique est celui de la corde qui se tient debout sur son extrémité.

En nos temps modernes, les fakirs sont devenus des acteurs de music-hall, faisant leur tours sur scène. La mode en battit son plein dans les années 1930 à 1950. Un des plus célèbres se faisait appeler « Fakir Birman ».

FANTÔME

Un fantôme est l'apparition d'une personne défunte, pour ceux qui croient à la survie. Pour les autres, c'est une forme blanchâtre plus ou moins mobile, plus ou moins précise, plus ou moins nette.

En parapsychologie, on n'accepte pas la notion matérialiste de la mort : celle-ci n'est pas une annulation totale de l'individu ; seul, son corps matériel devient inanimé, puis disparaît par décomposition. Un élément constitutif de la personne subsiste, que ce soit le corps astral, ou le périsprit, selon la conviction de chacun. On ne dit pas « mort » en parapsychologie, on dit « désincarné ».

Or, si l'on peut déclarer savoir que les défunts ne sont pas disparus, mais désincarnés, on peut admettre qu'ils peuvent se manifester par rapport aux vivants. Ce sujet est traité au mot HANTISE.

Lorsque le défunt souhaite puissamment revenir parmi les vivants, il a, bien sûr, la possibilité de se réincarner pense-t-on généralement ; mais c'est un recommencement et une autre vie. Lorsqu'il veut poursuivre une activité de la vie qu'il vient de quitter, le défunt prend la forme du fantôme. Si le sujet du fantôme est effleuré au mot HANTISE, la hantise n'est pas forcément provoquée par un fantôme. Elle peut être l'effet d'un dédoublement.

On explique le phénomène du fantôme en disant qu'un désincarné peut s'emparer de matières organiques éparses, flottantes et construire une apparence de corps terrestre. Les vivants verront alors une forme floue, imparfaite, mouvante, luminescente, parfois, des visages plus ou moins nets, etc. Bref, des fantômes. Cela peut aller de la célèbre « Dame Blanche » jusqu'à l'ECTOPLASME (voir ce mot).

Si cette forme a l'apparence d'un vivant tout en étant immatérielle, l'apparition est bien un fantôme. Celui-ci traverse les obstacles et se meut comme s'il était soustrait à la pesanteur. En général, un vivant qui voit un fantôme ne le reconnaît pas pour un vivant qu'il aurait connu. Il ne sait pas de qui il s'agit. Parce que les désincarnés apprécient de revenir souvent et en des endroits divers, simplement pour savoir comment il faut procéder : un apprentissage, en somme.

Dans la lignée de ces phénomènes se rangent les *incubes* et les *succubes*, fantômes respectivement masculins et féminins qui veulent se mêler encore à l'activité sexuelle des vivants.

FASCINATION

Le dictionnaire dit que la fascination est un phénomène d'immobilisation du corps et plus particulièrement de la vue qui est disposée à admettre comme réelles des apparences imaginaires. En fait, il s'agit d'une force d'**attraction irrésistible** émanant de certaines personnes qui leur permet d'avoir une influence puissante sur les autres. La fascination est l'action typique du serpent immobilisant sa proie de son seul regard. On peut y voir une forme d'hypnotisme.

La fascination caractérisait le pouvoir des trois Gorgones, Sthéno, Euryale et Méduse (d'où l'on a fait le verbe méduser) créées par l'Antiquité grecque. Elles changeaient en pierre les êtres vivants qui osaient les regarder.

Est liée à la fascination la notion de « mauvais œil », contre lequel il était habituel de se prémunir, dans l'Antiquité et peut-être encore aujourd'hui, en portant sur soi des médailles protectrices.

FÉTICHE

Le TALISMAN, l'AMULETTE (voir ces mots), le fétiche sont ce qu'on appelle aujourd'hui des **porte-bonheur.** Chacun a son rôle et son caractère. Le fétiche, à l'origine, est une petite statue représentant une idole ou un animal ; on le porte sur soi. Le mot a une origine portugaise, mais il semble qu'il soit passé par l'Afrique avant de nous parvenir : les Portugais y étaient installés.

Le fétiche n'est pas n'importe quel bibelot ou bijou. Il doit avoir été fabriqué selon les règles par un sorcier féticheur spécialiste. Les civilisations africaines en font grand cas et leur offrent des sacrifices. Chez nous, on se fie à leur influence pour réussir et leur rôle consiste surtout à concentrer les forces volontaires et les talents de celui qui se fie à eux : psychiquement, les fétiches peuvent être d'un grand secours dans les difficultés.

FLAMEL (Nicolas)

Né en 1330 à Pontoise, près de Paris, Nicolas Flamel était ce qu'on pourrait appeler un écrivain public, mais il l'était officiellement et assermenté. Selon la rumeur, celle de nos réputés dictionnaires très classiques, il fit aux églises et aux hôpitaux des libéralités et des largesses qui laissèrent croire qu'il avait trouvé la pierre philosophale et fabriquait de l'or, en bon alchimiste. Il vivait à Paris, rue des Écrivains, près de l'église Saint-Jacques-de-la-Boucherie.

Ayant acheté un jour, a-t-il lui-même raconté, un très vieux livre relié et doré, fait d'écorce d'arbre, il constata qu'il s'agissait d'un ouvrage visiblement rare. Il était signé d'un certain Abraham-le-Juif et contenait, outre de merveilleux secrets, la recette de la transmutation des métaux. Un livre alchimique. Nicolas Flamel en trouva les explications claires et complètes à cela près qu'il y manquait le « premier agent », un élément essentiel pour enclencher le phénomène chimique.

Il fut grandement dépité de cette carence et il parla de sa découverte à sa femme Pernelle. Ils discutèrent longtemps et conclurent qu'il fallait rechercher le Juif, auteur du livre. Où le chercher ? La diaspora avait répandu le peuple juif autour de la Méditerranée ; un grand nombre était intallé en Espagne. Parmi ceux-ci, la rumeur publique disait qu'il y en avait beaucoup de fort riches, d'étrangement riches ; d'où l'on concluait qu'il devait y avoir chez eux des alchimistes sachant transmuter le plomb en or. Il y en avait surtout de très savants qui, non seulement pourraient perfectionner la traduction du livre, mais la compléter.

Comme il fallait expliquer ce soudain voyage, les époux Flamel décidèrent d'annoncer que Nicolas partait en pèlerinage à Compostelle. Il partit, il visita l'Espagne, mais sans succès. Il ne rencontra pas de Juif capable de lui fournir le renseignement qu'il cherchait et s'engagea sur le chemin du retour. C'est dans le sud de la France qu'il rencontra enfin un Juif qui se fit fort de lui donner les explications qui lui manquaient. Ce qu'il fit. Les deux compères poursuivirent la route vers Paris, mais le Juif tomba malade, personne ne sut de quoi. Il mourut à Orléans.

Cet homme avait convenu de partager avec Flamel la fortune que cette mystérieuse recette lui apporterait, puisqu'il n'aurait pas pu la réaliser sans lui. Certains esprits peut-être mal tournés pensèrent que cette mort arrivait bien à propos pour libérer Flamel de la nécessité de partager son or.

A Paris, Nicolas et Pernelle Flamel se mirent à la fabrication de l'or. Ils ne l'annoncèrent pas, mais leurs libéralités étonnèrent. Ils laissèrent donc entendre qu'ils avaient la formule de la pierre philosophale. Certaines rumeurs disent que beaucoup de Juifs pourchassés étaient arrivés à Paris avec de grandes richesses et que Nicolas Flamel les leur gardait et les leur gérait. Mais halte aux soupçons, ne faisons pas de Nicolas Flamel un nouveau Dr Petiot.

Dans leur richesse, les Flamel furent très prudents ; ils ne dilapidèrent pas leur or, mais en dépensèrent la plus grande partie en dons aux églises et aux bonnes œuvres. Nicolas Flamel est mort à Paris en 1418. C'est du moins là une version officielle. Mais peut-on empêcher les rumeurs de courir ?

Une légende subiste, selon laquelle Nicolas aurait annoncé la mort de Pernelle, mais on aurait enseveli un cercueil vide et Pernelle serait partie attendre Nicolas en Suisse. Puis, lui-même se fit passer pour mort, rejoignit sa femme et ils voyagèrent loin et longtemps. Quand ils eurent trouvé à se réinstaller dans un pays où ils étaient inconnus, ils continuèrent de fabriquer de l'or avec du plomb. Ils firent aussi, raconte-t-on, de l'ÉLIXIR DE VIE (voir ce mot) grâce auquel ils ne vieillirent plus et demeurèrent vivants non seulement pendant des siècles, mais définitivement ! Ils seraient, aux dernières nouvelles, installés en Inde.

Voilà quel personnage à la fois banal, sagace et légendaire fut Nicolas Flamel, écrivain assermenté et alchimiste.

FLAMMARION (Camille)

Il vécut de 1842 à 1925. Il est surtout connu comme **astronome**, mais il a consacré une grande partie de son activité à la parapsychologie. Il mettait beaucoup de zèle et de soin à l'examen des documents qui lui étaient communiqués et des personnes qui lui étaient présentées. Il fut, en matière de parapsychologie, un très habile **expérimentateur**, qui savait observer et repérer les éléments intéressants de chaque cas. Il réussit avec EUSAPIA PALADINO (voir ce nom) des expériences remarquables et notamment celle de photographier une table en cours de lévitation.

Parallèlement à ces observations, il s'efforçait de mettre l'astronomie à la portée de tous, démontrant qu'il n'était pas indispensable de faire des études supérieures avancées pour comprendre les systèmes planétaires. Il voulait populariser l'astronomie. Il fonda en 1882 la Société astronomique de France, qui est encore très active. Il écrivit de nombreux articles philosophiques et scientifiques et notamment une dizaine d'ouvrages d'astronomie pratique, parmi lesquels sa célèbre *Astronomie populaire*.

Il était membre du Comité de l'Institut métapsychique international. Ses ouvrages relatifs à la parapsychologie sont notamment : *Les forces nouvelles inconnues*, paru en 1907 ; *L'Inconnu et les problèmes psychiques*, en 1911 ; *La mort et son mystère*, 1922 ; *Les maisons hantées*, 1923.

Réflexions sur la parapsychologie

Un texte de lui exprime clairement ses idées sur les sujets parapsychologiques : « L'observation positive prouve l'existence d'un monde psychique aussi réel que le monde connu par nos sens physiques.

1. L'âme existe comme être réel, indépendant du corps.
2. Elle est douée de facultés encore inconnues à la Science.
3. Elle peut agir et percevoir à distance sans l'intermédiaire des sens.
4. L'avenir est préparé d'avance, déterminé par les causes qui l'amèneront ; l'âme le perçoit quelquefois. »

Les quatre points qui précèdent paraissent affirmés et démontrés.

« Quant aux explications, poursuit Flammarion, il est sage de n'y point prétendre : elles ne sont pas nécessaires pour admettre les faits. On est dupe, en général, sur ce point, d'illusions assez singulières. Par exemple, au temps des « possédées de Loudun » ou des « convulsionnaires de Saint-Médard », les effets de la suggestion et de l'hypnotisme étant inconnus, on déclarait que ces phénomènes étaient frauduleux ou diaboliques. Or ils ne sont ni l'un, ni l'autre. Aujourd'hui, plusieurs s'expliquent et l'on entend souvent dire de tous ceux dont on parle : « c'est de l'hypnotisme, c'est de la suggestion, c'est de la subconscience ». Autre erreur. Ce ne peut être ni de l'un, ni de l'autre, non plus, et n'en pas moins exister pour cela. Ne fermons pas le cercle de nos conceptions, n'établissons ni école, ni système et ne prétendons pas que tout doive actuellement s'expliquer pour être admis. La science est loin d'avoir dit son dernier mot en quoi que ce soit. »

Ajoutons que l'on possède de Camille Flammarion des séries sous le titre *Les habitants de l'Autre Monde*. Ce sont des recueils de communications dictées par coups frappés publiées en 1862 et 1863, ainsi que des textes recueillis par écriture automatique. Flammarion croyait en toute bonne foi aux ESPRITS (voir ce mot) et fit, sur la tombe d'ALLAN KARDEC (voir ce nom), un discours retentissant mettant en valeur les travaux sensationnels de cet autodidacte.

FLUDD (Robert)

Robert Fludd, dont la philosophie a fortement influencé bien des esprits de son temps et principalement John Milton, immense poète philosophe auteur du *Paradis perdu*, est né à Bearstead, dans le Kent, en Angleterre en 1574. Il était le cinquième enfant de Sir Thomas Fludd qui occupait une charge importante sous le règne de la reine Elizabeth I.

Il fit de très fortes études, notamment au St-John College à Oxford. On le surnomma « le Chercheur ». Il étudia la théologie, la philosophie, les mathématiques et les sciences, les littératures antique et orientale et la médecine. Il découvre alors les auteurs kabbalistes, hermétistes, alchimistes et se passionne pour l'œuvre de Paracelse. De 1598 à 1603, il voyage à travers l'Europe. Il est initié à la Rose-Croix, puis reçu docteur en médecine à Londres, en 1605. Il pratique sur ses patients une thérapeutique psychologique et magnétique qui lui attire une grande clientèle.

En 1616, il publie son premier ouvrage, l'*Apologia* ou *Apologie des Fraternités Rose-Croix*. C'est une défense des rosicruciens qui lui attire les soupçons du roi Jacques Ier. Les réactions à son œuvre sont nombreuses. Kepler, en particulier, critique sa conception du monde et Gassendi ses thèses alchimiques. Fludd était ardent et convaincu, ce qui fit de lui un polémiste ; lorsqu'il attaqua Kepler, Gassendi l'attaqua à son tour en essayant de ridiculiser ses théories kabbalistiques. Il fut le propagandiste de Paracelse et d'Agrippa.

On pense qu'il joua un rôle dans ce qui allait devenir la franc-maçonnerie spéculative anglaise.

Le dualisme

Robert Fludd mourut le 7 septembre 1637.

Il laissait une œuvre importante et un courant de pensée nouveau.

Il exposait sa thèse panthéiste qui reposait sur la haine et l'amour. « Dieu, disait-il, par amour produit la lumière, par la haine il produit les ténèbres. C'est la lumière de la divinité qui illumine le sage et l'élève. Sans elle, il reste enchaîné à la matière. »

En médecine, il a cherché la « panacée » selon Paracelse. Il ne s'intéressait pas seulement au corps, mais à la psychologie de son malade. Tous ses travaux tendent à vérifier ses thèses philosophiques. Celles-ci sont basées sur l'idée manichéenne de deux forces, le bien et le mal, se disputant le monde. Confiant dans l'existence du magnétisme, il a toujours cru à l'action à distance, à des correspondances secrètes entre le macrocosme et le microcosme.

Il était logique et singulier et, en tous cas, un précurseur.

Les conceptions de Fludd sur le magnétisme se fondent sur une synthèse des conceptions de Paracelse et de son maître et contemporain William Gilbert, dont il avait médité l'ouvrage intitulé *De Magnete*.

C'est le dualisme de la Lumière et des Ténèbres qui, pour Fludd, permet de comprendre les phénomènes de sympathie et d'antipathie qui règnent entre tous les êtres et gouvernent l'interaction des substances dans le grand tout. Si deux corps différents émettent chacun des rayons et si ces deux séries de rayons ont la même origine dans deux corps différents, dit Robert Fludd, ces deux corps éprouvent de la sympathie. Si ces rayons sont opposés, les deux forces se repoussent. Sympathie et antipathie sont régies par deux forces contraires de la divinité.

Pour Fludd, l'explication dernière du magnétisme est que le Ciel est un élément chaud, masculin et positif, et que la Terre est un élément féminin, froid et négatif. L'homme agit comme un véritable aimant : le sang d'un homme peut sympathiser avec celui d'un autre tout comme l'aimant d'une mine peut affecter le minerai d'une autre.

FLUIDE

Le terme appartient à la physique où il désigne tout corps sans autre forme que celle du vase qui le contient. Pour la parapsychologie, il s'agit d'une sorte de courant magnétique et énergétique qui émanerait de certaines personnes comme un hypnotiseur, un magnétiseur ou un médium. On en vient à appliquer ce terme à toute influence mystérieuse agissant à distance.

Le fluide, en somme, sert à expliquer de nombreux phénomènes parapsychologiques. Il arrive que l'on donne à cette **force inconnue** divers noms comme *télépathie, pouvoir nerveux irradiant*, etc. selon l'effet que l'on veut souligner. La vérité oblige à dire qu'il y a encore beaucoup d'inconnu en parapsychologie et que le mot « fluide » y est bien pratique !

FORCE-PENSÉE

On donne ce nom à un certain style de pensée qui montre dans la vie de tous les jours des résultats étonnants dépassant le quotidien et permettant des actions dont on ne se croyait pas capable.

Il faut peser d'abord cette constatation : toute pensée, bonne ou mauvaise, existe et subsiste. On peut l'appeler vibration, onde ou volonté, on doit reconnaître qu'elle est une force vivante.

Les forces-pensées peuvent permettre d'habiles et intéressantes expériences parapsychologiques ; elles peuvent aussi être très utiles dans la vie de tous les jours. Enfin, elles donnent une possibilité d'élévation à laquelle on ne croit d'abord pas, mais qui devient évidente une fois l'habitude prise. Le magnétiseur a besoin de la force-pensée et l'utilise non seulement dans ses activités spécifiques mais dans toute sa vie. Il faut, à tout moment de la journée, n'avoir et n'émettre que de bonnes pensées, des pensées élevées et puis, il faut apprendre à leur donner une force supérieure à celle qu'elles ont par nature. Il est donc essentiel d'avoir un idéal et, au milieu des préoccupations matérielles ordinaires, de s'y reporter de temps à autre pour garder un moral élevé.

Dans la vie quotidienne

Une des utilisations de la force-pensée est l'amélioration de la vie quotidienne : elle peut supprimer l'insomnie et une foule de malaises légers mais gênants : maux de tête, menues douleurs articulaires, toux, etc. Enfin, la force-pensée agit sur notre corps et sa constitution.

Pour utiliser la force-pensée, il faut d'abord se fixer un but : par exemple, retrouver la « ligne », c'est-à-dire maigrir et avoir une forme non relâchée, mais ferme et souple.

Après avoir déterminé ce qu'on demande à la force-pensée, on fait un peu travailler l'imagination : on crée l'image de l'action, de l'effet cherché et on garde cette image dans l'esprit. Dormir ? L'image sera le sujet lui-même profondément endormi. Mincir, ce sera le sujet ayant la ligne qu'il cherche à acquérir. Guérir les autres ? On crée l'image d'un patient qui, sous l'imposition de vos mains, s'épanouit et annonce « vous m'avez guéri », ce qui est une des plus belles déclarations que l'on puisse souhaiter.

La première difficulté est donc d'imaginer ce que l'on veut obtenir et d'en faire une image non floue et mouvante, mais claire, nette et fixée dans l'esprit. Il faut pouvoir conserver cette image une minute au moins au commencement, de plus en plus longtemps par la suite. Ainsi se trouvera-t-on devant la réalisation sans avoir fait d'autre effort que créer en soi la force-pensée.

Ce sont des recettes de ce genre qui justifieraient la plus large diffusion possible de la parapsychologie : la mise en valeur des 9/10es de nos possibilités spirituelles que, paraît-il, nous laissons inertes. Le seul dixième dont nous nous servons peut nous conduire au développement du reste de nos pouvoirs.

Pour consolider l'image créatrice de la force-pensée, il est bon en terminant la petite séance sus-indiquée de faire l'obscurité dans la pièce où l'on se trouve. On ne laisse allumée qu'une toute petite lampe, par exemple une ampoule dépolie de 25 W. Vous fixez cette lumière et puis, vous l'éteignez et elle reste un moment brillante encore dans vos yeux, dans votre pensée. Pendant cet intervalle, où elle est éteinte, mais où vous la voyez encore, décidez brièvement l'essentiel de ce que vous voulez obtenir ; la lumière s'éteint dans votre pensée, mais la force-pensée s'y est imprimée et, malgré vous désormais, presque en dehors de vous, elle agira.

FORTHUNY (Pascal)

Son véritable nom était Georges Cochet. Il est né en 1872 et mort en 1925. Il a eu une vie très longue, puisqu'il est mort à 91 ans. Il fut écrivain, peintre, polyglotte mais, surtout, il fit les beaux jours de l'INSTITUT MÉTAPSYCHIQUE INTERNATIONAL (voir ce nom), à Paris.

Son père était architecte et pensait lui voir suivre la même voie, aussi l'encouragea-t-il à entrer à l'École des Beaux-Arts, ce qu'il fit. Il quittera cependant l'École pour voyager, notamment en Allemagne. Dans sa première jeunesse, c'est un garçon plutôt frêle, bâti en finesse plutôt qu'en force ; il est toutefois un enfant turbulent. Les accidents de santé qu'il subit lui permettent de faire preuve de courage : une pleurésie à quatre ans, une arthrite monoarticulaire à quinze ans.

Il se développe dans les arts, s'essayant à la musique, à toutes les formes de la peinture, aux poèmes. Il dédie ces derniers à des personnalités en vue et Fernand Gregh sera son parrain à la Société des Gens de Lettres. Il touche un peu à tout et, vers 45 ans, il traduit en français de la littérature chinoise. Il en partage le rêve, mais reste matérialiste dans la vie courante.

En 1919, il est bouleversé par la mort accidentelle de son fils qui est aviateur. Sa femme lui parle alors de spiritualité et de survie. Une prémonition qu'il a, par un cliché, de la mort de sa mère le fait brusquement accéder à la médiumnité. Il fait de l'écriture automatique, se surprenant lui-même. De même, automatiquement, il improvise de la musique et il peint. Alors, tout change pour lui. Il fréquente l'Institut métapsychique international où il révèle des dons remarquables de voyant qui l'ont rendu célèbre dans les milieux de la parapsychologie. Dirigé avec zèle et compétence par les plus éminents membres de l'I.M.I., il peut enfin explorer méthodiquement ses dons de médium.

A 75 ans, il perd un de ses frères et, de nouveau, s'intéresse à l'au-delà. Mais l'âge sera pour lui néfaste ; il vieillira mal : il devient aveugle, ce qui le prive de la satisfaction de peindre et d'écrire. Il est aidé par son frère cadet Marcel Cochet, chez qui, après une expérience décevante en maison de retraite, il s'installe. Il a 91 ans quand il fait une chute où il se fracture le fémur. Il n'y survivra pas, comme c'était le cas, alors, pour les grands vieillards.

G

GALL (François-Joseph)

François-Joseph Gall est né dans le duché de Bade, en Allemagne, à Tiefenbrunn, en 1758. Il commença sa vie professionnelle par une carrière de médecin, en Allemagne. Puis, attiré par Paris, il y vint. C'est là qu'il accomplit l'essentiel de ses travaux et il eut beaucoup de succès. Il mourut en 1828, après s'être vu assez dédaigné, contrairement au remarquable succès qui avait éclairé une importante partie de sa carrière.

Étude de la forme du crâne

En fait, il s'attacha à montrer que les grandes qualités cérébrales étaient signalées par la forme du crâne. Son système était uniquement basé sur ses observations : système empirique. Il avait remarqué, chez les élèves d'une école, une protubérance de la boîte crânienne qui se retrouvait chez tous ceux qui avaient une bonne mémoire.

Toutefois, la médecine n'a pas admis le système Gall. Sans doute a-t-il péché par excès de méthode, les choses n'étant pas aussi nettement déterminées dans la réalité qu'il n'a cru les voir.

Voici, d'ailleurs, pour que le lecteur puisse en vérifier l'approche, quel était ce système.

Gall classait les facultés cérébrales en **trois grandes catégories** :
A. Les instincts et les penchants.
B. Les sentiments et les facultés morales.
C. Les aptitudes. Celles-ci sont subdivisées en deux sortes :
— les facultés perceptives,
— les facultés réceptives.

Quoi qu'il en soit, le système de Gall contient une part de vérité et mérite que l'on s'y arrête parce qu'il a eu l'audace d'innover. On peut le reprendre en reconsidérant les trois grandes zones : celle des instincts, celle des sentiments et celle des aptitudes que Gall a distinguées. Dans ce système, on considère que chaque zone localise la faculté à laquelle elle correspond. S'il y a protubérance, la faculté correspondante est développée ; s'il y a dépression, elle est déficiente. Certains déséquilibres se traduisent par des protubérances ou des affaisseents excessifs, c'est-à-dire détruisant l'harmonie arrondie de la boîte crânienne.

Selon Gall, il faut donc distinguer les trois grandes catégories citées ci-dessus qui sont disposées comme ceci :
A. Les instincts et les penchants se trouvent à l'arrière et à la base du crâne.
B. Les sentiments et les facultés morales se marquent au sommet du crâne, avec l'estime de soi et des autres, le désir de plaire, l'amabilité de chaque côté de ce point ; au milieu, et au-dessus, la persévérance. La gaieté est au-dessus de chaque sourcil.
C. Les facultés intellectuelles correspondent au front avec le sens de l'idéal sur les tempes.

Ainsi, chacun peut-il chercher ses bosses sous ses cheveux et se faire ainsi une opinion sur ce qu'il est en réalité. Disons que notre énumération est incomplète car elle paraîtrait alors fastidieuse ; mais Gall avait produit un dessin du crâne avec les zones délimitées et pourvues d'un numéro de référence. En fait, Gall a déterminé 35 points qui ont leur correspondance psychologique.

On trouvera d'autres précisions au mot CERVEAU, pour compléter, avec l'opinion des « modernes », ce qu'avait tenté de préciser François-Joseph Gall.

GELEY (Docteur Gustave)

Né en 1865, mort en 1924, le Dr Geley fit ses études à la Faculté de Médecine de Lyon. Jusqu'en 1918, il exerça la profession de médecin à Annecy. Il travaillait déjà à un ouvrage sur la parapsychologie. Il publia, en 1897, *Essai de revue générale et d'interprétation synthétique du spiritisme*. De 1916 à 1918, il fit régulièrement des expériences de travail avec le médium Eva C. En 1919, sur les instances amicales du Professeur RICHET (voir ce nom), il prend la direction de l'INSTITUT MÉTAPSYCHIQUE INTERNATIONAL (voir ce nom), qui venait d'être fondé par M. Jean Meyer et reconnu d'utilité publique le 23 avril 1919.

Le Dr Geley ne se contente pas de théorie ; il organise de sérieuses expériences sur la médiumnité avec les plus grands médiums de ce temps-là. Il relevait, au cours de ses diverses expériences, des moulages d'ECTOPLASMES (voir ce mot). Il fit notamment venir de Pologne un médium célèbre par ses matérialisations, Franck Kluski, et entreprit avec ce sujet exceptionnel des expériences sur les ectoplasmes qui eurent un grand retentissement. Puis, en 1922 et 1923, il réalisa des expériences remarquables avec un autre médium nommé Guzik. Ensuite, il étudia un médium italien nommé Erto et découvrit des fraudes. La fraude, le trucage, en effet, ont tenté des médiums qui ont souvent abusé les chercheurs.

Le Dr Geley ne se limita pas à la médiumnité : la cryptesthésie, ou voyance, l'attira aussi. Toutes les branches de la parapsychologie l'ont intéressé. Il professait qu'il existe chez l'être et dans l'univers manifesté un dynamopsychisme essentiel passant progressivement de l'inconscient au conscient. Ce sont des conceptions qui semblent rejoindre les grandes religions hindoues et les doctrines de Pythagore, de Platon, Spinoza et Novalis.

A l'issue d'un congrès, à Varsovie, le Dr Geley rentra à Paris. Il voulut prendre place dans un avion de ligne régulière, mais le personnel navigant le pria de ne pas monter à bord car on avait appris qu'il emportait avec lui, dans une mallette, des moulages de désincarnés réalisés au cours de diverses séances ; il loua alors un avion privé qui chuta dans la banlieue de Varsovie, accident dans lequel le Dr Geley trouva la mort.

Il a publié de nombreux ouvrages sur les diverses questions traitées par la parapsychologie : *L'Être subconscient* en 1899 ; *Monisme idéaliste et palingénésie* en 1917 ; *La physiologie dite supranormale et les phénomènes d'idéoplastie* en 1918 ; *De l'inconscient au conscient* en 1919, et *L'ectoplasme et la clairvoyance* en 1924.

GÉOMANCIE

La géomancie est un art divinatoire qui se pratiquait à l'origine en traçant des **marques sur le sable, sur le sol, sur la terre**. On peut aussi bien, avec un crayon, tracer des bâtonnets sur une feuille de papier.

Le consultant pose une question au praticien qui écoute avec attention et trace très vite quatre groupes de quatre lignes de bâtonnets sans compter ces derniers. Cela fait, on compte les bâtonnets rangée par rangée, et, au bout de la rangée, on place un point si leur nombre est impair, deux points si ce nombre est pair. On a quatre groupes de quatre lignes de points, disposés comme sur un domino. Chaque groupe de quatre lignes forme un signe. On vient de créer les signes ou figures I, II, III et IV. On les appelle traditionnellement les Mères.

Les Mères

Avant d'aller plus loin, faisons connaissance avec la signification de ces figures formées de quatre lignes chacune d'un ou deux points. Il y a seize possibilités :

1 et 2. Pair, impair, pair, impair. Son nom est *Acquisitio*. La même figure renversée est *Amissio*. L'un est positif, l'autre négatif. Il y a une affaire d'argent.

3 et 4. Impair, pair, pair, pair : c'est *Laetitia* ; renversé, c'est *Tristitia*. S'il y a des soucis, ils seront d'ordre affectif. Laetitia est positif, donc favorable ; Tristitia est négatif : contrariétés.

5 et 6. Pair, pair, impair, pair : s'il est droit, c'est *Albus* ; renversé, *Rubeus*. Le premier annonce des rapports agréables avec les autres ; renversé, c'est le deuxième qui annonce des rapports tendus ou des querelles.
7 et 8. Impair, impair, pair, impair : droit, *Puer*. Renversé : *Puella*. C'est l'introduction d'une personne dans la vie du sujet. Toujours avec la notion de favorable ou défavorable.
9 et 10. Pair, impair, impair, pair : *Conjonctio* et *Populus*, s'il est différent : impair, pair, pair, impair. Questions juridiques d'abord favorables ; signe renversé : difficultés.
11 et 12. Impair, impair, impair, impair, d'une part ; d'autre part pair, pair, pair, pair. C'est, d'une part, *Via*, d'autre part *Carcer* ; le premier indique liberté, indépendance ; l'autre, des contraintes et des limitations.
13 et 14. Pair, impair, impair, impair, d'une part et, d'autre part : impair, impair, impair, pair. C'est, d'une part, la tête, d'autre part la queue du dragon : *Caput draconis* et *Cauda draconis*. D'une part, une occasion, une place à prendre ; d'autre part, horizon bouché.
15 et 16. Pair, pair, impair, impair d'une part ; d'autre part, pair, impair, impair, pair, pair. C'est *Fortuna Major* et *Fortuna Minor*. Sort favorable ou retards.

Les Filles

Les bâtons tracés et comptés, on se trouve devant quatre figures. Chacune comporte quatre lignes. On lit toujours les figures de droite à gauche. La première ligne de la première figure est, par exemple, impaire. On inscrit le signe impair, c'est-à-dire un seul point sur la première ligne de la nouvelle figure. On regarde alors la première ligne de la deuxième figure : par exemple, paire. Au-dessous de la marque que l'on vient de faire, on place une marque paire, c'est-à-dire deux points. La première ligne de la troisième figure est la troisième ligne de cette nouvelle figure que l'on est en train de constituer et que l'on termine par la première ligne de la quatrième figure, un ou deux points, toujours selon que le nombre est impair ou pair. On a alors la cinquième figure qui s'appelle la première fille. La deuxième fille se fait avec les signes qui sont au deuxième rang de chacune des quatre premières figures. La troisième fille avec les signes du troisième rang de chacune des quatre premières figures et la quatrième fille avec les signes du quatrième rang des quatre premières figures.

Le Juge

On a maintenant quatre mères et quatre filles. Il s'agit alors de « condenser » les quatre mères en deux nouvelles figures. « Condenser » en géomancie signifie que l'on contracte deux signes en un seul en les additionnant de la manière que voici : deux impairs et deux pairs font un pair ; un pair et un impair font un impair. En condensant les quatre mères et les quatre filles respectivement et deux par deux, on obtient, à partir des quatre mères, deux figures ; deux autres figures à partir des quatre filles. Numérotons les quatre mères I, II, III, IV, et les quatre filles V, VI, VII, VIII. On a donc les figures I et II, qui ont donné la figure IX et les figures III et IV qui ont donné la figure X. Puis, on a condensé les figures V et VI qui ont donné la figure XI, et les figures VII et VIII, qui ont donné la figure XII.

On « condense » alors les figures IX et X, qui donnent la figure XIII, et les figures XI et XII qui donnent la figure XIV.

XIII et XIV sont les *Témoins droit et gauche. En condensant ces deux figures, la XIII et la XIV, on obtient une figure XV qui est le Juge.*

Et c'est le Juge qui donne la réponse : on regarde comment est cette figure et on la cherche dans la liste explicative des huit figures donnée au commencement de ce commentaire. Le « consulté », à la lecture de la réponse, ajoute sa propre pensée pour l'accorder à la question posée.

Il y a ici application d'une certaine inspiration qui est proprement typique de l'art divinatoire. Si la réponse était automatique, le jeu ne serait qu'une simple amusette ; mais elle ne l'est pas. Il entre en elle une part créative, produite par le subconscient du « consulté » qui a travaillé pendant toute la durée de ces opérations.

Il y a dans la géomancie beaucoup de philosophie et des commentaires de toutes sortes ont été faits à propos de cet art divinatoire, à partir de ses diverses figures.

C'est le propre des arts divinatoires que de s'appuyer sur le subconscient et c'est pour cela qu'ils appartiennent à la parapsychologie.

GRAPHOLOGIE

La graphologie consiste dans l'étude des renseignements fournis par un examen de l'**écriture** d'un sujet. Cet examen permet de déceler bien des éléments de la personnalité. Chez les enfants, on découvre ainsi les déficiences intellectuelles et caractérielles, ce qui permet d'orienter, d'adapter, de modifier l'enseignement qui leur est dispensé. Chez les adultes, en particulier lorsqu'ils sont en quête d'emploi, on peut déterminer les spécialités pour lesquelles ils sont le plus doués. Chez les malades, on peut déceler certains troubles psychologiques. Il s'agirait, selon les graphologues, d'une science n'appartenant pas à la parapsychologie, mais aux sciences humaines.

Ce n'est pas rigoureusement exact. Bien que la graphologie permette de mieux connaître un sujet, elle est dans la même position que l'ASTROLOGIE, la CHIROGNOMONIE et la PHYSIOGNOMONIE (voir ces mots).

La graphologie est une science fondée sur l'étude des modifications apportées involontairement à l'écriture par les impulsions inconscientes et subconscientes du scripteur. Bien des personnalités du monde des sciences humaines font une grande confiance à la graphologie. Elle intéresse des psychanalystes, des médecins, des criminalogistes et des employeurs et ces derniers demandent généralement que l'on sollicite un emploi par une lettre manuscrite.

Le graphologue étudie l'échantillon d'écriture avec une loupe. Mais il entre toujours dans un tel examen une part personnelle du graphologue : c'est lui, en effet, qui, dans la masse innombrable des signes particuliers d'une écriture, sélectionne instinctivement, selon son inspiration, ou bien selon des lois qui lui sont personnelles, ceux qu'il est bon de souligner, négligeant ceux qui importent moins. C'est dans cette possibilité de choix que se trouve le caractère de « mancie » de la graphologie : ici, elle est un art divinatoire.

Historique

Sur le plan historique, il semble que l'on n'ait pas songé avant 1622 à étudier les répercussions du caractère sur l'écriture. A cette date, fut publiée une œuvre d'un professeur nommé Baldo, de l'Université de Bologne, sur ce sujet. Puis, plus rien jusqu'au XVIIIe siècle avec une tentative que fit LAVATER (voir ce nom), sur l'inspiration de Gœthe. Mais Lavater mourut sans achever son œuvre. En 1822, on signale la publication d'un *Art de juger les hommes sur leur écriture*. Un jésuite, le Père Martin, sut rassembler quelques observations sur ce sujet.

Mais c'est DESBAROLLES (voir ce nom), plus réputé comme chiromancien que comme graphologue, qui, ayant fait des travaux sur les divers gestes de la main, fut conduit à l'étude de l'écriture et publia un ouvrage intitulé *Le caractère du peuple allemand expliqué par la physiologie*. Ce livre, très considéré en Allemagne, fut mal accueilli en France. Desbarolles publia ensuite un livre intitulé : *Les mystères de l'écriture*. Bien que plusieurs personnes aient revendiqué la paternité de ces découvertes, Desbarolles fit reconnaître qu'il en était l'auteur. Ce fut pourtant un de ses adversaires, l'Abbé Michon, qui donna son nom à la nouvelle science : graphologie, du grec *graphos*, j'écris et *logos*, je parle.

Depuis ces inventeurs, la graphologie a pris un singulier développement et l'on ne compte plus les ouvrages qui, plus ou moins savamment, en parlent. La base de ces études est toujours la statistique.

Quelques traits

La graphologie examine le scripteur à plusieurs points de vue.

On commence par tenter de déterminer le tempérament du scripteur. Celui-ci peut être, par exemple, bilieux ou sanguin ou nerveux ou lymphatique.

Le tempérament bilieux se révèle par une écriture anguleuse, assez haute, appuyée, régulière et souvent penchée.

Le scripteur sanguin a une écriture arrondie, appuyée, nette et très lisible.

S'il appartient aux tempéraments nerveux, le scripteur trace des lettres petites et irrégulières, plutôt arrondies, avec des traits et des accents très ténus.

Le lymphatique fournit un tracé sans énergie, irrégulier, avec des lettres tassées les unes sur les autres.

On décèle ensuite, dans la page d'écriture, des éléments relatifs à la santé : l'écriture se brouille et se déforme quand le scripteur n'est pas dans son état normal ; elle va en descendant, s'il est dépressif. Bien d'autres cas se présentent et les graphologues ne cessent de faire des progrès dans ce genre d'observations.

L'écriture livre surtout le secret des qualités intellectuelles de son auteur. D'abord, on se rend compte de la clarté d'esprit d'après un espacement relativement régulier des mots et des lignes ; un esprit plutôt confus donne, au contraire, des lignes irrégulièrement espacées, des caractères qui se touchent et d'autres distants, des mots ajoutés après-coup et parfois en travers. Le cerveau cultivé donne des caractères simplifiés et souvent typographiques ; certains transforment les lettres en schémas linéaires difficiles à lire.

Le scripteur intuitif sépare les lettres ; celui qui est déductif les lie entre elles.

Ainsi l'écriture livre-t-elle le scripteur car la main qui tient la plume ne commande pas avec une précision horlogère les mouvements qu'elle fait pour écrire ; mais les gens qui écrivent rarement et peu ont tout le temps nécessaire pour former leurs lettres et l'on voyait souvent autrefois, plus généralement dans les villes de province, des dames « de la bonne société » et parfaitement oisives faire de longues missives écrites dans une « anglaise » impeccable.

GRÉMOIRE DU PAPE HONORIUS

On suppose que l'auteur de ce document est le pape Honorius Ier, car il y a plusieurs papes de ce nom. Celui-ci réunit, dit-on, à Rome, tous les grands magiciens. Ce grémoire, ou plutôt grimoire, doit être décodé. Il semble être d'abord un tissu d'absurdités, et ensuite, pour les habitués des secrets de la Kabbale, il se révèle un monument de perversité.

GUÉRISONS PARANORMALES

On sait le succès passé, actuel et probablement futur des guérisseurs. Il y a plusieurs façons d'être guérisseur.

Celui qui est « rebouteux » a le don, avec ses seules mains, de remettre en place les membres luxés. Il exerce une action qui ne doit son efficacité qu'à l'adresse et la force de ses mains. Il n'y a rien de parapsychologique dans son cas, on ne le nomme ici que pour mémoire. Il y a des guérisseurs qui soignent par des plantes et ils vous font avaler des infusions ou dans lesquelles ils vous invitent à baigner certaines parties du corps. Ce sont encore des guérisseurs sans lien avec la parapsychologie : ils n'ont pas davantage place ici.

Mais il y a des guérisseurs qui ne vous touchent pas, qui ne vous font pas avaler de remèdes, ni prendre de bains, ni vous enduire de pommade curative. Ce sont les **guérisseurs-magnétiseurs** qui traitent par l'imposition des mains. La guérison est alors réellement paranormale et appartient à la parapsychologie.

Le pouvoir de suggestion

Il faut d'abord noter que l'organisme possède des forces réactionnelles qui tendent à rétablir son équilibre momentanément détruit. Ce sont des « forces de vie » qui agissent lorsque se produit le retour à la santé, quelle que soit la véritable cause de la guérison. Il arrive ainsi que certains malades traités par un guérisseur guérissent spontanément sous le seul effet de la nature.

En second lieu, il faut savoir que bien des troubles pathologiques sont purement névropathiques. La névrose peut prendre, en effet, le masque d'affections corporelles caractéristiques. Les symptômes qu'elle présente ne sont que l'expression d'un trouble essentiellement psychique ou nerveux. Mais le plus souvent, examens et analyses ne décèlent pas la moindre altération des organes.

On conçoit que ces malades puissent donner lieu à des guérisons spectaculaires et d'apparence paranormale ou même miraculeuse.,

Aux troubles purement névrotiques, on peut rattacher les affections psychosomatiques, lesquelles ont une origine psychique et une base concrète, organique. La suggestion peut être également efficace dans le cas de maladies réellement organiques, car elle est capable d'agir puissamment et efficacement sur l'organisme par le truchement du système nerveux végétatif et des glandes endocrines.

La suggestion est donc très vraisemblablement l'habituel et grand moyen des guérisseurs. Même lorsqu'il s'agit de guérisons à distance, la suggestion peut s'exercer, car le guérisseur indique généralement au malade ou à son entourage l'heure à laquelle il interviendra. De plus, il demande souvent au patient de se recueillir et de penser profondément à sa guérison prochaine.

Le pouvoir idéoplastique

Cependant, certaines guérisons semblent absolument inexplicables par une quelconque suggestion. Ces guérisons diffèrent des guérisons dues aux « forces de vie », à la suggestion ou à une quelconque action médicale. Elles sont souvent instantanées et impliquent parfois des cicatrisations, donc reconstitution de tissus, importantes : dans les grandes brûlures, par exemple. Elles sont tout de suite complètes et par conséquent n'impliquent pas de convalescence.

Ces guérisons pourraient être expliquées par des causes secondes, sans se référer à des causes premières. Peuvent-elles être ainsi expliquées? Cela paraît certain. On peut s'appuyer sur des arguments pris dans le domaine des sciences biologiques et dans celui de la parapsychologie, car celle-ci est une science naturelle bien qu'elle ne soit pas encore unanimement reconnue. La réfection tissulaire et la régénération d'organes sont des phénomènes connus en biologie qui consistent en une réédification d'une partie d'un organisme lorsque celle-ci a été détruite. Un pouvoir inné et naturel de régénération tissulaire a été reconnu en l'être humain comme chez certains animaux. Ce pouvoir ne s'exprime pas dans les conditions habituelles et un organe détruit n'est jamais, dans l'espèce humaine, remplacé par un organe de même nature, mais on peut penser que cette régénération n'est pas théoriquement impossible.

C'est ce pouvoir qui entre en jeu dans les extraordinaires guérisons impliquant des réfections d'organes fortement lésés. De plus, on peut penser qu'il s'extériorise et agit grâce au métapsychisme, au pouvoir secret des individus qui, ici, prend une forme particulière que l'on peut qualifier d'idéoplastique.

Dans les guérisons extra-médicales obtenues par des moyens purement psychiques, c'est toujours dans les profondeurs de son être que le malade élabore sa santé reconquise. Le malade, en somme, serait l'instrument principal de sa propre guérison.

Mais le guérisseur, en l'occurrence, joue un rôle important, celui de catalyseur ; par sa seule présence, en effet, il met en mouvement les forces immenses du subconscient du sujet.

La radiation

Une autre thèse que celle qui vient d'être exposée considère qu'une radiation spéciale émane des mains du guérisseur ; cette radiation aurait le pouvoir d'agir sur un organisme vivant, humain ou animal, ou même végétal, en rétablissant un équilibre général, un état naturel sans entraves ni obstacles et c'est une fois cette détente obtenue que l'organisme malade « fabriquerait » sa guérison.

Dans tous les cas, c'est là un phénomène appartenant à la parapsychologie mais il n'a rien de surnaturel. Il est humain.

GUIDES

A l'origine, il y a un certain Jonathan Koons, fermier en Ohio (États-Unis). On est en 1882. Invité dans des cercles de spirites, on lui déclara qu'il était le meilleur médium qu'on ait vu. Son fils était également médium. Ils reçurent un message de personnalités désincarnées, leur disant de construire une chambre « spirite » dans le jardin.

Ils le firent et de ces expériences il résulta que des « esprits » venaient dans ce local et laissaient des messages écrits sur une table. Ces messages disaient qu'il s'agissait d'« Esprits-guides » qui auraient vécu des milliers d'années avant l'aventure d'Adam et Ève. Ils étaient chargés de conseiller la malheureuse race des hommes.

On reconnaît actuellement des esprits-guides dans les réunions où l'on tente d'explorer l'« autre monde », celui des « désincarnés ». C'est donc une notion en rapport direct avec le spiritisme.

Ces esprits-guides, souvent, se présentent lorsqu'un médium fait un appel et aident l'expérimentateur à entrer en rapport avec le désincarné que quelqu'un dans l'assistance souhaite contacter. Certains médiums disent avoir un esprit-guide, toujours le même, qui suit leurs travaux et leurs expériences et qui les aide.

H

HANTISE

Nous disons qu'il y a hantise lorsqu'un lieu, un site, une maison offrent des phénomènes inexplicables en l'état actuel des connaissances et généralement gênants pour ceux qui y assistent. Ces phénomènes peuvent avoir diverses origines, mais le terme de **maison hantée** désigne particulièrement les maisons dans lesquelles des fantômes ou des entités inconnues manifestent leur présence et recommencent ces manifestations jusqu'à ce qu'ils aient obtenu satisfaction. Car dans les maisons hantées, il y a généralement quelqu'un qui demanda quelque chose.

On peut ne pas s'apercevoir immédiatement qu'une maison est hantée ; on ne saisit bien la nature de ce qui s'y passe, mais on a bien l'impression qu'il s'y passe quelque chose. Si on introduit un MÉDIUM (voir ce mot) dans la maison hantée, on pourra probablement être renseigné.

Le phénomène est supposé venir du fait qu'un précédent occupant de la maison est mort et ne veut pas la quitter. Comme, étant désincarné, il n'a aucun moyen de s'expliquer, il demeure au milieu de sa famille ; celle-ci va soi-disant lui rendre visite en se rendant sur sa tombe au cimetière alors qu'en fait il est resté à son foyer. Il n'est désormais plus qu'un esprit souffrant de ne pouvoir intervenir devant ce qu'on fait des biens auxquels il tenait.

La situation lui est plus douloureuse encore si des personnes étrangères à sa famille viennent vivre là où il a vécu, transformant tout, changeant les meubles et souvent la disposition des pièces, l'aspect de la maison. Si l'un des nouveaux occupants a, si peu que ce soit, des capacités de médium, et même s'il les ignore, le mort peut troubler sérieusement l'existence des occupants d'une maison qu'il continue à croire la sienne, car il peut même ignorer qu'il est mort.

Il y a ainsi des hantises modestes, à peine perceptibles.

Il y en a de beaucoup plus spectaculaires. Certaines maisons sont hantées par des défunts coupables de mauvaises actions et qui reviennent sur les lieux de leur crime.

Un médium est toujours en mesure d'entrer en communication avec un esprit qui revient hanter une maison. Il peut s'informer auprès de lui de ce qu'il cherche ou demande et faire en sorte de lui donner satisfaction.

Causes et explications

Le spiritisme a fait une tentative pour expliquer la hantise. Selon cette école, l'être humain serait composé de trois éléments : le corps physiologique qui se désagrège après la mort et revient s'intégrer au monde matériel ; l'esprit, qui se manifeste comme étant la conscience, la capacité de comprendre, de raisonner, de vouloir et qui est l'élément immortel de l'être ; et, pour employer le terme créé par ALLAN KARDEC (voir ce nom), le périsprit, organisme fluidique constitué par une matière quintessenciée qui paraît être intermédiaire entre l'esprit et le corps physiologique. Le **périsprit** survivrait, selon cette thèse, plus ou moins longuement à la mort corporelle et servirait d'enveloppe ou d'instrument à l'esprit. C'est cette partie de la personnalité qui deviendrait visible lorsqu'un individu souhaite passionnément s'exprimer après sa mort. C'est cette partie de la personnalité qui produirait les phénomènes caractérisant les maisons hantées.

Pour calmer un fantôme qui hante certains lieux, il suffirait de l'interroger avec courtoisie et respect en lui demandant ce qu'il cherche et ce qu'il souhaite. On accomplit alors ce qu'il demande si c'est possible et ne heurte ni la loi ni les bonnes mœurs. Et le phénomène de hantise cesse.

Il y a un courant d'opinion chez les spirites et particulièrement chez ERNEST BOZZANO (voir ce nom) qui ne fait pas intervenir le périsprit. Selon cette école, la hantise serait provoquée par un **défunt**.

Selon les occultistes et les théosophes, il y aurait dans l'univers sept plans s'interpénétrant. Plan physique, plan astral, plan mental et quatre autres plans expliqués par le bouddhisme. Chaque individu posséderait un corps adapté à chaque plan : corps physique, corps astral, corps mental, corps causal, appelé aussi âme ou ego ; le corps physique est mortel, ainsi que le corps astral et le corps mental. Le corps causal serait immortel. Il transmettrait, à travers les diverses incarnations successives, les capacités et les qualités acquises pendant les précédents séjours sur terre. Cette hypothèse n'a rien de scientifique, on le devine. Mais elle le devient si on assimile ces divers corps à divers centres de force.

C'est le plan astral qui serait alors responsable des hantises. Les âmes destinées à se fondre dans le tout universel s'agiteraient, non résignées, et créeraient les phénomènes étranges de hantise. Mais plus que cela, le plan astral contiendrait des individualités autonomes appelées **élémentals** qui hanteraient également les lieux habités, mais sans logique et sans motif.

Il existe des auteurs qui expliquent les hantises sans faire intervenir l'au-delà. Ce serait un des occupants de la maison hantée qui serait l'objet d'une **hallucination** subjective, visuelle ou auditive, etc. provenant de son mental et suscitée par n'importe quelle cause. Une hallucination qui s'est produite une fois tend à se répéter chez le même sujet et peut même se communiquer à d'autres personnes par une sorte de contagion psychique. C'est une hypothèse qui ne tient pas compte de phénomènes tels que les déplacements d'objets ou les APPORTS (voir ce mot).

La PSYCHOMÉTRIE (voir ce mot) pourrait aussi expliquer les hantises.

L'imprégnation des objets produirait le phénomène. Le DÉDOUBLEMENT (voir ce mot) peut aussi être invoqué.

Les causes et les explications des hantises sont nombreuses et diverses et c'est ce qui rend difficile une interprétation de ce phénomène.

HOME (Daniel-Dunglas)

Daniel-Dunglas Home est né le 20 mars 1833 près d'Edimbourg en Écosse. Il descendait d'une famille possédant des dons parapsychologiques : voyants, en général. Il partit en Amérique avec sa tante et son oncle qui l'avaient adopté. Il avait environ 9 ans. Les manifestations médiumniques sont chez lui si fréquentes que ses parents adoptifs l'invitent à quitter leur maison. Des savants de Harvard l'étudient, mais sa santé est atteinte et il revient en Europe. En Italie, on le prend pour un sorcier et on cherche à le lyncher. Il voyage beaucoup et reproduit à volonté ses expériences devant ceux qui veulent l'étudier. Il est reçu par le tsar Nicolas Ier et par Napoléon III. Le nombre de ses expériences mine la santé de Home et, surmené, atteint de phtisie, il meurt prématurément à Paris, le 21 juin 1886, à l'âge de 53 ans. Le phénomène le plus étonnant de ses expériences est la **lévitation** que bien de ses témoins ont décrite comme absolument véritable et sans trucage.

HYPNOPÉDIE

Ce terme est en train de cesser d'appartenir à la parapsychologie, parce que les personnes étudiant cette méthode et l'utilisant pensent agir en scientifiques et non en parapsychologues. Pourtant, la méthode dont on va parler ici découle directement de l'**hypnose** et l'hypnose est encore du domaine de la parapsychologie, parce qu'on n'en connaît pas scientifiquement toutes les sources et tous les ressorts.

On appelle hypnopédie une méthode pédagogique et scientifique permettant l'**enseignement** et la **suggestion** pendant le sommeil naturel, au cours de sa phase « paradoxale », dite « sommeil partiel ».

Ce mot, hypnopédie, a été inventé par l'écrivain Aldous Huxley, dans son roman de science-fiction intitulé *Le meilleur des Mondes.* Dans cet ouvrage, ce néologisme désignait une méthode de modification de l'attitude du psychisme pratiquée au cours du sommeil, lorsque le cerveau n'est pas en activité, mais en état de détente, avant le sommeil total, donc en cours d'émissions d'ondes ALPHA (voir ce mot). Dans son livre, Aldous Huxley décrit comment des spécialistes se servent de la suggestion nocturne pour endoctriner une certaine catégorie de personnes en la persuadant que leur sort est le meilleur, alors qu'en fait, il s'agit de serviteurs totalement soumis et réduits à un niveau inférieur.

Il y a relativement longtemps qu'on a compris l'importance de la suggestion sous hypnose, au moment de l'endormissement. Jean Richepin en a fait état dans son livre *Miarka, la Fille à l'Ourse.* COUÉ (voir ce mot) recommande de faire, au bord du sommeil, la suggestion qui convient aux enfants atteints d'énurésie. Pendant la guerre, les Américains ont utilisé, pour appliquer l'hypnopédie à leurs agents secrets, un appareil au nom expressif, le *dormiphone.*

« Toute maladie, a dit Coué, peut céder à l'AUTOSUGGESTION » (voir ce mot). Et il ajoute : « Je ne dis pas céder toujours, mais peut céder, ce qui est différent ».

Les Russes sont très avancés dans l'étude de la pratique de l'hypnopédie.

L'hypnopédie est utilisée également à l'Institut de suggestologie de Sofia (Bulgarie). Le professeur Lozanoff a mis au point les méthodes pédagogiques basées sur ce phénomène. On apprend dans cet institut surtout les langues étrangères avec une rapidité inconnue jusqu'ici. Une des qualités premières de la méthode est de ne demander aucun effort à l'élève.

Cette méthode d'enseignement utilise les particularités d'une phase de sommeil appelée « sommeil paradoxal » ou « sommeil partiel ». Pendant cette phase de sommeil, les fonctions actives volontaires du cerveau sont déconnectées et ne montrent plus d'activité. Cette période du sommeil s'appelle aussi hypnoïdale. En effet, elle n'offre aucune résistance aux influences extérieures, sauf en certains points appelés « points de vigilance ». On ne peut pas, en effet, en période de sommeil hypnoïdal, comme également sous hypnose, accomplir des actions que la morale réprouve ou que l'on refuse soi-même, instinctivement, de réaliser. L'organisme, en effet, garde en tout temps un relatif contrôle sur ses actes.

L'hypnopédie comme la suggestion appartiennent, aime-t-on dire, à la science et non à la parapsychologie ; cependant elles ont leur place ici parce qu'elles ne sont pas passées intégralement et sans discussion de l'une à l'autre ; en attendant, elles restent encore incluses dans la parapsychologie. Mais elles participent à une évolution permanente de la parapsychologie qui, de savoir informel et peu démontré, passe graduellement à la phase de savoir scientifiquement prouvé et phénomène reproduit à volonté.

HYPNOSE

Le mot vient du grec *hypnos*, qui veut dire sommeil. L'hypnose est un sommeil artificiellement provoqué par des procédés mécaniques ou psychiques. En fait, l'hypnose est une inhibition partielle et momentanée des cellules du cortex cervical (voir le mot CERVEAU). Le cortex est le lieu du cerveau où aboutissent et sont analysées, classées et emmagasinées toutes les sensations venues soit de l'extérieur, soit de l'intérieur de l'organisme, constituant la mémoire et toutes les facultés relevant de l'intellect, aussi bien que subconscientes. Le cortex est le siège des centres psycho-moteurs de la parole, de l'écriture et des activités locomotrices.

L'hypnose, malgré son nom, n'est pas un sommeil, déclare M. Réno-Bajolais, spécialiste de la question. Cette idée du sommeil est la plus fréquence cause d'échec, parce que le sujet fait des efforts pour s'endormir dans un mouvement de bonne volonté ; or, il ne peut pas parvenir au sommeil hypnotique parce que, dans ce cas, il tend son esprit, ce qui est incompatible avec la production de l'hypnose. Dans le sommeil, tout le cortex est entièrement inhibé, ce qui fait qu'aucune suggestion ne peut pénétrer dans l'esprit, ce que l'on peut constater lorsqu'on parle à un dormeur plongé dans un profond sommeil.

L'hypnose n'est pas réservée à des névrosés ou à des personnes particulièrement faibles. L'hypnotisation peut s'adresser à tous les sujets, mais tous ne sont pas également réceptifs. Il faut avoir la capacité d'immobiliser sa pensée sur un seul sujet. Les intellectuels, les religieux, habitués à immobiliser leur esprit sur l'object de leur méditation ou sur leurs recherches, font d'excellents sujets à hypnotiser. Être hypnotisable n'est donc pas un signe de faiblesse d'esprit, mais plutôt de discipline de l'esprit.

Dans les états les plus profonds de l'hypnose, le sujet ne dort pas, il reste conscient, même si, ensuite, il ne se souvient pas.

Le phénomène hypnose resterait une simple expérience curieuse si un facteur de complément n'intervenait. Cet élément complémentaire, c'est la suggestion verbale (voir le mot SUGGESTION).

L'hypnotiseur

L'obtention de l'hypnose est le résultat de la mise en œuvre d'une technique comportant un certain nombre de manœuvres particulièrement propres à produire cet état par leur nature même. Ce n'est pas un pouvoir, mais un savoir. Il n'est pas exact de parler de regard hypnotique. Cette impression ne peut être qu'illusoire. L'hypnotiseur n'a aucun pouvoir inné. Ce ne sont ni son regard, ni ses mains qui ont le pouvoir d'hypnotiser. Les qualités nécessaires à un bon hypnotiseur peuvent toujours s'acquérir.

Pour hypnotiser, l'hypnotiseur commence par faire se détendre le plus possible son sujet. Ceci fait, il s'efforce de concentrer l'attention du sujet sur un objet quelconque : un bouchon de cristal, par exemple. Il peut aussi appeler l'attention du sujet sur une sensation connue de lui comme la lourdeur de ses jambes par exemple. Il peut lui parler de son engourdissement, de l'état de détente où il se trouve, le détacher des faits extérieurs et l'occuper par un son faible et uni, comme un ronronnement de moteur ; ou la monotonie de la parole.

Tout le monde peut devenir hypnotiseur et tout le monde est hypnotisable.

Les principales qualités qui font un bon hypnotiseur sont les suivantes :

— Avoir une parfaite aisance d'élocution ; le discours, en effet, ne doit pas être heurté, ni entrecoupé de « euh », ou de bégaiement même très léger.

— Savoir être précis et concis dans l'expression des suggestions ; le sujet ne doit pas avoir à faire d'effort pour comprendre ce qu'on attend de lui.

— Avoir de l'assurance pour mener l'opération sans hésiter.

— Une autorité douce mais ferme, qui ne se traduise pas par des heurts dans les propos.

— Le sens et le désir de persuasion.

— Le don d'émouvoir et le sens des images parlantes, vivantes, colorées, agréables.

Il faut aussi de la psychologie car on n'hypnotise pas un agrégé de faculté comme on le ferait d'un modeste employé à peine instruit. On ne conduit pas non plus cette opération avec un personnage puissant et autoritaire comme on le ferait avec un être timide et effarouché.

L'hypnotisé

De l'autre côté, qui est hypnotisable ? Tout le monde, mais à des degrés divers. C'est une condition de temps. Cela peut se réaliser en quelques minutes ou bien en six ou sept heures.

Lorsque l'inhibition est déclenchée, par les moyens dont dispose l'hypnotiseur et que, par ses suggestions, celui-ci concentre ou oriente la quantité d'influx nerveux cérébral disponible, il lui sera possible de déterminer à son gré le genre et la nature des activités à mettre en branle, en substituant alors sa propre pensée à celle du sujet qui est provisoirement abolie. Elle n'est, d'ailleurs, il faut le remarquer, abolie que dans une certaine mesure car le sujet conserve assez de conscience, c'est bien connu, pour qu'on n'abuse pas de lui en lui faisant accomplir des actes contraires à sa morale. Cette conscience qui reste au sujet lui permet de sortir de l'hypnose si on le fait agir contre son gré, car il ne dépassera jamais l'état dans lequel il puisse juger les actes qu'on lui dicte et refuser de les accomplir s'ils le choquent. Aussi, doit-on se méfier des récits selon lesquels une mauvaise action, voire un crime auraient été commis sous hypnose ; si c'est vrai, cela veut dire que le sujet était capable d'accomplir ces actes blâmables même sans hypnose...

I

IDÉOPLASTIE

On donne le nom d'idéoplastie à un phénomène qui peut se produire sous hypnose : à une suggestion de l'expérimentateur, se produit spontanément sur l'épiderme du sujet la marque demandée : une tache, un dessin, par exemple. On dessine sur la peau une lettre avec une pointe, mais sans entamer l'épiderme. La lettre apparaît spontanément, telle qu'elle a été tracée par simple effleurement.

Le Dr Janet a fait de telles expériences sur des patients à la Salpêtrière. Ayant notamment suggéré qu'un sinapisme en forme de S était posé sur la poitrine d'un malade souffrant d'un asthme nerveux, la marque en S apparut et, de surcroît, le malade guérit de son asthme, tout comme si on lui avait réellement appliqué un sinapisme. L'image mentale du sinapisme s'était objectivée sur l'organisme, non seulement quant à sa forme caractéristique et unique, mais aussi quant à ses effets physiologiques. Le récit en est fait par André Dumas, dans son livre *La Science de l'âme* (éd. Dervy-Livres).

A. Dumas rapproche ces faits d'autres, dits miraculeux, qui ne pouvaient être considérés autrement parce qu'à l'époque où ils se sont produits, on ne connaissait pas la parapsychologie comme on la connaît aujourd'hui, avec notamment toutes les ressources de la suggestion. Il cite saint François d'Assise (1182-1226), Thérèse Neumann (1939) ainsi que le Padre Pio (1889-1968).

Le même phénomène, et ce n'est pas le moins étonnant en cette affaire, s'observe chez les animaux ; ce ne serait donc pas cérébral... Lorsque le Professeur Vignon parle de mimétisme sous le nom d'idée organoformatrice, pour expliquer certains changements de couleur des animaux pour n'être pas vus, c'est d'idéoplastie qu'il s'agit, en somme.

INCORPORATION

Incorporation se dit du phénomène parapsychologique qui fait parler et agir un médium selon la voix et le style d'un personnage appartenant au monde des désincarnés. On dit alors que l'« esprit » s'est incorporé dans la personne du médium en vue de s'exprimer et souvent pour transmettre un message. Il va de soi que le médium reste lui-même, mais il agit comme s'il était l'autre et souvent avec le même timbre de voix. Les médiums capables d'incorporation sont très recherchés.

Il faut cependant demeurer circonspect car une fraude est toujours possible. La fraude serait motivée par le désir chez le médium de faire parler de lui afin d'acquérir une certaine célébrité, laquelle peut rapporter de l'argent.

INSTITUT MÉTAPSYCHIQUE INTERNATIONAL

Fondé à Paris en 1919, l'Institut Métapsychique international a pu être créé grâce à l'aide financière de M. Jean Meyer, autour du Professeur CHARLES RICHET et sous la direction du Dr GELEY (voir ces noms). Son siège, à Paris, fut fixé au 89, avenue Niel. En 1919, l'Institut est déclaré d'utilité publique. En 1955, il est transféré de son premier siège avenue Niel dans un immeuble de la place Wagram (Paris, XVIIe arr.) au n° 1.

L'Institut possède un laboratoire garni de tous les appareils de mesure et d'expériences souhaitables et une bibliothèque. Il publie ses travaux dans la *Revue Métapsychique.*

INTUITION

On appelle intuition une connaissance directe et immédiate de la vérité **sans le secours du raisonnement.** Cela peut désigner aussi un pressentiment. En parapsychologie, on appelle intuition une illumination intérieure qui nous fait brusquement percevoir des images sans que nous ayons recours, non plus, au raisonnement. L'intuition est indispensable à l'intelligence car on imagine mal un cerveau n'admettant que les notions logiquement conçues et acceptées uniquement lorsque le raisonnement les a reconnues justes et utiles. L'intuition saute les barrières. Elle peut aller du coq à l'âne et donne ensuite des informations que l'expérience révèle justes, bien que non démontrées.

Il y a donc en chacun de nous une puissance psychique, divinatrice, tutélaire, inspiratrice, qui est notre véritable individualité dont notre personnalité superficielle n'est que l'instrument et la manifestation apparente (A. Dumas, dans *Renaître 2000*).

L'intuition est libre et surprenante comme un instinct. Elle ne peut pas se commander, pas davantage être dirigée. Tout au plus, peut-elle être vérifiée, encore que cela ne soit pas toujours possible. Elle semble résulter d'un travail cérébral dont le point de départ est théorique et vérifiable, mais dont le cheminement est imprévu et d'une rapidité telle que l'intuition a souvent un caractère d'instantanéité qui supprime le temps de raisonnement.

L'intuition joue un grand rôle en parapsychologie.

IRRATIONNEL

Est irrationnel ce qui est **inaccessible à la raison.** Ou ce qui est irréductible à la raison. Ce que la raison ne suffit pas à démontrer, bien que cela existe en fait et en dépit de toutes les preuves qu'on en a. En parapsychologie, on pourrait dire que presque tout est irrationnel. En réalité, lorsqu'on admet un des faits de la parapsychologie, on peut en expliquer plusieurs apparemment d'une manière irrationnelle ; mais ce n'est pas rationnel du fait que c'est basé sur quelque chose qui est inexplicable par notre raisonnement.

Par exemple, dans une maison, on entend des RAPS (voir ce mot), ou bien des pierres sautent toutes seules du sol du jardin dans les vitres, ou encore des portes s'ouvrent et se ferment sans que personne n'y touche et sans courant d'air. On s'émeut, on enquête. Il y a dans la maison un adolescent. Quelqu'un soupçonne qu'il est en cause. On lui fait quitter la maison : tous les faits étranges cessent. On avait cependant démontré qu'il était parfaitement immobile dans sa chambre quand se produisaient les phénomènes. On explique : c'est le psychisme de cet adolescent qui est la cause de tout ce bruit et on se calme. Enfin ! on a une explication ! En fait, on n'en a pas, car aucun raisonnement logique n'explique pourquoi et comment le psychisme d'un adolescent bouleverse la vie d'une maison de cette manière. On a là un fait typiquement irrationnel.

Peut-on accepter comme quelque chose de rationnel l'existence en chacun de nous d'une puissance psychique divinatrice, tutélaire, inspiratrice, qui serait notre véritable individualité et dont notre personnalité normalement apparente ne serait qu'un instrument et une manifestation ? Ce n'est pas rationnel. En parapsychologie, on est bien obligé d'accepter l'irrationnel ; sinon on doit nier la parapsychologie, ce qui ne serait pas rationnel non plus, puisqu'on en constate les effets.

K

KABBALE (ou cabale)

Kabbale est un terme d'origine hébraïque. Il est dérivé du verbe *kabbel* qui signifie : recevoir, accueillir. Or, ce que l'on reçoit, c'est la « Sagesse d'En Haut ». La Kabbale est donc la *tradition mystique du judaïsme.* Il est admis que la Kabbale fut révélée à Moïse, sur le Mont Sinaï. Le livre le plus important de la tradition kabbaliste est *Le Livre de la Splendeur,* dont l'auteur est Siméon Bar Yohaï. Mille ans plus tard, on trouvait la Kabbale en Provence et en Languedoc, à Gérone et en Castille. Une autre forme de la Kabbale a pris naissance à la même époque en Rhénanie. Aujourd'hui, de multiples cercles d'étude s'efforcent de préserver l'esprit de la Kabbale.

« La Kabbale, loi orale secrète, recoupe le Pentateuque, la loi écrite qu'elle transcende. » (Grad.)

La Kabbale chrétienne, de même origine, s'intéresse davantage aux procédés généraux de la Kabbale qu'à l'élaboration d'une véritable science de l'être destinée à être vécue. Les humanistes de la Renaissance connaissaient l'hébreu et l'araméen ; ils ont donc pu étudier la Kabbale dans son texte original. La Kabbale chrétienne se présente, surtout au départ, comme une tentative d'élaboration d'une doctrine métaphysique. Elle s'éloigne de son cadre originel. Réduite à cet état, la Kabbale offre la particularité d'opérer sur des nombres. Le kabbaliste utilise l'alphabet hébraïque dont les lettres ont une valeur double : la valeur de lettre et la valeur numérale. De ces deux possibilités des lettres hébraïques, découle le fait que les textes peuvent se traduire en chiffres.

Le symbolisme de la Kabbale

La Kabbale a donné lieu, en dehors des milieux religieux purs, à l'étude des bases et de l'évolution du judaïsme et des variations sur les possibilités offertes par la langue hébraïque et son écriture. Chaque lettre représente un nombre et le savant kabbaliste peut jouer avec les nombres et le sens des mots. Ces spéculations, qualifiées de kabbalistiques, ont ouvert la voie à l'expression elle-même en lui faisant signifier le travail conduisant à une transformation des mots en symboles. Ce symbolisme hautement significatif dérive facilement vers la formule plus ou moins magique. Si l'on ajoute à côté de ces symboles, la notion de Golem, on se trouve devant deux raisons d'unir la Kabbale à l'ésotérisme, le symbolisme, la magie et les formules créatrices d'effets inattendus. Ceci justifie la place de la Kabbale dans la parapsychologie.

KARDEC (Allan)

Allan Kardec est né à Lyon le 30 octobre 1804. Son véritable nom était Léon-Denizard-Hyppolyte Rivail. Il se révéla très tôt un enfant prodige à la mémoire extraordinaire. Il commença sa vie d'adulte par l'exercice du métier d'instituteur et publia plusieurs manuels scolaires. Il se fit connaître très tôt par ses travaux pédagogiques qui suivaient les méthodes de Pestalozzi. A 24 ans, il donna ses premières conférences et répandit des méthodes mnémotechniques pour l'enseignement de l'histoire et des mathématiques.

En 1850, il s'intéressa au spiritisme qui ne portait pas encore ce nom. La vogue venait d'Amérique de faire

« parler les tables ». On parla beaucoup de « tables tournantes ». Il était sceptique. Puis, il lut de nombreux comptes rendus de séances, mais les examina avec son esprit positif d'homme de science. Cependant, il assista à des séances où l'on communiquait avec les esprits d'êtres désincarnés au moyen de tables non pas tournantes, mais répondant en frappant des coups aux questions qu'on leur posait. Il ne participait pas aux contacts avec les tables, mais il tenait le rôle de secrétaire de ces séances. Il inscrivait sur des cahiers tout ce qui se passait. Sur le conseil d'un de ces « esprits », il changea de nom. Il se fit appeler Allan Kardec pour ses activités spirites afin de les séparer de son travail professionnel.

Par les transcriptions qu'il fit de tout ce qui se passait au cours des séances, il devint le précurseur de cette sorte d'étude de ce qui devint une sorte de religion, qu'il appela **spiritisme**. Il procéda à une classification des différentes catégories de phénomènes et des variétés de la « faculté médiumnique ». Son vocabulaire n'était pas le nôtre et il appelait « télégraphie spirituelle » ce que nous nommons télépathie et « lucidité » ce que nous nommons voyance ou clairvoyance. Il a fait d'importants commentaires sur les créations fluidiques de la pensée qu'on appelle aujourd'hui idéoplastie.

Plusieurs pays étrangers suivirent ses travaux avec attention, intérêt et une grande confiance. Sa renommée fut démesurée. Le Brésil, terre d'élection de toutes les croyances, où règnent la Macumba et d'autres cultes, se passionna pour le spiritisme et en fit une religion d'État. C'est une croyance en la survivance de l'âme et il y est exprimé que Jésus-Christ a été le plus grand médium de tous les temps.

Allan Kardec est mort en 1869.

Il est inhumé au cimetière du Père-Lachaise, à Paris et tous les jours un petit groupe de fidèles médite sur sa tombe. Au jour anniversaire de sa mort, le 31 mars, c'est une cérémonie émouvante qu'organisent, sur cette tombe, ses fidèles. On dit même que des miracles s'y sont produits.

KATIE KING

Créature abstraite inventée par un médium fraudeur (voir FLORENCE COOK) pour tromper l'assistance d'expérimentateurs lors d'une période où l'on berna allègrement plusieurs chercheurs réputés mais apparemment naïfs. L'affaire est comparable à celle mettant en scène une certaine BRIDEY MURPHY (voir ce nom).

KIRLIAN

Semyan Kirlian est un électronicien russe qui, avec sa femme Valentina, a mis au point un **procédé photographique** qui utilise les propriétés des champs électriques de haute fréquence. Par leur méthode, on obtient, pense-t-on, une image de l'**aura.** On a fait, avec ces images, diverses observations.

On a remarqué qu'un objet inanimé produit un halo ou une aura continus tandis qu'une matière vivante donne des lueurs irrégulières et mobiles. De plus, ce halo se restreint au fur et à mesure que la vie se retire ; par exemple dans le cas d'une feuille d'arbre fraîche qui, peu à peu, se fane et se dessèche. On a observé également que l'image obtenue par le doigt d'une personne variait selon son état de santé.

Rien ne prouve, cependant, que ces photographies reproduisent l'aura ; elles reproduisent « une » AURA (voir ce mot).

L

LAVATER

Johann Kaspar Lavater, qui vécut de 1741 à 1801, était un pasteur de Zürich (Suisse). Il était essentiellement tolérant.

Il écrivit beaucoup de livres sur l'art de juger les hommes d'après leurs traits. Son système, fort complexe, fait appel à des études morphologiques, anthropologiques, anatomiques, théâtrales et graphiques. Son ouvrage sur la physiognomonie reste fameux. Il observait volontiers la physionomie de ses contemporains, voyant dans les traits de leur visage, ceux de leur caractère.

Il était savant et influent. Il ne répugna pas, cependant, à se rendre à Strasbourg, pour y rencontrer Cagliostro, dont il espérait des conseils de sagesse. Mais celui-ci, ce qui, selon certains auteurs, ne l'honore pas, et pour nous est peut-être une marque de modestie, refusa de le recevoir.

Il avait, d'autre part, des vues personnelles sur la religion. Il renvoyait ceux qui ne pouvaient trouver place dans son église à cause des principes qu'il y exposait au « bon et simple catholicisme ».

LENORMAND (Mademoiselle)

Mademoiselle Lenormand a donné son nom à une méthode de **divination par les cartes**. Son système présente des qualités appréciables de simplicité. C'est à ce titre qu'elle est connue.

Elle était originaire d'Alençon et s'était fait, à Paris, sous le Directoire, une grande réputation de voyante. On raconte que Bonaparte, las de solliciter un commandement au Ministère de la Guerre, alors que, parfait inconnu, il s'efforçait de se faire une place au soleil, décida de consulter la demoiselle d'Alençon, qui recevait rue de Tournon, à Paris, donc assez près du Ministère de la Guerre, installé au Palais du Luxembourg. Reçu après une certaine attente, il ne sut plus que répondre quand elle lui dit de lui poser une question. Il cherchait surtout une raison d'espérer.

« Vous voudriez exercer un pouvoir souverain dans l'armée et peut-être ailleurs dans la société », lui dit alors Mademoiselle Lenormand, pour rompre ce silence embarrassé. Il protesta qu'il se contenterait de se faire une place dans l'armée. « Prenez une poignée de cendres dans la cheminée, lui dit-elle alors, et jetez-la sur cette feuille blanche, puis retirez-vous dans le fond de la pièce et restez silencieux. » Ce qu'il fit. Alors, Mademoiselle Lenormand lui dit : « Je puis vous annoncer que le commandement que vous désirez vous sera remis en dot pour votre mariage avec une jolie femme déjà mère de deux enfants. Vous irez faire la guerre en Italie. Vous en reviendrez dans une gloire telle que vous serez le plus illustre de tous les Français. »

Et puis, elle ajouta : « Je ne veux pas vous en dire plus, vous ne me croiriez pas... »

LÉVITATION

Le mot vient du latin *levitas*, qui signifie légèreté. Et le terme se définit généralement comme un phénomène selon lequel certains êtres **s'élèvent** comme s'ils échappaient à la pesanteur.

Notre esprit imbu de logique trouve anormale la lévitation. Et pourtant, elle existe. Le phénomène est rare en métapsychique ; mais il a été souvent représenté en peinture : il semble que dans l'histoire de la religion, bien des saints personnages se soient trouvés dans cette situation. Que doit-on en penser ? On a pu lire jusqu'ici, entre les lignes de ce dictionnaire, que bien des faits dits « surnaturels » soient considérés dans ces pages comme simplement mal connus. En fait, de tout ce que nous voyons, rien n'est surnaturel, tout est là, dans la nature, mais nous ne le savons probablement pas et nous nous étonnons. Dès que l'on aborde la parapsychologie, il faut raisonner ainsi : il n'y a rien de surnaturel, il n'y a que des faits que nous ne comprenons pas.

La lévitation est réellement un de ces faits. Selon une opinion émise dans le livre *Bilan du surnaturel,* dont l'auteur est le Professeur Robert Tocquet, la lévitation existe. Il écrit : « Il est, par exemple, hautement vraisemblable que saint Pierre d'Alcantara, sainte Thérèse d'Avila, sainte Christine de Liège, Agnès de Bohème, Bernardina Realino, F. Suarez, Joseph de Copertino furent maintes fois « lévités ». Ces phénomènes ont été rapportés par des témoins dignes de foi... »

Nul ne s'est soucié de tenter une explication de ce phénomène qui soit véridique et qui puisse même être démontrée.

Dans nos temps modernes, ces phénomènes existent toujours et des témoins les ont rapportés. On cite volontiers le cas du médium DANIEL-DUNGLAS HOME (voir ce mot), qui s'était rendu célèbre par ses cas, relativement fréquents, de lévitation.

Il a rendu compte lui-même de ce qu'il ressentait pendant ces lévitations. Il est l'auteur de *Révélations sur ma vie surnaturelle* et l'on peut y lire ceci :

« Durant ces élévations ou lévitations, je n'éprouve rien de particulier en moi, excepté cette sensation ordinaire dont je renvoie la cause à une grande abondance d'électricité dans mes pieds ; je ne sens aucune main me supporter, et depuis ma première ascension qui eut lieu en Amérique, alors que j'étais âgé de 19 ans, je n'ai plus éprouvé de craintes, quoique, si je fusse tombé de certains plafonds où j'avais été élevé, je n'eusse pu éviter des blessures sérieuses. »

Stainton Moses, un clergyman qui était professeur à l'University College School de Cambridge, fut l'objet de manifestations extraordinaires et plus spécialement de lévitation.

Jusqu'aujourd'hui, tout ce qu'on a pu apprendre au sujet de ce phénomène, c'est que les faits en étaient réels et qu'il n'y avait pas de trucage. Mais personne n'en a encore trouvé l'explication.

Une autre remarque : des manifestations ont eu lieu jusqu'au siècle dernier, et dans les premières années de notre XXe siècle ; mais point ces dernières années. Il semble que le supra-normal ait changé de style et de moyens de manifestations.

LULLE (Raymond)

C'est un Catalan : il est né en 1235 à Palma de Majorque. Il fut renommé comme philosophe et alchimiste. Il étudia la médecine et devint majordome du roi d'Aragon, Jacques II. Il fut également renommé comme poète et troubadour. Puis, il fut initié à la KABBALE (voir ce mot). Parlant parfaitement l'arabe, il eut des relations assez étroites avec une secte mahométane appelée les Frères de la Pureté.

Il a écrit beaucoup sur l'alchimie ; il est également l'auteur de traités scientifiques et théologiques. Il souhaitait étendre le christianisme par la conversion des infidèles (arabes).

En sa qualité d'alchimiste, on lui attribuait le pouvoir de transmuer le fer en or.

Il mourut à quatre-vingts ans, lapidé au cours d'un voyage en Algérie.

M

MAGIE

Selon Jagot, qui écrivit un livre sur ce sujet, « la magie est un ensemble de pratiques vérificatrices et adaptatrices des principes de la philosophie hermétique. » Non seulement, elle est connue depuis la plus haute Antiquité, mais la magie existe depuis qu'il y a des hommes. On peut dire aussi que la magie est le pouvoir que possède la volonté de contrarier, de modifier ou de diriger certains phénomènes naturels par des moyens spirituels, mentaux et psychiques. Dans ce cas, on considère les rites magiques comme des supports pour la pensée, favorisant et canalisant l'émission de volonté.

En réalité, la magie n'a rien de surnaturel comme on aurait tendance à le croire dans les milieux simples et naïfs. Elle est un acte humain, accompli dans un but humain, avec des résultats humains. Mais des résultats inhabituels. Elle n'accomplit rien de surnaturel. Tout est affaire d'imagination. Aussi, peut-on faire confiance aux praticiens de la magie, du moins après avoir posé comme première condition qu'ils soient honnêtes.

Aborder les pratiques magiques est un jeu relativement dangereux. On peut y perdre l'équilibre et la logique de son esprit. De plus, comme ces pratiques doivent rester secrètes, l'apprenti sorcier doit avancer seul en ce domaine inconnu et ne peut évidemment se confier à personne.

L'étude de la magie doit être précédée de la lecture (secrète) d'un certain nombre d'ouvrages sur ce sujet, afin de donner d'abord à l'esprit l'orientation qui convient. Ces ouvrages une fois compris et assimilés, on peut commencer quelques pratiques.

Le choc en retour

Un avertissement importe beaucoup : la notion de choc en retour. Autrement dit, si votre acte magique n'atteint pas son but, il revient sur vous comme un « boomerang ». Si vous lancez un maléfice propre à nuire à une personne donnée, et si cette personne ne se laisse pas faire, vous risquez de recevoir vous-même le coup lancé. En effet, vous avez pu laisser paraître une certaine animosité contre cette personne et elle a pu avoir la prudence de se protéger soit par des talismans, soit par des prières, soit par des contre-charmes, etc. Car, même en sachant que l'on doit garder le secret, il y a des intentions qu'on laisse transparaître uniquement parce qu'on ne pense pas encore à employer des rituels obligatoirement secrets. Dans un tel cas, le maléfice que vous lancez revient immédiatement sur vous ; on appelle cela le « choc en retour ».

C'est pour cette raison qu'il est fortement conseillé de ne pas se lancer dans des opérations magiques, faites pour apporter le malheur chez autrui. Faites plutôt des expériences apportant de la chance, si vous voulez vous lancer dans la magie, mais rien d'autre.

Les principes de base

En fait, peut-on, par la magie, influer sur le destin d'autrui ? On le peut très certainement. Il existe, pour cela, des recettes. La base de la magie est la force qui émane de notre pensée. Le rituel magique permet d'amplifier cette force et de la diriger dans un sens choisi à l'avance.

L'essentiel des principes de base de la magie se résume ainsi : d'abord deux éléments en présence qui sont l'actif et le passif. Il y a toujours en magie, **action** sur un objet, le mot objet signifiant ici davantage but que chose. C'est la première notion. Une seconde notion est le **transfert.**

Le transfert de la représentation à l'objet signifie qu'en agissant sur un symbole, une image, une certaine reproduction de l'objet, on agit sur l'objet même. D'où la célèbre pratique du *voult* ; on fait du mal à une petite poupée à l'image d'un ennemi et l'ennemi souffre du mal fait à la poupée.

Si longue que soit son histoire, la magie n'a que très peu évolué. L'homme de Cro-Magnon, ou son frère, envoûtait les animaux qu'il allait chasser et l'opération magique se pratiquait sur une représentation graphique de l'animal à vaincre.

Il existe une troisième notion essentielle à la magie et c'est le **secret**. C'est au fond de grottes difficiles d'accès que notre ancêtre pratiquait ses envoûtements. Il est bien évident que si on laisse tout un chacun connaître l'acte magique auquel on a l'intention de se livrer, on permet à la personne à laquelle il est destiné de s'en protéger ; dans ce cas, autant ne pas continuer, car on va se donner beaucoup de mal pour rien. Sans compter qu'on s'attire la colère de celui auquel l'acte magique était destiné. Par ailleurs, on sait que toute pensée qui est exprimée à haute voix, ou communiquée par écrit, perd par là-même de sa force et de son intensité. Annoncez autour de vous que vous allez accomplir tel ou tel acte, vous aurez les plus grandes difficultés à le mener à bien, comme si vous en aviez perdu la force ou le désir. Donc, la magie exige le secret, bien avant que l'on ait commencé l'exécution à laquelle on pense.

La magie est une application pratique de bien des notions occultes qu'on n'a pas l'habitude de connaître, encore moins de mettre en pratique. En premier lieu, elle utilise l'astrologie qui saura indiquer le jour favorable, à la fois par une certaine disposition des planètes dans le ciel, mais aussi par le choix du jour de la semaine en fonction à la fois de la planète à laquelle il est consacré et des éléments sur lesquels cette planète est réputée agir. La magie s'appuie sur des idées-forces. C'est en accroissant, en soi, la force du désir à réaliser que, par la magie, on se donne la force inhabituelle qui permettra de réussir. Ensuite, la magie vous met en état d'agir, d'accomplir un acte qui, normalement, n'est pas dans vos forces. Comme on va diffuser, à travers l'espace, une forte somme d'énergie et de volonté, on doit, plusieurs jours avant l'accomplissement de l'acte magique, se mettre dans un état favorable à l'émission des idées-forces. Pendant ce laps de temps, on se nourrira très légèrement ; on s'abstiendrea d'absorber de l'alcool ou des excitants. On se passera de tout aliment réputé toxique. On ne prendra que des repas très simples, sans viande, sans vin, sans épices. Quelques jours de jeûne, éventuellement, ne pourront pas nuire. Ils apporteront une clarté d'esprit inusitée et une grande facilité de concentration.

Une autre condition à la réalisation de l'acte magique, c'est le rituel de mise en condition. Un acte de magie ne se bâcle pas ; il ne peut pas être accompli avec légèreté. Pour donner à votre pensée la puissance qui la rendra active, efficace, vous devez vous concentrer longuement. Or, il est très difficile de se concentrer réellement. Il y faut une activité matérielle ayant pour but précis la réalisation recherchée. Pour que votre pensée reste longtemps et fortement fixée sur le but que vous recherchez, il faut une organisation secrète délicate et précise qui vous oblige à vous pencher sur votre problème réellement et intensément.

Local, garde-robe et bibliothèque

Il vous faut d'abord un local : ce sera une pièce secrète, dont vous cesserez de parler quelque temps avant de l'aménager pour être certain que personne ne s'y intéressera que vous seul. Ce sera une pièce petite et sans ouverture sur l'extérieur. Il faut en disposer dans le plus grand secret.

Commencez, une fois la pièce fermée à tout autre que vous, par vous procurer une garde-robe spéciale : on ne pratique pas la magie dans sa tenue de tous les jours. Changer de tenue déjà change d'état d'esprit. Vous aurez donc une grande robe réservée à cette activité et que vous passerez par dessus votre tenue habituelle. Elle sera ample et longue jusqu'à terre ; elle montera au ras du cou et aura de larges manches bien longues. Il vous faut trois robes semblables mais de couleur différente. La première sera blanche ; sur la poitrine, à la hauteur du plexus solaire, sera brodé, ou peint, un pentagramme ; c'est une étoile régulière à cinq branches. Elle sera de couleur or et, si vous le pouvez, en fils d'or. Vous la disposerez une pointe en haut, bien droite. Cette robe sera celle de la purification et de la voyance. Celle, aussi du désenvoûtement.

La deuxième de vos robes de magicien, de même coupe, sera noire, avec, sur le plexus, un pentagramme rouge, la pointe en bas. C'est la robe des envoûtements. Vous la porterez pour suggérer à telle personne de votre entourage de, par exemple, modifier sa ligne de conduite.

La troisième sera rouge, avec un pentacle noir placé la pointe en haut. Elle servira pour les envoûtements d'amour, pour appeler la chance, pour attirer la fortune, soit sur vous, soit sur ceux que vous désignerez.

Votre pièce secrète contiendra une petite armoire pour y ranger vos robes. La pièce sera peinte en vert, murs, boiseries, sol et plafond. Un vert vif et dynamisant. Au centre, sur le sol, vous tracerez, en noir, une circonférence de deux mètres de diamètre, interrompue par une ouverture de 40 cm. La ligne noire traçant cette circonférence sera recouverte d'un fil de cuivre pur. Face à cette ouverture, vous placerez une table peinte en noir, qui deviendra votre autel. Vous éclairerez le local par deux cierges. Vous aurez une épée magique, dont la garde est en forme de croix, une BAGUETTE MAGIQUE (voir ce mot).

Vous devrez vous procurer quelques formules rituéliques et quelques ouvrages de documentation pratique. Il s'en édite contenant des rituels forts intéressants. Vous aurez également des ouvrages sur les correspondances entre métaux, minéraux, plantes, planètes, couleurs, etc. à l'aide desquels vous pourrez choisir les jours de vos activités d'après le but poursuivi ; vous saurez ainsi que le lundi, jour de la Lune, est propice aux actions demandant à être subies ; le mardi, jour de Mars, aux actions énergiques ; le mercredi, avec Mercure, pour les travaux en lien direct avec l'intelligence ; le jeudi, Jupiter, pour attirer les honneurs ; le vendredi, jour de Vénus, pour les actes d'amour et de tendresse ; le samedi, Saturne, pour les ralentissements, les ajournements, la prolongation des délais et le dimanche, jour du Soleil, pour réveiller les énergies, l'optimisme et appeler le succès. A chaque planète, donc à chaque jour, correspondent des métaux, des plantes, des minéraux, des couleurs et vous assurerez ces correspondances.

Une petite bibliothèque spécialisée, rangée dans votre armoire, dans cette pièce appelée *occultum,* vous fournira les notions utiles pour mener à bien vos opérations magiques.

N'omettez jamais de compléter toutes vos formules par la recommandation : « sans que cela ne puisse nuire à moi-même, à ma famille et à tel et tel de mes amis », ceci afin que nul de ceux auxquels vous tenez ne puisse pâtir de votre activité magique.

MAGNÉTISME

On appelle ainsi un phénomène officiellement accepté et utilisé par la science, qui appartient à la physique et qui se définit comme la propriété essentielle de l'aimant. Il y a cependant un autre magnétisme qui est purement humain et que l'on appelle parfois **magnétisme animal.** Il est une **émanation des mains** et tout individu le possède.

La connaissance du magnétisme est très ancienne et elle est présente certainement depuis qu'il y a des hommes. Le magnétisme était utilisé à l'époque préhistorique, comme en témoignent les peintures rupestres. Il était à la base de la science des anciens Égyptiens et, sur leurs bas-reliefs, on les voit pratiquer l'imposition des mains. Le pharaon Netterkhet Zoser, de la IIIe dynastie, soignait ainsi ses sujets et avec un tel succès qu'il fut déifié de son vivant. Ce savoir se perdit avec l'incendie de la Bibliothèque d'Alexandrie et y faire la moindre allusion pouvait conduire aux bûchers de l'Inquisition. Cependant, quelques initiés se transmirent cette connaissance. On retrouve une trace des prêtres guérisseurs du Serapeum de Memphis. Puis, le magnétisme a traversé le Moyen Age et parvient à l'illustre PARACELSE (voir ce nom). On se transmit alors le flambeau, qui parvint à MESMER (voir ce nom). Le marquis de PUYSÉGUR (voir ce nom) conçut un système pratique d'utilisation de cette méthode. Mais, à partir du magnétisme, ce sont bien d'autres découvertes de parapsychologie que l'on a faites.

Des hypothèses

On peut exprimer cette théorie comme l'a fait FLUDD (voir ce nom). « Chaque corps, dit-il, émet un rayonnement. » Et il observe — et nous lui laissons son opinion — que si les rayons émis ont la même origine dans deux corps différents, ces deux corps éprouvent de la sympathie. Si, par contre, ces deux corps sont opposés, les forces se repoussent. Toujours selon Fludd, le monde entier connaîtrait une interaction de courant positifs et négatifs et serait régi continûment par l'équilibre toujours instable des contraires. Ce qui peut rappeler l'interaction du yin et du yang de la tradition chinoise.

Toutes les hypothèses concernant le magnétisme sont actuellement valables parce que personne ne sait ce que c'est. Il ne semble pas qu'il soit de nature spirituelle, mais physique. En effet, on peut magnétiser, donc guérir quelqu'un dans la joie, l'optimisme, le rire, et pas forcément avec une forte concentration de pensée. Mais pourtant, si une hostilité existe entre le magnétiseur et son sujet, l'action du magnétiseur aura peu d'effet ; point du tout même, chez l'amateur. Chez celui qui en fait profession, il y aura un effet, mais amoindri. De même, si le sujet est résolument hostile à l'idée qu'un magnétisme existe, il se crispe inconsciemment et annule l'action du magnétiseur. Il est essentiel que la confiance règne entre magnétiseur et magnétisé. Ce dernier doit, en effet, être détendu et non crispé ; pour cela, il faut qu'il accepte de se laisser faire.

C'est pour ces imprécisions et ces nuances que le magnétisme animal (c'est-à-dire humain) est inclus dans la parapsychologie. Il ne peut pas être considéré comme une information scientifique, ne correspondant pas à la définition de ce qui est scientifique, le phénomène n'étant pas mesurable.

On sait les cures réalisées par Mesmer ; on sait moins que la première qu'il accomplit, il l'obtint non avec son propre magnétisme humain, mais avec un aimant minéral. Aujourd'hui, certains inventeurs se tournent vers l'aimant minéral et toute une théorie existe sur la guérison par l'aimant, avec appareils spéciaux vendus à l'appui.

Le magnétisme pose un problème : souverain dans la guérison de certains maux, il est des cas où il provoque un véritable sommeil hypnotique. En considération de ce fait, on attribue au magnétisme des effets qui, pour être secondaires, n'en sont pas moins importants ; cette constatation a quelque peu brouillé les cartes et l'on constate souvent un étrange mélange dans ce qu'on considère comme étant les effets du magnétisme. Ce sont des confusions que l'on évitera ici pour rester clair. Le magnétisme doit demeurer ce fluide non encore scientifiquement étudié qui émane de nos mains et possède la propriété de supprimer la douleur, d'effacer les ecchymoses et refermer les plaies. Le magnétisme est donc un des grands moyens des guérisseurs. Il n'est pas le seul.

Il faut d'abord admettre que le magnétisme repose sur des données presque uniquement subjectives ; bien qu'une guérison soit constatée par d'autres personnes que le malade, surtout s'il s'agit de faire disparaître des ecchymoses ou se refermer des plaies. Le problème consiste à savoir de quelle nature est la force qui apporte la guérison. Beaucoup d'auteurs lui donnent une origine psychique ; certains y mettent une note religieuse et ajoutent une prière à leurs « passes ». Pour notre compte, nous ne lui donnons qu'une réalité physiologique, car nous guérissons sans y penser... par un simple geste.

L'élément mental, cependant, ne nuit jamais ; reconnaissons que c'est surtout l'état d'esprit dans lequel le patient reçoit le fluide qui constitue l'élément mental. Cependant, on attribue au magnétisme d'autres effets que physiologiques, outre les effets de momification d'une viande morte, et les effets favorables à la croissance des plantes qui, elles, ne pensent pas... et encore, on peut parfois se le demander.

On classe dans le domaine du magnétisme certains faits appelés « télergiques » répondant à une action magnétique à distance.

Il arrive que l'action magnétique se manifeste sur des objets matériels inanimés ; ce n'est donc pas une action psychique ; on cite l'expérience selon laquelle un médium, en posant la main sur un thermomètre, fait descendre le mercure de plusieurs degrés. De tels médiums agissent également sur l'aiguille aimantée de la boussole.

L'hypoplastie

On a voulu nommer les différents phénomènes parapsychologiques et on appelle hypoplastie l'action qui consiste à faire passer des objets d'une pièce dans une autre, en traversant murs et cloisons sans laisser de traces : on a tenté une explication selon laquelle le magnétisme désintégrerait l'objet pour le reconstituer de l'autre côté de l'obstacle. Le Dr Speer a vu un bouquet de fleurs traverser le mur et venir se poser sur son bureau. On n'a jamais trouvé d'autre explication pour un phénomène qui s'est produit dans la maison du pianiste Victor Gilles : on pouvait y voir un très grand piano à queue installé dans un réduit où il n'avait pas pu entrer, même avec l'aide de spécialistes en transports de piano. Aucun des phénomènes cités n'a fait autant de bruit que ce piano, car il était visiblement impossible d'introduire ce meuble dans ce local, même en démontant les trois pieds.

Le magnétisme médical

Il est naturel que le magnétisme animal ait attiré les guérisseurs. On aime, généralement, faire une différence entre les guérisseurs-magnétiseurs populaires et naïfs et ceux qui peuvent être qualifiés de savants.

Notre avis est que plus le guérisseur est simple et ignorant des détours de la science médicale, mieux il guérit. Dès qu'il acquiert un demi-savoir, il croit mieux faire et commet des erreurs préjudiciables au résultat de son traitement. Les guérisseurs du genre savant ont commencé avec Mesmer. Charcot réalisa devant des aréopages de savants et d'élèves de vrais miracles. L'École de Nancy suivit le Dr Charcot et fit ainsi des choses étonnantes. Il s'agit toujours de mettre le sujet malade dans un état second, puis de lui suggérer la guérison. On agit souvent dans un sens analogue de nos jours, mais de moins en moins par le magnétisme et de plus en plus par des produits chimiques dont l'effet est plus facile à doser. Nous connaissons néanmoins un psychiatre qui avait essayé d'apporter le calme à ses malades agités en utilisant l'imposition des mains au lieu des habituels comprimés à prendre le soir. Certains de ses patients lui ont redemandé l'imposition des mains, disant que leur sommeil ainsi provoqué était plus agréable et la détente plus complète par l'imposition des mains que par les petites pilules.

Doit-on classer le magnétisme médical avec la suggestion ? Nous ne le pensons pas. Le fait de souhaiter la confiance du patient est requis uniquement pour obtenir qu'il ne soit pas crispé, tendu, offrant une résistance nerveuse et musculaire à notre action magnétique. Il n'est pas nécessaire de suggérer une notion de guérison, elle est flagrante dès le traitement ; le problème est que, parfois, cette guérison est fugace et ne dure pas ; cela vient de ce que le magnétisme ne supprime pas toujours la cause du mal, auquel cas la douleur a tendance à revenir, les mêmes causes, comme chacun sait, produisant toujours les mêmes effets...

Il est délicat et difficile de parler avec précision des guérisseurs utilisant le magnétisme, surtout s'ils le font en toute simplicité sans rien expliquer, ne sachant pas eux-mêmes « pourquoi » ils guérissent, sinon que c'est par leur désir de faire du bien. Il y a chez les guérisseurs autant de procédés que d'individus, chacun ayant fait son choix et élu le moyen qui lui paraît donner les meilleurs résultats. Les résultats qu'ils obtiennent sont souvent remarquables.

On peut énumérer des règles qui permettent à chacun de nous de développer en lui ce magnétisme et surtout son extériorisation bien dirigée. Il existe des livres traitant de cette question ; on possède une voix et on ne sait pas forcément chanter, on possède un fluide et on n'est pas forcément guérisseur : tout s'apprend et ce corps, pour donner toute sa mesure en tout, doit être d'abord éduqué avec sincérité et bonne foi.

MAIN DE GLOIRE

Cet étrange objet appartient à la **magie noire** et sa représentation est devenue une illustration traditionnelle des textes publiés sur cette forme de magie. On sait, par des compte-rendus de procès en sorcellerie, comment on fabriquait la main de gloire.

On choisit la saison d'été parce que le soleil intervient. Il faut avoir un pendu. Les gibets étaient accessibles au temps où l'on pendait les condamnés, car la pendaison se faisait en public et c'était une partie de cette terrible sanction que de laisser le pendu livré aux intempéries, balancé dans le vent et picoré par les oiseaux carnivores. On prélève de ce pendu une main ; parfois le condamné en négociait la vente avant l'exécution. Si l'on n'a pas de pendu, on prend la main d'un décapité, en soudoyant le bourreau. Mais il faut que ce soit la main d'un condamné.

On l'enveloppe dans une toile et on l'enfouit dans un vase de terre avec du salpêtre, du sel et du poivre, après avoir, quand elle était encore souple, replié les doigts sur la paume. Elle doit séjourner deux semaines dans le mélange, puis on l'en retire et on l'expose au soleil. Elle se dessèche en gardant la forme qu'on lui a donnée. Si le soleil ne se montre pas, si on a dû choisir une autre saison que l'été, on peut sécher la main dans un four doux qui aura été chauffé par de la fougère et de la verveine.

Entretemps, on aura fabriqué une chandelle avec de la graisse humaine provenant d'un supplicié qu'on se procure près d'un bourreau, de la cire vierge et de l'huile de sésame. On aura placé une mèche dans le milieu de la chandelle. La main séchée est alors fixée par le poignet debout sur un support et la chandelle plantée entre le médius et l'annulaire, debout, comme dans un chandelier.

Cet étrange instrument, avec sa chandelle allumée, plonge, dit-on, toute personne qui le voit dans l'immobilité, sauf, naturellement, celui qui la possède, son maître.

La main de gloire servait généralement aux voleurs qui s'introduisaient chez les gens et les immobilisaient avec elle pendant qu'ils vidaient les coffres. On pouvait s'en protéger en frottant le seuil et toutes les issues avec un mélange de fiel de chat noir, de graisse de poule blanche et de sang de chouette.

Il existe d'autres recette pour préparer une main de gloire, mais celle-ci est la plus simple (!).

MAISONS HANTÉES (voir hantise)

MANCIE

On appelle mancie toute branche appartenant aux sciences ou arts de la **divination.** Il n'y a aucune différence entre le mot mancie et l'expression ART DIVINATOIRE (voir ce mot). On peut imaginer des arts divinatoires presque à l'infini. Il suffit de trouver une activité, une attitude, un geste, des sons, dont on crée une interprétation avec un minimum de lois et de règles. Le fait de posséder le caractère divinatoire appartient généralement à la personne qui fait l'interprétation. La mancie, l'art divinatoire, s'appuie sur des « supports » permettant à l'inspiration du praticien de se fixer et de se développer.

On peut dire qu'en matière de divination, tout peut être utilisé.

Comment lire l'avenir pour soi-même ? Il y faut une parfaite quiétude physique et morale. On a donc intérêt à tenter l'expérience pendant la nuit, pour avoir moins de risques d'être dérangé. Il faut, par quelques tâtonnements préliminaires, avoir déterminé quelle sorte de présage ou de signe sont le plus facilement révélateurs.

Une expérience faite, il faut attendre un autre jour pour en tenter une autre, même si celle-ci n'a rien donné. Car la consultation qui est faite n'a pas à être recommencée. Les habitués de cette activité disent que « les choses se fâchent et ne répondent pas une seconde fois. » Les talents divinatoires, en fait, ne doivent pas être « dilapidés ».

MANDRAGORE

La mandragore est généralement définie comme une plante médicinale de Sicile et de Calabre présentant des propriétés mydriatiques, c'est-à-dire provoquant une certaine dilatation de la pupille. La plante est presque sans tige avec des grandes feuilles paraissant sorties directement du sol. Elle a des hampes de fleurs vivement colorées s'épanouissant à l'automne. C'est sa racine qui la caractérise surtout : on lui trouve une forme humaine, ce qui l'a rendue légendaire et en a fait un des instruments des sorciers. Au Moyen Age, on l'appelait *mandegloire* ou *main de gloire*.

En fait, la mandragore est souvent considérée comme un **végétal diabolique**. Elle fut employée et elle l'est parfois encore par les sorciers à divers usages ténébreux.

L'apparence anthropomorphique de la plante trouble souvent les gens. On a cru longtemps, et certains croient encore, que la mandragore pouvait guérir les tourments du corps et de l'esprit, calmer et exalter tour à tour, avec des vertus mystérieuses. Dès les lointaines origines de la magie, la mandragore apparaît. On pensait qu'elle permettait tous les enchantements.

Selon les grimoires, au Moyen Age, les filles en mal d'amour imprégnaient leur corps de la sève de la plante magique ; les garçons s'en frottaient le front, les tempes et... le reste. Ils humaient avec délices son odeur qui se rapprochait de celle du liquide séminal. On trouve ces renseignements dans les écrits de Brunetin Latini, magicien médiéval. Les thaumaturges y reconstituent leur fluide et leur inspiration.

On peut en faire un excellent médicament : après l'avoir fait tremper dans du vin coupé d'eau, on en fait d'excellents cataplasmes contre les écrouelles, l'érysipèle et la goutte. On reconnaît à l'écorce de sa racine des propriétés anesthésiantes. On peut aussi l'utiliser en infusion. Elle rénove l'esprit et aère l'âme et les Romains l'employaient pour guérir un mal fréquent chez eux qu'ils appelaient la « nausea » et que nous nommons dépression. Néron lui-même, qui souffrait de ce mal, l'utilisa.

Avant le haschisch, elle fut une drogue appréciée provoquant un délire onirique. Annibal l'utilisa à son profit ; ayant à calmer une ville qui se rebellait, il attira les dissidents et leur fit donner du vin dans lequel il avait fait infuser de la mandragore, ce qui les rendit ivres-morts et lui permit d'en faire ce qu'il voulait.

Le fruit de la mandragore, croqué, donne des songes qui vont de l'horrible au délicieux, avec d'amples vagues de sensualité. Il déclenche une sorte d'intoxication sexuelle, infligeant des exigences pleines d'ébriété.

Machiavel a signalé la puissance de la mandragore ; il est l'auteur d'une pièce intitulée simplement *La Mandragore*. Il prétend que tout amant imprudent qui approche une femme ayant absorbé une décoction de mandragore, ce que l'on faisait parfois dans le but de procréer, était voué à la mort à bref délai. Jean de la Fontaine a tourné en dérision les pouvoirs de la mandragore. Charles Nodier la déclara capable de supprimer ce qu'il appelle l'impuissance philosophique. Elle est réputée aphrodisiaque.

On la trouvait et on l'arrachait sous les gibets et on la revendait très cher aux amateurs. On disait que lorsque cette plante avait été arrosée de quelques gouttes de la semence d'un pendu, elle pouvait se transformer en une créature féminine aussi attirante que redoutée. Elle donnait libre cours alors à ses dispositions pour les enchantements, sorts et maléfices.

On dit parfois que, pour qu'elle soit aussi dangereuse que possible, la mandragore doit être cueillie le samedi, qui est le jour du sabbat, ou bien le vendredi, jour de Vénus, ou encore le jour de Noël, à l'aurore.

Il est également dit que la mandragore peut être exposée à de fortes influences féminines ayant pour effet d'assagir son impétuosité. On a dit aussi que si l'on répand sur elle de l'urine de femme ou du sang menstruel, elle cesse tout mouvement. Pour l'immobiliser, on peut aussi la toucher avec une vierge jeune, belle et richement vêtue.

Toutefois, on ne doit rien exagérer car, à force de l'apaiser, elle pourrait perdre ses qualités.

Il est nécessaire de conserver la force occulte qui est en elle ; pour cela, on pourra exécuter autour d'elle une danse circulaire accompagnée de plaisanteries érotiques. Si les auteurs de cette chorégraphie sont des femmes, elle est encore plus efficace.

En Roumanie, dans le département de Turda, jeunes filles et jeunes femmes vont deux par deux à minuit, nues et les cheveux épars, enlacées et s'embrassant jusqu'à ce qu'elles aient trouvé la mandragore.

MARC DE CAFÉ

Cette voyance demande qu'on ait préparé un café « à la turque », c'est-à-dire à partir d'une poudre de café très fine que l'on jette dans une casserole en métal contenant de l'eau ; on fait chauffer et on porte à ébullition en faisant remonter le liquide trois fois ; puis on verse le mélange dans une tasse, on laisse reposer et on boit. Il reste une certaine quantité de poudre de café ou « marc » dans la tasse. On renverse celle-ci sur la soucoupe et on attend un moment pour que tout s'immobilise.

L'eau restant au fond de la tasse s'écoule et, en entraînant une partie du marc d'une manière irrégulière, forme des signes et des dessins que le devin interprète selon ses idées personnelles. Ces signes sont en effet assimilés par le voyant (voir le mot VOYANCE) à des figures, des plantes ou des animaux.

On peut considérer le marc de café comme permettant l'exercice d'un ART DIVINATOIRE (voir ce mot).

MATÉRIALISATION

Lorsqu'un médium réalise une peinture, un étrange tableau, alors qu'il est en transe, il n'agit pas lui-même, mais habité, incorporé par un esprit, un désincarné qui lui fait accomplir les mouvements nécessaires. Il y a incarnation passagère, mais totale.

Il existe, par ailleurs, des incarnations moins nettes : on les appelle matérialisations. Le désincarné s'empare de matières organiques diverses, éparses et flottantes passant à sa portée et il en fait une apparence de forme terrestre. Les vivants témoins de ce fait verront des ombres floues, des clartés mouvantes et des sortes de visages incomplets, non achevés, ou des mains, ou des fantômes apparemment entiers, mais peu nets, mal définis, comme inachevés. On est en pleine fantasmagorie, circulation de « dames blanches » ou de chats noirs.

Il y a le fantôme intégral : il présente l'aspect d'un être vivant, mais il traverse les obstacles, murs, portes, meubles, sans paraître s'en apercevoir. Ces êtres sont généralement inconnus de ceux qui les voient. Ce sont parfois des « doubles » de personnes existantes. On raconte à ce sujet bien des anecdotes, tant le cas est curieux.

On a cherché à donner aux matérialisations une explication capable de satisfaire notre raison de vivants. Il semble que ces explications soient trop lourdes, trop matérielles ou trop concrètes pour satisfaire les esprits curieux. Il est certain que de nombreuses personnes ont eu l'occasion de voir des matérialisations. Mais on n'a pas toujours tous les sens en éveil et nous laissons échapper à notre attention, s'effacer de notre souvenir bien des faits qu'on ne pourrait pas expliquer. Qui vous dit que le bébé qui « rit aux anges » ne voit pas réellement d'aimables apparitions qui le mettent en joie ? A l'imprécision des contours des objets ou des êtres qui se matérialisent en notre présence, s'ajoute le fait que nous ne nous y attendons pas ; nous sommes donc distraits et incapables de dire ce qui s'est passé. Cela ne veut pas dire qu'il ne se soit rien passé.

Combien de fois avez-vous retrouvé en un endroit où vous ne le mettez jamais un objet qui vous appartient et que vous avez cherché un certain temps ? La matérialisation d'un désincarné peut être en cause. Même si c'est en votre présence qu'il a changé l'objet de place, le désincarné matérialisé n'a pas été vu par vous.

Les moulages

Il a été de mode, pendant un temps, il y a 60 ans et plus, de recueillir des moulages de mains qui s'étaient matérialisées au cours d'une expérience. Ces moulages ne peuvent pas avoir été faits avec de vraies mains humaines, car les mains sont pliées, les doigts entrecroisés de telle façon qu'on n'aurait pu démouler cette preuve d'une présence sans la casser. On en conclut que les mains matérialisées se désintègrent et se dématérialisent sans laisser de trace du passage par lequel elles seraient sorties du moulage.

Toutefois, un agent de police, qui était souvent de service avec l'équipe d'un car de « Police-Secours », jeta un jour le doute en moi : « Nous avions été appelés dans une maison de la rue de Rochechouart », m'a-t-il raconté, en pleine nuit, pour prendre un homme en difficulté et le conduire éventuellement à l'hôpital, en tous cas, essayer de le tirer d'affaire. Arrivés au 6e et dernier étage, nous voyons une porte ouverte sur une pièce éclairée ; seul, dans la pièce, un homme a l'air d'étouffer. Il s'étouffe parce qu'il est plié en deux, ses mains et ses pieds pris dans le plâtre solidifié qui remplit une bassine posée sur le sol. Non équipés pour ce genre de sauvetage, nous appelons les pompiers. Ils arrivent et s'étonnent.

Les voisins, sur les seuils, disent : « Il y avait une réunion, chez lui ; tous sont partis après qu'on vout ait appelés. » On a dû emporter l'homme plié en deux dans sa bassine dans un hôpital où l'on a brisé la gangue qui le tenait prisonnier, avec les précautions voulues. A l'agent qui m'a conté l'affaire, j'ai demandé : « Que faisait-il, avec son baquet ? » et celui-ci m'a répondu : « Probablement des moulages... »

On comprendra qu'au récit d'une telle tentative de faux, on puisse douter de certaines matérialisations, même moulées dans le plâtre. Nous ne disons pas que toutes les matérialisations sont truquées, mais nous garderons une certaine vigilance dans le tri des informations sur ce sujet.

Les apports

D'autres phénomènes sont cités qui ont quelque rapport avec la matérialisation. Il a existé à Budapest, vers 1935, et peut-être existe-t-il encore, un Musée de la Société Chengery-Pap, dont une description a été donnée dans la revue *Votre Destin* du 15 juillet 1935.

On y conserve des APPORTS (voir ce mot) assez pittoresques, tels une souris blanche, des saucissons et de l'ail. Et, surtout, la tête d'un Christ enlevée à une croix de marbre, surgie dans la salle où cette société était en séance à l'instant même où entrait un médium nommé Molnar. Dans un cimetière abandonné, à six cents mètres de là, on trouva, plus tard, la croix d'où venait la tête.

On dirait que les désincarnés qui se livrent à ce genre de fantaisies regrettent le monde d'ici-bas et veulent encore participer à la vie de ceux qui y sont restés.

A ce même problème se rattache l'existence des *incubes* et des *succubes,* respectivement créatures masculines et créatures féminines, qui s'unissent à des êtres humains vivants.

On a émis de nombreuses conjectures sur de tels faits. Notre logique cartésienne voudrait pouvoir déclarer que ce sont là des fantasmes.

Nous laisserons le lecteur s'informer plus avant.

MATIÈRE

On sait que tous les corps sont constitués de molécules, elles-mêmes formées par des assemblages d'atomes. On avait considéré ces derniers comme insécables, c'est-à-dire indivisibles, jusqu'à la découverte de la radioactivité. On sait aujourd'hui qu'ils sont divisibles. La nouvelle conception de la matière selon les travaux de Joliot-Curie, Anderson, Fermi et les autres, n'a pas uniquement des conséquences techniques ; elle a également des conséquences philosophiques. Ces dernières conduisent à des réflexions qui touchent au domaine du supranormal, donc de la parapsychologie. Le nom même d'atome signifie qu'il ne peut pas être divisé. La matière est infiniment diverse dans ses apparences, mais elle est constante et une dans son essence.

L'étude des fonctions du CERVEAU (voir ce mot), notamment en clinique, à l'occasion d'incidents cérébraux, a pu montrer que le matérialisme n'explique pas tout. Sans entrer en désaccord avec les découvertes scientifiques, la parapsychologie apporte la preuve que, concernant le fonctionnement du cerveau, il y a autre chose que les précieux et complexes mécanismes physiologiques. La pensée, ou l'esprit, qu'on l'appelle comme on voudra, domine la matière.

Reste à savoir ce qu'est cette matière.

Un assemblage de points de concentration de l'énergie.

Cette notion, qui est capitale, permet d'expliquer un grand nombre de faits, constatations et phénomènes constituant ce qu'on appelle aujourd'hui la parapsychologie. La notion de matière, telle qu'elle se présentait dans l'ancienne conception, celle d'avant la découverte de l'atome et des éléments qui le composent, n'était qu'une illusion et il n'en subsiste plus que des actions à distance entre centres chargés.

Le Dr Gustave Le Bon a écrit très justement : « La matière doit sa rigidité uniquement à la rapidité du mouvement de ses éléments. ».

Depuis, dans la poursuite de telles recherches, on a pu réaliser la matérialisation de l'énergie de rayonnement. Dire comment n'entre pas dans notre propos, mais il convenait d'exprimer le fait que la « matière » n'est ni aussi dense et dure, ni aussi définitive qu'on pourrait le croire. De ce départ, on peut déduire qu'aucun des phénomènes dont traite la parapsychologie ne peut être formellement nié. Rare et étonnant, parfois, mais probable.

Il y a, en fait, une logique parfaite dans la nature, du micron à l'astre le plus volumineux, c'est l'unité de sa constitution.

MÉDIUM

Ce terme, qui vient du latin *medius,* signifiant qui est au milieu, peut désigner, en musique, la partie de la voix humaine ou de l'étendue des sons d'un instrument, qui se trouve située entre le grave et l'aigu. Mais ce terme appartient avant tout à la parapsychologie, car son sens principal indique une personne capable de percevoir, par des moyens paraissant surnaturels, des éléments de connaissance qui sont réels ; dans un sens plus classique, le médium est un personnage vivant capable de communiquer avec les ESPRITS (voir ce mot). On dit parfois que le médium est une personne manifestant des phénomènes qui ne semblent pas être normaux. Ceci se passe généralement dans un état spécial, dit état de transe. Ce terme désigne justement cet état particulier du médium au moment où l'esprit d'un désincarné se manifeste en lui.

Il est utile de noter que le mot médium, qu'il désigne un homme ou une femme, est toujours au masculin.

Dans son livre *Les faits maudits*, Georges Langelaan a une boutade qui en dit long : « Il y a sans doute trois catégories de médiums : les fumistes, ceux qui y croient, mais qui se trompent et... les autres. » Il va de soi que c'est des « autres » qu'il s'agit ici. Car la médiumnité, ça existe. Du moins le pensera-t-on tant que le contraire n'a pas été démontré.

Dans notre monde d'« incarnés », il se trouve des êtres capables de recevoir en eux des désincarnés qui s'expriment par leur bouche. Ces désincarnés sont des êtres provisoirement animés d'une grande force comme cela nous arrive à nous, êtres de chair et d'os, lorsque nous sommes bouleversés par une très forte passion. Nous sommes alors capables de faire preuve d'une grande énergie physique et morale. De même, un désincarné désirant violemment transmettre un message au monde matériel qu'il a dû quitter, peut choisir un vivant moins fort que lui, ôter de sa raison les trois quarts de ses possibilités et les remplacer par ses forces à lui, émettant alors la même voix, écrivant de la même manière. Ce n'est pas une possession ; c'est comme une HANTISE (voir ce mot). Ce qui est ici hanté, c'est un corps vivant ; il abrite maintenant deux personnalités. Et la personnalité désincarnée domine l'autre. Le médium s'exprime souvent avec la voix de l'autre, écrit avec l'écriture de l'autre. Ce phénomène se produit à des degrés d'intensité divers. On a recueilli des déclarations faites par des médiums parlant à la place du désincarné et des récits témoignant de ces faits. Ce sont des démonstrations assez rares.

Dans de tels cas, on constate qu'il s'agit de mystiques, de neptuniens. Ce sont des personnalités qui manquent souvent de précision, de fermeté. Les médiums sont souvent ainsi. Un être très dynamique, physiquement robuste, agissant habituellement avec une énergie visible, ayant le regard ferme, la voix nette et forte, ne sera généralement pas un médium.

Un médium semble abandonner provisoirement, pendant la durée de sa transe, son corps à un esprit qui lui est étranger et qui va s'exprimer par sa bouche.

On a pu voir des médiums qui, dans l'état de transe, non seulement écrivaient avec une autre graphie que celle qui leur était habituelle, mais dans une langue que, dans la vie courante et dans leur état normal, ils ne connaissaient pas. Ils sont alors capables de décrire des personnes qu'ils n'ont pas connues et dans une langue qui leur est totalement étrangère. Des médiums en transe montrent des talents qui étaient ceux des désincarnés parlant par leur bouche, talents qui ne sont pas les leurs. Les dessins restent assez maladroits et certains témoins disent qu'ils ont un manque d'habileté étrange comme si le désincarné venu habiter le médium n'avait pas la maîtrise d'un art totalement ignoré de ce dernier dont la main n'était pas exercée à ces travaux.

Le médium en état de transe peut donner ainsi le spectacle d'une incarnation totale, mais provisoire par un esprit. Il y a des manifestations moins éclatantes, mais plus fréquentes : ce sont des cas où le médium est en transe peut-être, mais conserve une grande partie de sa personnalité. L'incarnation est alors provisoire et brève et elle se traduit par des messages très simples qui doivent être transmis de la part du désincarné par le médium à la personne vivante destinataire. Cela donne lieu à des séances de sociétés spécialisées dans ces opérations, se réunissant à dates et heures fixes. Ce sont alors des cas pour lesquels bien des doutes sont permis. Non que les médiums se livrent à des tromperies pour s'imposer à un public ; ils semblent être de bonne foi. Mais ce sont les messages, leurs auteurs et leurs destinataires qui n'offrent aucune certitude. On ne peut pas considérer ces séances, dites de voyance, comme sincères et véritables. Par ailleurs, il serait malséant de troubler la réunion en fournissant la preuve que tout est faux pour la simple raison que l'assistance présente ne cherche pas à démontrer quoi que ce soit comme on le ferait dans une société savante. Cette assistance cherche simplement à « communiquer avec ses morts ».

Ces manifestations perçues par les médiums sont des incarnations totales. Elles sont toutefois passagères. Le désincarné utilise le corps vivant dans sa totalité.

Il se produit parfois des incarnations moins nettes. Elles agissent selon le désir du désincarné, mais celui qui les perçoit n'est pas forcément un médium.

On le voit, la notion de médiumnité n'est pas, elle-même, très nette et bien des cas mitigés brouillent le problème, au point qu'on ne sait plus.

Avant d'accepter les dires d'un médium, il est utile de le connaître et de savoir si l'on peut passer par cet intermédiaire.

MERMET (Abbé)

Mort en 1937, l'abbé Mermet pratiquait la RADIESTHÉSIE (voir ce mot) depuis 1893. Il travaillait avec un pendule sphérique pourvu vers le bas d'une pointe et fait d'un alliage de métaux non ferreux rares. Ce pendule était suspendu à une chaînette de 25 cm, souple et très flexible. L'abbé Mermet concentrait, pendant l'opération, sa pensée sur l'objet de sa recherche. Selon lui, c'est la radiation émise par les corps qui intervenait.

Théorie sur la radiesthésie

Il avait exprimé sur ce prodige, une théorie organisée :

1. Tout corps émet un rayonnement fondamental dans une direction et selon une inclinaison invariables.

2. Tout corps est entouré d'un nombre déterminé de surfaces magnétiques concentriques.
3. Le cerveau du radiesthésiste est constamment relié au corps cherché par un rayon spécial provoqué par la concentration de la pensée sur l'objet cherché.
4. Un rayon radiesthésique va constamment de tout foyer lumineux au corps cherché.

L'abbé Mermet a pratiqué également la téléradiesthésie. Il a écrit un ouvrage intitulé *Comment j'opère pour découvrir de près ou à distance les sources, minéraux, etc.* (Éd. Alsatia, Paris).

MESMER (Franz Antoine)

Franz Antoine Mesmer était un bel homme ; il s'habillait de noir, comme les personnalités scientifiques de son temps. Il était né à Constance (Allemagne occidentale) en 1734. Il avait fait ses études de théologie et de médecine à Ingolstadt et à Vienne (Autriche).

Il se fit très tôt connaître par un ouvrage intitulé *De l'influence des astres sur le corps humain.* Il avait hérité de PARACELSE (voir ce nom) sa théorie de l'influence des astres sur le corps humain. Mesmer était un personnage grave, simple, qui parlait en regardant les gens avec des yeux gris, un peu fixes. Lorsqu'il traitait un patient, car il faisait métier de guérir les gens par magnétisme, il posait une main sur la nuque de ce dernier et faisait des passes magnétiques de l'autre. Selon lui, cette influence des astres dont parlait Paracelse s'exerçait à travers le corps humain grâce à un fluide qu'il appelait le **magnétisme animal** et il entreprit la démonstration de sa thèse. Il obtint des succès remarquables près de certains sujets qui se soumettaient à ses cures. Sa renommée s'étendit à toute l'Allemagne, à la Suisse, à l'Autriche. C'est alors qu'il fut accusé de magie par le corps médical. Contraint de quitter l'Autriche, il vint à Paris en 1778. De hautes personnalités, probablement sous l'influence de protections puissantes et occultes, lui ouvrirent leurs salons. Des personnes de la société la plus distinguée vinrent se faire soigner par lui et crièrent bien haut leur satisfaction.

Le « baquet »

Au printemps de 1788, il s'installa à l'hôtel Bullon, derrière le Louvre. Il inaugura ses « baquets » à ce moment-là. Il avait à faire face à un nombre de demandes de traitement qu'il ne pouvait pas satisfaire lui-même et individuellement. Il ne pouvait pas facilement se faire aider parce que ses patients voulaient son traitement à lui, non celui de quelqu'un d'autre, même recommandé par lui, même contrôlé par lui.

Une foule de carosses attendait constamment devant sa porte et l'on ne pouvait plus ignorer son succès. Bailly, qui devait devenir maire de Paris et qui appartenait à l'Académie des Sciences, se fit passer pour malade et parvint à entrer chez Mesmer. Il a décrit avec beaucoup de détails le déroulement d'une séance. Le baquet était au milieu d'une grande salle ; chaque malade recevait dans sa main l'extrémité d'une tige métallique dont l'autre bout passait par un trou fait dans le couvercle du baquet et trempait dans l'eau dont celui-ci était rempli. Pendant la séance, un musicien distrayait l'assistance et la décontractait en jouant du piano forte. Mesmer, avec un collaborateur, passait près de chaque patient, l'examinait et lui posait sa main sur la nuque ; parfois, il le touchait avec une tige métallique. Les patients avaient des réactions très diverses, les uns naturels et tranquilles, mais d'autres disant que cela ne leur faisait rien et d'autres encore s'agitant, parfois jusqu'aux convulsions disant que c'était sous l'empire de l'énergie émanée du baquet. Certains pleuraient, d'autres avaient des hoquets, d'autres encore faisaient des fou-rires. Les malades regardaient Mesmer d'un œil reconnaissant. Il y avait surtout des femmes.

Les choses commencèrent à se gâter lorsque Mesmer décida de se faire aider par un certain Dr Deslon. A la suite d'une discussion entre eux, ce dernier devint l'ennemi de Mesmer et le dénonça à la Faculté de Médecine comme un escroc. Mesmer changea son installation et organisa des cours de magnétisme pour former d'autres guérisseurs comme lui.

Par ailleurs, on dit que Mesmer appartint aux loges maçonniques.

Les médecins de Paris lui firent la vie dure. On le chansonna, on se moqua de lui et de son baquet. Court de Gébelin, que l'on savait être un grand initié, guéri par lui, adressa à Mesmer une lettre reconnaissante que celui-ci fit publier dans les gazettes. Mais Court de Gébelin mourut le jour même de cette publication, ce qui n'était pas pour arranger les choses.

Le magnétisme animal

Les savants refusèrent de croire au magnétisme et les journaux abreuvèrent d'injures un Mesmer qui ne sut pas se défendre. Il avait pourtant été suivi par plusieurs personnalités : à Marseille, un nommé Bergasse publia, en 1784, un exposé de la doctrine de Mesmer. Il démontra le principe de départ de ce fluide universel unissant les corps célestes, la terre et les corps animés, propageant les « impressions du mouvement de cette influence ». On ne savait pas très bien s'expliquer mais on savait qu'il existait quelque chose. Les occultistes reconnaissaient là la présence de la magie. Les médecins voyaient dans la thèse mesmérienne la conception primordiale du magnétisme. Mesmer guérissait en appliquant le magnétisme qui était en lui au patient par l'imposition des mains ; de plus, par la musique, il créait un climat de détente ; par le baquet spectaculaire, il provoquait un choc psychique ; par la réunion des patients par groupes de vingt à cinquante, il créait l'ambiance collective propice à une émotion favorable. L'union des patients formant entre eux une chaîne en se donnant la main les enveloppait d'un charme collectif.

Protégé par le roi, par la reine et par tout ce que le pays comptait de personnalités, Mesmer fut tout de même abattu par les médecins. Il dut s'enfuir et mourut à l'étranger.

Le magnétisme tel que le prônait Mesmer fait alors partie de la magie ; nous disons aujourd'hui de la parapsychologie parce que beaucoup de gens estiment que c'est dépréciatif que de parler de MAGIE (voir ce mot). Pourtant, il y avait là des éléments d'une certitude scientifique, mais on ne savait pas définir quelles étaient les forces agissantes, sans remarquer que, dans la plupart des médicaments, on ne connaît pas davantage la nature de la force qui agit.

On peut accorder à Mesmer un rôle de la plus grande importance parce qu'il a ouvert la voie au magnétisme, qui put cesser de se dissimuler chez les sorciers-guérisseurs et dans la clandestinité.

On peut dire également que son activité et son efficacité ont ouvert la voie non seulement au magnétisme, mais à l'hypnotisme et à certaines activités spirites. Mais il eut la malchance d'exposer ses théories novatrices exactement au moment où les Encyclopédistes répandaient l'esprit critique et luttaient contre les superstitions. La confusion était trop facile. Même aujourd'hui, bien des gens considèrent le magnétisme curatif comme une sorcellerie : « Si vous magnétisez un membre coupé, est-ce qu'il repousse ? » m'a-t-on demandé quelquefois... et ce n'étaient pas des fous qui posaient la question, mais des personnes absolument sûres d'elles et de leur logique.

Mesmer participa à cette évolution qui sépara le magnétisme de la magie. Il amena la reconnaissance de l'action du magnétiseur sur le magnétisé. Une très grande partie de la parapsychologie telle qu'on l'expose, qu'on l'entend, qu'on la comprend aujourd'hui doit tout à Mesmer.

MÉTAGNOMIE

On a tenté de créer un vocabulaire significatif de ce qui, il y a 50 ou 60 ans, se réunissait sous le nom d'occultisme. Par le mot métagnomie, on a voulu désigner la connaissance, soit de choses sensibles, soit de pensées normalement hors d'atteinte de notre système habituel de réflexions, inclus les événements du futur, pour lesquels on n'avait aucune base de départ ; donc, en quelque sorte, une connaissance spontanée de faits, pensées ou sentiments qui eussent dû nous demeurer étrangers.

Le terme n'est plus employé par les auteurs modernes ; il appartient à la littérature spéciale qui a foisonné dans les années 50 à 70.

MÉTAPSYCHIE

Ce terme, qui a exactement le même sens que parapsychologie, fait partie des différents noms donnés à ce que, antérieurement, c'est-à-dire jusque vers les années soixante, on appelait « sciences occultes ». Le terme occulte exprimait que ces sciences étaient inconnues de la masse, donc considérées comme secrètes. En fait, ce n'étaient pas des secrets et on les connaissait. Mais on ne pouvait pas les expliquer comme on expliquait les éléments scientifiques : s'il y avait des règles, elles ne pouvaient pas se démontrer. D'autre part, quels que fussent les phénomènes observés, on se doutait bien qu'ils étaient étroitement unis au psychisme humain.

Quand on a cherché à les étudier avec un maximum de précision, on a voulu leur donner un nom générique en supprimant le mot occulte puisqu'on les mettait au jour. Divers termes se succédèrent. Métapsychie ou métapsychique est celui de ces termes qui correspond de plus près au terme parapsychologie, adopté actuellement. On peut dire qu'il s'agit de l'ensemble des phénomènes psychologiques dépassant le cadre de la psychologie.

MÉTEMPSYCHOSE

Ce terme vient du grec *metempsukhôsis* qui signifie déplacement de l'âme. Il désigne la transmigration d'une âme qui, par conséquent, peut animer successivement plusieurs corps. Ces corps peuvent être des êtres humains mais aussi des animaux et c'est à cette seconde possibilité que l'on pense le plus souvent en utilisant ou en lisant ce terme. C'est en somme une **réincarnation** sous un autre nom. Toute la thèse de la réincarnation peut s'appliquer à la métempsychose. Cependant, par une sorte d'habitude intellectuelle, on utilise le mot métempsychose pour expliquer que des êtres humains revivraient sous la forme animale.

MURPHY (Bridey)

L'histoire de Bridey Murphy comporte de nombreux éléments étonnants.

Ce nom propre figure ici pour désigner une invention pure qui a donné la mesure de la naïveté populaire et aussi celle de l'importance de l'intérêt attaché par une certaine opinion publique aux problèmes de l'après-vie et de la RÉINCARNATION (voir ce mot). Précisons d'abord que le principe de la réincarnation n'est pas en cause. Et voici l'histoire.

Histoire de réincarnation

Cela se passe en Amérique. Il y a des cours d'hypnotisme par correspondance et ceux qui les achètent font des exercices et des expériences entre amis, comme on joue à la pétanque dans le midi de la France et à la belote dans les bistrots parisiens. Dans les salons américains, on s'était mis à jouer à l'hypnotisme.

Nous sommes en 1955. Un certain Morey Bernstein, un homme d'affaires vivant dans l'État de Colorado, hypnotise une dame de ses amies qui se nomme Ruth Simmons. Sous hypnose, cette dame se souvient avoir vécu cent-cinquante ans plus tôt en Irlande ; elle s'appelait alors, déclare-t-elle, Bridey Murphy. M. Bernstein enregistre au magnétophone, ou autrement, ses propos et reconstitue toute son histoire. On trouve cela si passionnant dans leur entourage qu'il en fait un livre. Son ouvrage s'est vendu à plus de 800.000 exemplaires. Son public le lit avec passion. Enfin, ces expériences d'une parapsychologie de salon aboutissent à une meilleure connaissance des vies successives. On découvre qu'un sujet peut se rappeler ses vies antérieures. Un délire collectif vole de ville en ville sur le continent américain et l'on s'attend à ne plus compter, un jour, les gens en mesure de raconter leurs vies successives.

Le délire calmé, il y eut un lecteur à sang-froid qui entama un processus de vérification. Quel dommage !

On sut que Ruth Simmons s'appelait en réalité Virginia Tyghe ; elle avait connu dans sa jeunesse une vieille dame irlandaise appelée Bridey Murphy. On publia cette enquête, mais la réalité avait moins d'attraits que la fiction.

Le public, comme cela arrive souvent, furieux qu'on lui détruise le phénomène merveilleux de Bridey Murphy, refusa la réfutation. L'Amérique demeure réincarnationniste.

Quant à la France, avec son don de scepticisme, d'ironie et de plaisanterie, elle n'entra pas dans ce jeu, mais ne réfuta rien. On demeure encore dans un doute légèrement souriant du côté de chez nous.

N

NOSTRADAMUS

Michel de Notredame, dit Nostradamus, est né à Saint-Remy-de-Provence le 14 décembre 1503, dans une maison de la rue Hoche, qui s'appelait alors rue des Remparts. Il appartenait à une famille de 13 enfants où il était l'aîné des garçons. Comme toute la famille vivait dans la même maison, le petit Michel apprit beaucoup de choses de son grand-père, qui paraît avoir été très savant et prolixe, notamment en astrologie. Ainsi, dès l'enfance eut-il de solides notions sur le mouvement et sur l'influence des planètes. Le jeune Michel avait quinze ans quand mourut son grand-père. Il fit ses études sur place, à Saint-Remy, puis en Avignon où il fut mis en pension chez sa tante qui exploitait une teinturerie. Là, à côté de ses études qu'il poursuivait avec succès, il apprit beaucoup de choses sur la préparation et le mélange des couleurs.

Michel enfant et adolescent fit toujours preuve d'une assez étonnante mémoire ; chose lue était définitivement retenue. En 1521, il a dix-huit ans et il est titulaire d'un diplôme correspondant à notre baccalauréat. Il s'inscrit alors à la Faculté de Médecine de Montpellier.

En 1526, grave événement : résultat des guerres et de divers déplacements de population, la peste éclate en Provence et en Roussillon, s'étendant vers le Languedoc.

Michel de Notredame, abandonnant ses études pour lesquelles il n'avait encore reçu qu'un modeste diplôme de début, s'en va dans les régions atteintes pour aider à lutter contre l'épidémie. Il exerçait ainsi la médecine sans en avoir les diplômes. Il eut la chance de n'être pas contaminé. Pour cela, il avait une méthode consistant à bourrer de plantes aromatiques un cornet qu'il portait sur le nez et à travers lequel il respirait.

L'épidémie arrêtée — et son zèle ne fut pas étranger à cet arrêt —, Nostradamus revint à Montpellier et y termina ses études médicales et autres, car il ne mesurait pas ses efforts. Il soutint sa thèse et obtint son diplôme en 1533.

C'était une habitude, autrefois, que le jeune homme qui avait achevé le programme d'études qu'il s'était donné couronnait ses efforts en voyageant, à la fois pour se détendre et entrer dans la vie, et pour s'enrichir d'autres points de vue, d'autres méthodes, d'autres écoles. Nostradamus parcourt le Sud-Ouest. Pour assurer sa vie quotidienne, il travaille : tantôt il fait métier de soigner les gens, ce pourquoi il est diplômé, tantôt il exerce des métiers différents, comme la préparation des baumes et des onguents et aussi des fards et des parfums. Il compose aussi des philtres d'amour et des fortifiants pour les organismes fatigués. Après un séjour à Toulouse, il se rend à Agen et fait une visite à une personnalité du lieu qui se nomme Jules-César Scaliger. Ce Scaliger est un curieux personnage, s'appelant en réalité Julio Bordoni, truculent, mauvais caractère, mais humaniste, connaissant toute la littérature et toute la grammaire gréco-latines. A Agen, Nostradamus se maria et eut deux enfants.

Ici se place un incident qui influera sur l'avenir de Nostradamus. Ce Scaliger avait placé son fils aîné dans une école tenue par un nommé Sarazin. Ce dernier fut soupçonné d'hérésie et forcé de s'enfuir. Mais l'enquête effectuée par l'Inquisition effleura Scaliger et l'incident frappa Nostradamus : il en conçut une grande prudence dans ses écrits et l'habitude de rester obscur et peu précis, afin d'éviter pareils désagréments. C'est cette prudence qui lui fera écrire ses *Prophéties* dans un style obscur et souvent symbolique.

C'est peu après ces événements qu'il perdit sa femme et ses deux enfants. Rien, désormais, ne le retenait plus à Agen. Il reprit ses voyages, faisant de nombreuses connaissances. Mais la peste éclata de nouveau au moment où il se trouvait à Marseille ; le foyer de l'épidémie était à Aix-en-Provence. Il s'y rendit et se dévoua aux soins des malades. Il composa une poudre à priser, pour éviter la contagion, ainsi que des pastilles à garder dans la bouche. Puis l'épidémie atteignant Lyon, il se rendit dans cette ville.

Lorsqu'il revint en Provence, ses parents se mirent en devoir de le marier. Il épousa une certaine Anne Ponsard et s'installa à Salon-de-Provence dans la rue qui porte aujourd'hui son nom. Il y vécut dix-neuf ans et le couple eut six enfants. Michel continua d'exercer la médecine, de fabriquer et de vendre des produits de beauté, des parfums, des philtres d'amour.

Il avait fait aménager l'étage supérieur de sa maison en observatoire et il y étudiait le ciel nocturne pendant ses longues nuits d'insomnies car il dormait peu. Il rédigea aussi des almanachs dans lesquels non seulement il donnait des dates, des commémorations, des fêtes, mais aussi des observations météorologiques et astrologiques. On pense que le premier qu'il fit parut en 1549, pour l'année 1550. Désormais, chaque année verra paraître un almanach. C'est comme un embryon de ce que seront les *Centuries*. Ce procédé, consistant à publier des prophéties en les intitulant « Almanach » était très à la mode. Nostradamus rédigea dans le même temps des prophéties sous le titre : *Prophéties perpétuelles de Thomas-Joseph Moult*.

Inutile de préciser qu'il n'existait pas de Thomas-Joseph Moult et que l'œuvre était de Michel Notredame, dit Nostradamus.

Les *Centuries* ne furent commencée qu'en 1555, ou, au plus tôt, en 1554. L'auteur choisit de les écrire en vers, comme les prophéties de la Pythie de Delphes, des vers de dix pieds. La première édition parut à Lyon en 1555. L'ouvrage eut un gros succès. Quatre éditions en parurent coup sur coup. Aujourd'hui, il y a des spécialistes de Nostradamus dans tous les pays et ils cherchent, discutent, proposent et supposent une foule de notions plus ou moins précises sur ce que l'auteur a voulu exprimer. Car, comme la Pythie à nouveau, l'auteur des prophéties n'est pas très clair.

Nostradamus n'était pas demeuré modestement caché dans sa petite ville de Salon-de-Craux, aujourd'hui Salon-de-Provence. Le roi ayant demandé à le voir, il lui fut présenté par le Connétable Anne de Montmorency. Au cours de ce voyage, il fut invité à dire leur avenir aux enfants de France. Cet horoscope qu'il leur délivra contribua à le mettre en faveur et à la mode.

Lorsque Charles IX monta sur le trône, il entreprit de parcourir son royaume et vint à Salon. Nostradamus fit partie de l'escorte d'accueil. Puis, il fut reçu par la reine qui lui demanda l'avenir de ses enfants. Un grand renom lui en vint. Nostradamus gagna dès lors beaucoup d'argent et parmi ses investissements, on remarque les travaux d'Adam de Craponne qui créa le Canal de Craponne, ou Canal du Midi. Mais il eut aussi ses ennemis et ses détracteurs.

Pour ne pas s'exposer aux ennuis des rivalités, Nostradamus refusa de s'installer à la cour du roi et resta à Salon. Vers 1586, il souffrit d'une ascite, conséquence d'une cirrhose du foie. Il mourut le 2 juillet 1586. La légende s'en empara et on raconta qu'il était enseveli debout dans son tombeau, avec son écritoire et ses plumes pour continuer d'écrire des prophéties.

NUMÉROLOGIE

On appelle numérologie, selon Georges Guilpin *(La vie au fil des chiffres)* un **discours des nombres**, c'est-à-dire ce qu'expriment les nombres, quand ils sont observés et étudiés d'une certaine façon. Ces nombres sont ceux de notre date de naissance et son heure, de nos prénoms et de notre patronyme, tous nombres que nous trouverons avec une table de correspondance entre les lettres et les nombres. Nous pourrons en retirer des informations sur notre personnalité, parfois des conseils sur nos projets, des indications sur notre avenir. La numérologie peut ainsi se considérer comme un art divinatoire.

Pour pratiquer la numérologie, nous avons besoin de deux éléments qui en constituent la base et qui sont : une série de calculs simples et arithmétiques et l'interprétation des résultats obtenus par ces calculs à l'aide de la signification des nombres.

La réduction théosophique

Les calculs simples à partir des nombres consistent, pour la majorité des cas, dans ce qu'on appelle la « réduction théosophique ». Cette opération consiste à remplacer tout nombre de deux ou plusieurs chiffres par le résultat de l'addition de tous ces chiffres entre eux jusqu'à ce qu'il ne reste qu'un chiffre unique.

Un seul problème : comment définir ces nombres, en dehors de ceux de la date de naissance ? En effet, pour une date, cela se devine ; le problème est plus délicat pour des lettres. Comme on n'utilise que des nombres d'un seul chiffre, ce sont les chiffres de 1 à 9, soit : 1, 2, 3, 4, 5, 6, 7, 8, 9. Pour ce qui concerne les lettres, elles se trouvent dans un ordre quasi immuable : l'alphabet. Mais l'alphabet a vingt-six lettres. On écrit donc les neuf premiers nombres qui viennent d'être cités sur une ligne ; au-dessous de cette rangée de nombres, on inscrit les neuf premières lettres de l'alphabet, une lettre sous chaque nombre. Le A est au-dessous du 1 ; le B au-dessous du 2 ; le C au-dessous du 3, et ainsi de suite jusqu'au I qui se place au-dessous du nombre 9. La ligne est achevée. Pour la suite, sur une troisième ligne, on poursuit l'adaptation de l'alphabet aux 9 premiers nombres ; au-dessous du A, lequel est au-dessous du 1, nous inscrivons J ; au-dessous du B, qui est au-dessous du 2, nous mettons K ; au-dessous du C : L ; du D : M, etc. Cela nous conduit jusqu'à R qui se place au-dessous de I, lequel est au-dessous de 9. Il est alors temps d'aligner une troisième rangée de lettres. La lettre S vient au-dessous du J, lui-même au-dessous du A qui est au-dessous du nombre 1. Le T est au-dessous du K, le U au-dessous du L, etc. jusqu'au Z qui est au-dessous du Q, lequel est au-dessous du H, le H étant au-dessous du 8. Il ne reste plus qu'à écrire le prénom courant et le patronyme de la personne dont on veut connaître ce que dit d'elle la numérologie. Au-dessous de chaque lettre, on place le nombre correspondant du tableau que l'on vient de faire. On a une série de nombres pour le prénom, une autre série pour le nom. On fait les réductions théosophiques jusqu'à n'avoir qu'un seul chiffre.

On fait la même chose pour les consonnes seules et, d'autre part, pour les voyelles seules.

Pour plus de clarté, inscrivez les nombres correspondant aux voyelles au-dessus du nom et du prénom. Les numéros correspondant aux seules consonnes, au-dessus du nom et du prénom, et aussi de la ligne des nombres consonnes-voyelles ensemble. On procède encore à la réduction théosophique. Pour la suite de l'opération, il faut prendre connaissance de la symbolique des nombres.

Les différents nombres

Toutefois, avant cette consultation de la symbolique, il faut trouver les nombres correspondant à la date de naissance. Ici, par des calculs et des dispositions analogues à ceux qui ont servi pour les lettres du nom et du prénom, on obtient un nombre qu'on appelle « chemin de vie ». Le nombre obtenu avec le nom et le prénom s'appelle « expression ». En contractant les deux, toujours selon le même système, on obtient un troisième nombre appelé « nombre de vie ». En contractant les trois nombres : « expression », « chemin de vie » et « nombre de vie », on a un nouveau nombre dit « dette karmique ».

Ce dernier calcul n'est évidemment apprécié que si l'on croit à la réincarnation et au karma.

La symbolique des nombres

Tout ce qui précède a été une première partie de l'opération. Pour la suite, il faut avoir des notions sur la symbolique des nombres. Il ne serait pas possible de donner ici toutes les possibilités, car cela prendrait trop de place et demanderait des explications extensives et des développements hors de notre objet. On verra plus loin. Mais il faut penser aussi que la numérologie est très ancienne, elle a une histoire.

Les premiers pas de la numérologie, d'après les traces qui nous en restent, se situent dans le Proche Orient de l'Antiquité, c'est-à-dire la Chaldée, l'Égypte, la Grèce, l'empire romain. Dans le même temps, elle a existé en Chine et en Inde. Les peuples hébraïques la pratiquaient. En remontant encore plus loin, on trouve un message, une instruction émanant de l'Hermès Trismégiste.

Quant à la symbolique des nombres, elle est aussi très ancienne et peut se schématiser ainsi : on n'utilise pas le zéro parce qu'il représente l'infini non manifesté.

— Le **1**, c'est le départ, la source de tout ; il contient une énergie considérable. On le dit masculin. Il décide.

— Le **2** signale polarité et équilibre. Il est le rythme binaire. Si 1 est l'homme, le 2 est la femme. Il organise.

— Le **3** est le dynamisme, l'esprit animateur. Dans le couple homme-femme, il représente l'enfant. Création, mouvement, communication.

— Le **4** est le monde matériel, le travail ; il est le travailleur avec son sens pratique.

— Le **5** correspond aux sens de l'homme qui sont cinq ; à l'usage créatif qu'il en fait. La vie, l'aventure, la lutte. Le sujet est d'abord actif.

— Le **6** est l'équilibre entre le créateur et sa création, l'harmonie, la beauté. L'être doux et sensible. Le sens des responsabilités.

— Le **7** représente la communication et la liaison entre le divin et l'humain. Le penseur, le temps de la méditation.

— Le **8** est le nombre des transformations et des réalisations. C'est le pouvoir et c'est l'argent.

— Le **9** représente l'achèvement, le couronnement des efforts, la méditation. Le sujet, ses premières tâches accomplies, peut aller vers les autres.

Bien des nuances restent encore à exprimer.

L'essentiel exposé ici peut seulement donner une idée de ce qu'est la numérologie. On voit qu'en sa qualité d'art divinatoire, elle a sa place dans la parapsychologie.

O

OCCULTISME

On appelle ainsi la connaissance et la pratique des sciences occultes, c'est-à-dire de connaissances réputées secrètes qu'il ne conviendrait pas de divulguer à tout le monde parce que certaines personnes pourraient en faire un usage blâmable.

Il s'agit d'une doctrine portant sur le pouvoir de certains éléments de la nature qu'il faut connaître et dont on doit connaître l'usage. Ces faits et ces règles donnant une puissance apparente à celui qui les pratique, les autres n'aiment pas cela et en font vivement reproche. Dans le passé, la sorcellerie, qui en fait partie, était punie de mort sur le bûcher.

Histoire de l'occultisme

Dans l'Antiquité grecque et romaine, on utilisa largement des habitudes et des connaissances qui passèrent plus tard dans l'occultisme, comme la consultation des entrailles des animaux sacrifiés pour définir le proche avenir, par exemple. Les mystères d'Eleusis étaient proches de la magie. Les Arabes furent très forts dans ces sciences secrètes, notamment l'astrologie, l'alchimie, la magie et toutes les formes de l'ésotérisme. Ils occupèrent largement les esprits du Moyen Age, mais les tribunaux ne chômèrent pas.

A la Renaissance, on se tourna vers une magie naturelle : on rechercha désormais les pouvoirs occultes dans la nature et non plus près de divinités. Puis, ce fut la mode de conclure des pactes avec le démon. Il y eut floraison de procès en sorcellerie et de cas de possession. L'occultisme se fit satanique. L'Inquisition forma des tribunaux spéciaux pour régler ces offenses à l'Église. Au XVIIIe siècle, la science fit des progrès et bien des questions qu'elle régla cessèrent alors d'appartenir à l'occultisme.

Le XIXe siècle vit naître et fleurir une nouvelle forme d'occultisme, avec les communications avec les morts, qu'on appela ensuite spiritisme. Ce ne fut plus condamné, dès lors, on n'eut plus besoin de garder ces pratiques occultes, c'est-à-dire cachées. Mieux, on voulut leur donner un tour scientifique et on leur trouva un autre nom : la PARAPSYCHOLOGIE (voir ce mot).

Parallèlement, les esprits tournés vers le commerce en firent une activité de bon profit : on fait aujourd'hui des séances dignes de Mesmer, on vend de la voyance, on se réunit pour converser avec les chers disparus.

Pendant le même temps, des savants de bonne foi organisent des congrès et des conférences pour tâcher d'éclaircir ce mystère qui demeure.

On peut approfondir pour soi-même les secrets de l'occultisme et s'efforcer de comprendre. Les avantages que l'on en tire résident surtout dans la modification et le perfectionnement de la personnalité.

Une utilisation judicieuse des sciences occultes permet de faire plus facilement son chemin dans la vie et de réussir plus brillamment dans ses entreprises. On peut tenir compte des prédictions de l'astrologie ; on peut fortifier sa propre personnalité et acquérir un ascendant net et efficace sur ses contemporains ; on peut devenir un personnage dominant et cesser d'être le « bétail » dominé. Dans ce sens, et sans se laisser aller à la superstition, on peut employer l'occultisme à des fins honnêtes et à la réussite.

Un certain nombre d'esprits scientifiques de divers pays ont voulu étudier l'occultisme d'une façon méthodique dans les laboratoires, avec des expériences probantes. Actuellement, ils sont surtout arrivés à désigner les sciences occultes et l'occultisme du nom plus savant de parapsychologie.

Les différentes branches

Les diverses branches de l'occultisme peuvent s'énumérer ainsi :

— **Le magnétisme**, qui consiste à développer en soi et à utiliser sur les autres un rayonnement vivant émanant de chacun de nous et dont les effets sont, encore aujourd'hui, inexplicables mais matériels et réels.

— **L'hypnotisme**, qui consiste à plonger une personne dans un état de sommeil apparent au cours duquel elle peut agir ou se trouver réceptive à certaines influences qui n'auraient pas prise sur elle à l'état de veille.

— **Le spiritisme**, qui consiste à entrer en rapport avec ce que l'on pense être l'esprit survivant d'êtres humains ayant quitté notre monde et cette vie matérielle et que l'on dit morts ou désincarnés, mais qui semblent se manifester avec une certaine logique, soit spontanément, soit sous l'effet de manœuvres particulières.

— **Les arts divinatoires**, qui répondent à une angoisse permanente de l'être humain anxieux de savoir à l'avance quel sera le déroulement futur de sa vie et d'en tirer des règles et des raisons d'espérer.

— **La magie**, qui est l'art d'utiliser les possibilités données à l'être humain de modifier, dans une certaine mesure, le cours des choses et de le plier à sa volonté propre.

— **La télépathie**, phénomène qui donne à certaines personnes un sens particulier pour recevoir des messages transmis sans communication apparente, et que l'on appelle souvent P.E.S., c'est-à-dire perception extrasensorielle. Etc.

La petite abréviation « etc. » est là pour pallier à quelque carence dans la liste, car les sciences occultes concernent tant de savoirs différents qu'il est difficile de les embrasser tous, et chacun a le loisir d'ajouter ceux auxquels il tient et que d'autres ne prennent pas en considération.

ONDES ALPHA

L'existence des ondes alpha, lorsqu'elle a été officiellement constatée, a suscité quelques remous dans les milieux intéressés par les divers états de la conscience. On a, en effet, constaté que le cerveau humain vivant émet des ondes de plusieurs sortes dont les principales qui nous intéressent ici sont les ondes **alpha** et les ondes **béta**. Or, notre cerveau, dans la vie normale, oscille entre deux états : l'état de détente ou repos caractérisé par une émission d'ondes alpha, qui sont amples et relativement lentes, et l'état d'activité où il émet des ondes rapides et peu intenses appelées ondes béta. Dès qu'un cerveau en état de repos, donc en émission d'ondes alpha, se met à travailler, il émet des ondes béta. Cependant, ce fonctionnement n'a pas toujours une rigueur horlogère. Le cerveau peut se bloquer sur l'énervement et ne plus pouvoir revenir aux ondes alpha. Ou bien, il peut se bloquer sur l'inhibition et ne pouvoir passer des ondes alpha aux ondes béta.

Il y a des ondes ultra-lentes que l'on appelle ondes **théta** et des ondes encore plus lentes, **delta**, et c'est le sommeil. Or, l'hypnose ne se déroule pas en ondes delta, ni même en ondes théta, mais en ondes alpha ; ce qui démontrerait, si c'était nécessaire, que l'hypnose n'est pas un sommeil. C'est cette analyse et ce sont ces observations qui ont permis de déceler un état calme et détendu du cerveau qui n'est pas le sommeil et, par déduction, de découvrir les possibilités de cet état, que l'on groupe sous le terme de SOPHROLOGIE (voir ce mot).

ONDES DE FORME

On appelle onde de forme une **influence invisible** aux effets palpables qui paraît émaner d'objets apparemment inanimés. Il est de fait que la présence d'un objet a toujours une influence sur son environnement ; on ne le sait pas assez, mais cette influence est bien réelle. Prenez, par exemple, un jeune couple qui se dispute tous les jours dans sa salle à manger. Lorsque, sa colère ayant atteint un sommet, le mari, sous quelque prétexte, empoigne un objet d'art et le fracasse sur le sol, le couple se regarde et se tait. L'homme murmure de vagues excuses ; elle balaye les débris. Ils sont devenus calmes et ils vont le rester ; il n'y aura plus de disputes entre eux. Pourquoi ? Parce que l'objet émettait des ondes provoquant chez eux un état de crise : des ondes de forme.

Disons d'abord qu'on appelle onde l'eau en langage poétique : « Un agneau se désaltérait dans le courant d'une onde pure », écrit La Fontaine *(Le Loup et l'Agneau)*. Mais une onde, c'est aussi un mouvement qui naît pour une quelconque cause et qui se propage sans déplacer le corps qu'il met en mouvement ; ce corps peut être liquide, comme l'eau, mais aussi solide, comme par exemple une corde, ou gazeuse comme l'air ambiant. Or, ce mouvement lui-même se déplace, mais il ne déplace pas le corps dans lequel il se propage.

Dans les années trente, deux auteurs, MM. de Bélizal et Chaumery, ont tenté de construire une théorie logique au sujet de cette influence apparente de certains corps ; ils ont exprimé l'hypothèse de l'émission, par les objets ou les monuments, bref tous les corps solides, d'ondes dépendant de la forme de ces corps, et qu'ils ont tout naturellement appelées « ondes de forme ». Comme toutes les ondes, les ondes de forme sont invisibles et se propagent. Ce phénomène est peut-être utilisé depuis longtemps, mais l'explication et le nom en sont nouveaux. Ce qui est nouveau, surtout, c'est l'importance de la forme.

Étant posé ceci qu'il existe des ondes de forme, en quoi ce fait est-il lié à la parapsychologie ? Par le truchement de la radiesthésie, ainsi qu'on va le voir.

D'après ce que l'on a découvert de l'ancienne Égypte, il semble que cette civilisation ait connu l'existence des ondes de forme et les ait utilisées. Il s'agirait, de la part des Égyptiens, d'une science très avancée. Qu'on ne s'étonne pas du degré d'évolution remarquable de l'Égypte ancienne : en ce temps-là, les recherches se faisaient probablement avec une sage lenteur et les découvertes étaient plus rares que celles que nous faisons aujourd'hui. On peut supposer que l'existence des ondes de forme n'était pas connue, ni expliquée ; on en avait seulement remarqué les effets dans un style empirique.

On retrouve l'utilisation des ondes de forme un peu partout dans le monde et partout depuis une très haute Antiquité. Par exemple, dans les alignements de Stonehenge, dans les statues géantes de l'île de Pâques et probablement ailleurs encore. Au Moyen Age, les bâtisseurs de cathédrales ont senti et compris la présence des ondes de forme et de cela vient le sentiment particulier qui s'empare malgré lui du visiteur de ces admirables monuments, qu'il soit ou non croyant.

Au XXe siècle, ce sont deux radiesthésistes qui ont mis en évidence les ondes de forme ; cela, parce que, après l'intense développement des sciences exactes et les prodigieuses découvertes de ces dernières années, l'esprit humain a médité sur le passé et s'est tourné vers les théories qui ont parfaitement guidé et conduit les populations qui nous ont précédés. On s'est alors posé de « bonnes questions ».

La connaissance de l'existence des ondes de forme et la réflexion sur le meilleur usage qu'il était possible d'en faire permettent une amélioration de la vie, de la santé et du confort par une autre recherche des formes, donc des ondes qu'elles émettent. Partout où un excès de progrès désordonné a provoqué une gêne dans l'utilisation de nos maisons et de nos installations, la radiesthésie, qui permet de se rendre compte de la présence ou de l'absence des ondes favorables, a permis de modifier les formes, les objets, les orientations par rapport à l'axe nord-sud et d'aboutir ainsi à une amélioration de la sérénité et de la détente que nous apprécions dans nos habitations.

ONIROMANCIE

On appelle oniromancie l'art divinatoire basé sur les rêves. Il est possible, en effet, de trouver un sens divinatoire ou prémonitoire aux rêves. Tous les RÊVES (voir ce mot) ne sont pas importants ; il en existe qui sont le simple reflet sans signification de la vie quotidienne. Mais il serait difficile de nier la réalité des rêves prémonitoires, en dépit des dénégations des partisans d'un matérialisme qui est en train de se démoder. L'oniromancie est un art divinatoire qui est très ancien. Un jour vint Freud et son interprétation psychanalytique des rêves qui ne nous semble pas être du ressort de la parapsychologie, mais plus près de la psychiatrie ou de la philosophie.

Selon certains auteurs, et cela pourrait être une des bases de l'oniromancie, on devrait classer les rêves selon la nature des choses qui en sont l'objet, dont ils offrent des images : les choses naturelles, les choses animales et les choses célestes. Les rêves de choses naturelles sont faits en fonction de l'activité physiologique du corps du dormeur ; les rêves de choses animales sont ceux qui sont suscités par les mouvements émotionnels subis par le dormeur dans l'état de veille et les choses célestes sont des avertissements divins. On a coutume de ne reconnaître aucune valeur prémonitoire aux rêves basés sur les occupations pratiquées à l'état de veille ; ce qui n'est pas une déclaration d'inutilité ; parfois, ces rêves permettent d'envisager la tâche quotidienne sous un aspect plus objectif, dénué de tout un environnement émotif ou personnel.

En ce qui concerne les rêves prémonitoires, ils sont reçus différemment selon les dispositions du rêveur : s'il est d'un physique robuste et en parfaite forme, il sera plus près de la terre et de ses réalités ; s'il est d'un physique faible ou s'il est en état d'infériorité par suite d'une maladie, on pense qu'il sera plus réceptif à des rêves significatifs.

Dans l'histoire

Depuis l'Antiquité, on s'attache à l'interprétation des songes, l'oniromancie, donc.

Il y a quatre mille ans, les prêtres égyptiens pratiquaient cet art divinatoire. Ils pensaient que les dieux envoyaient aux humains des conseils et des directives sur les décisions qui leur seraient les plus favorables.

A l'époque classique grecque, vivait à Éphèse, alors cité exceptionnelle avec son temple qui était une des merveilles du monde, Artémidore. Il avait pris connaissances des œuvres de tous ceux qui, avant lui, s'étaient intéressés à l'interprétation des rêves et son travail est parvenu jusqu'à nous. D'autres grands noms sont également liés à l'interprétation des rêves : Plutarque, Pythagore, Platon.

Les origines de nos propres croyances, la Bible et les Évangiles, font suffisamment état de songes prémonitoires pour que nous en acceptions l'existence.

Les dictionnaires des rêves

Celui qui veut pratiquer l'oniromancie doit prendre certaines précautions. Il existe dans le commerce des « dictionnaires des rêves » capables de nous guider dans notre essai de divination, mais on ne saurait retenir ces indications sans tenir compte du « contexte », c'est-à-dire d'une foule de considérations et de circonstances qui peuvent modifier le sens du rêve.

Je sais que toutes les fois que je rêve d'un chat malade ou blessé, un drame va se produire dans mon entourage. Mais il faut que je me souvienne de ceci : si j'ai vu, dans la journée, un accident arriver à un chat ou si quelqu'un m'a entretenue d'un chat malade, ou si mon propre chat est malade, la notion de prémonition ne tient plus ; mon rêve est en rapport direct avec la réalité.

Toute une théorie en lien avec la thèse de la réincarnation considère que nos rêves sont le reflet de nos vies antérieures. On peut noter que dans ce cas, l'oniromancie ne joue plus aucun rôle.

Tout exposé sur l'oniromancie peut se prolonger par une liste alphabétique des objets que l'on peut voir en rêve, accompagnée de l'explication de ce rêve. On peut y croire ou non, mais il est toujours intéressant de savoir comment sont dressées ces listes.

Elles résultent pour la plupart de statistiques. Ceci pour l'explication traditionnelle de la présence des objets cités dans un rêve. Parfois, ces listes traditionnelles sont accompagnées d'une autre signification, celle qui résulte de l'interprétation psychanalytique des songes. Ceci est l'œuvre de Freud qui a donné aux rêves une grande importance directement liée à sa psychanalyse.

Freud et les rêves

La psychanalyse, en effet, a mis au point une méthode d'interprétation des rêves dans le but de se livrer à une exploration de l'inconscient. C'est une innovation en ce sens que les psychologues ne prenaient pas le rêve en considération. Il était même déconseillé de se livrer à l'oniromancie, qui fut interdite par la loi. L'apport de Freud dans l'interprétation des rêves a été de voir que, si les rêves sont quelquefois déterminés par des facteurs physiologiques, ou psychologiques, ils n'en expriment pas moins un élément affectif sentimental et souvent inconscient constituant proprement le dynamisme du rêve.

Le rêve, alors, se sert d'images plus ou moins déterminées, mais ce qui importe davantage c'est le sentiment qu'il s'efforce d'exprimer. Ce sentiment, qui ne trouve que le rêve pour s'extérioriser, constitue généralement un désir, réalisé directement quand le rêve représente quelque chose d'agréable, ou mêlé de crainte et de remords quand le rêve est pénible. La principale raison d'être du rêve serait alors une tendance affective.

Le caractère de désir apparaît plus nettement si le rêve n'est pas enveloppé de symboles que, parfois, on n'arrive pas à décrypter.

Les rêves des enfants expriment des désirs simples. Les rêves des adultes sont infiniment plus complexes. Les désirs des adultes sont généralement abstraits et le rêve ne peut pas exprimer l'abstrait. Il y a donc traduction. En outre, les désirs des adultes sont appelés souvent à rencontrer dans l'état de veille des contraintes, et certains, comme les désirs sexuels, provoquent une tension permanente causée par les interdits.

Freud a fait à l'oniromancie un important apport. Ceux qui l'avaient précédé dans cet art divinatoire examinaient le rêve du point de vue du rêveur ; il fallait donc poser l'hypothèse que tous les rêveurs avaient à peu de choses près la même psychologie. Freud demande au rêveur de faire lui-même les premiers pas dans l'interprétation. En disant son rêve, il est invité à faire des associations avec des faits de sa vie réelle. Le rêveur est invité à se rappeler un détail du rêve ; il se trouve dans l'atmosphère psychique du rêve. Il doit alors laisser flotter librement et passivement son esprit et se retrouve dans l'état où il est généralement juste avant l'endormissement. A ce moment, se présentent automatiquement chez le rêveur, bien qu'il soit en état de veille, les pensées vers lesquelles tendait son désir obscur et ce sont celles que l'on cherchait. Tout se passe comme si l'esprit du rêveur revenait du symbole vers la réalité selon un chemin inverse de celui qui avait été parcouru par le rêve et qui allait de la réalité vers le symbole.

Lorsqu'on a pratiqué beaucoup d'interprétations selon cette technique, on s'aperçoit que certaines images ont la même signification pour la plupart des gens et constituent donc des symboles généraux. Par exemple, tout ce qui s'élève, dans le rêve, réagissant contre la pesanteur, prend une signification active, masculine : il en est ainsi pour les arbres, les oiseaux ; par contre, tout ce qui s'étend, s'étale, se laisse pénétrer, les objets creux, les grottes, ont une signification passive et féminine. Les petits animaux grouillants de vie s'associent à l'idée de procréation, la forêt à la vie sauvage. L'existence de ces symboles généraux pourrait conduire à un autre dictionnaire des symboles oniriques. En fait, le rêve comporte généralement une richesse de significations superposées que seules les associations d'idées peuvent révéler.

OSTY (Docteur Eugène)

Eugène Osty est né le 16 mai 1864 à Paris. Après avoir fait des études de médecine, il s'installa, pour exercer, à Jouet sur l'Aubois, dans le Cher. Or, il advint qu'en 1909, il assista à une démonstration qui était faite par une voyante et chiromancienne, presque machinalement et sans paraître lui accorder une grande importance. Mais un travail dut se faire dans son esprit et cette séance se mit à le hanter.

L'année suivante, en effet, il se passionna pour une semblable démonstration; il l'étudia, il y réfléchit et il en fit un récit en donnant un nom au phénomène qu'elle semblait prouver; il l'appela métagnomie. Il ne cessa, dès lors, de se livrer à des démonstrations de ce style, rédigeant chaque fois ses observations avec beaucoup de précision. Il publia le résultat de ses recherches sur ce sujet en 1913 sous le titre *Lucidité et intuition*. Et puis, il publia un autre livre, en 1919, *Le sens de la vie humaine*. Ensuite, ce fut un condensé de ses propres travaux, intitulé *La connaissance supranormale*. On avait noté la valeur de ses écrits et il était connu pour l'intérêt qu'il portait à la parapsychologie.

En 1924, il fut invité à assurer la direction de l'INSTITUT MÉTAPSYCHIQUE INTERNATIONAL de Paris, dont le directeur, qui était le Dr GELEY (voir ces noms), venait de mourir dans un accident d'avion. Une bonne période d'un travail passionnant commença pour le Dr Osty.

Mais l'Institut vint à manquer de ressources et, probablement, cessa de rémunérer son directeur. Pour assumer sa propre existence, le Dr Osty reprit son activité professionnelle, mais sans renoncer aux travaux de l'Institut.

Il leur réserva toujours une grande part de son temps; il assuma également la direction de la *Revue métapsychique* qui publiait le compte rendu des travaux de l'Institut. On y étudia notamment la clairvoyance et la prémonition avec, comme corollaire, cette remarque selon laquelle si ces phénomènes existent, on devrait réviser la conception généralement admise de la structure de l'Univers. Les travaux du Dr Osty traitant de ces sujets peuvent être considérés comme réellement scientifiques.

Le Dr Osty étudia également les médiums et les phénomènes physiques qu'ils pouvaient produire. Il utilisait les moyens de la physique de laboratoire la plus moderne pour étudier ces phénomènes. Toute la question est de savoir si ces expériences ont été réellement accomplies sans aucun trucage. Il y a un versant mélancolique à ces expériences qui foisonnèrent au siècle dernier : la plupart étaient entachées de fraude, selon Jacques Bergier, journaliste qui s'y est beaucoup intéressé...

Le Dr Osty est mort en 1938.

OVNI

Sans doute peut-on s'étonner de voir les initiales O.V.N.I. figurer au sein de la parapsychologie. Sans doute, au moment de la grande vague des OVNI, bien des gens auraient trouvé un peu saugrenu de placer un engin technique au sein d'un courant d'idées abstraites. Mais, en développant cette question des Objets Volants Non Identifiés, on ne tarde pas à saisir cet aspect de la question. C'est au point de savoir si les OVNI ont réellement existé ou s'il ne faut voir dans cette arrivée d'extra-terrestres que des images nées d'esprits inquiets.

En dehors du fait qu'on déclare généralement qu'il y a toujours eu des OVNI ou, au contraire, que les OVNI n'ont jamais existé, il y a eu, pendant plusieurs années, un phénomène collectif montrant une apparence d'engins volants conduits par des apparences d'extra-terrestres.

A partir du moment où l'on a réellement vu un OVNI, de près, concrètement, posé sur le sol, on en voit souvent. D'où l'on peut conclure qu'il y en a eu déjà mais qu'on ne les voyait pas.

Cette phrase m'a été dite en toute simplicité par un jeune homme de 18 ans qui, à l'âge de 8 ans, ayant campé dans les dunes de Bray-Dunes, avait vu un OVNI en l'air, puis au sol, entre les dunes.Il avait eu très peur et ne s'était pas approché. Il faut dire que la région du Nord, avec son immense ciel au-dessus du sol plat, se prête à ce genre d'observations. Nous-même, aux environs de Douai, avons vu un OVNI dans le ciel et personne ne lui accordait la moindre attention.

Une partie du public a très bien accueilli cette nouveauté et s'est mise à faire des enquêtes et des recherches, à recueillir des témoignages et des empreintes ; pendant le même temps, une autre partie du public souriait finement « en gardant de Conrart le silence prudent ». Bref, l'enthousiasme apporté à discuter pour et contre les OVNI a créé un courant novateur de la parapsychologie. On a vu quelle étrange force gît dans cette nouvelle forme de pensée, dans ce nouveau programme de recherche.

Mais qu'est-ce que les OVNI ?

Il s'agit d'engins volants qui passaient ou stationnaient dans le ciel, en France et ailleurs dans n'importe quel pays du monde, accomplissant de temps à autre d'étranges acrobaties aériennes ou bien se posant sur le sol et y laissant des traces comme celles d'un objet lourd et chaud...

On a naturellement pris cela pour des sortes d'avions sans ailes et ronds « comme des soucoupes » disaient les premiers Américains qui en ont vu. On a été intrigué, et puis, on a craint ces engins et leurs occupants, puis on a élucubré moult théories sur ce sujet, puis on a terminé cette fiévreuse activité en reprochant aux autorités de chaque pays de ne pas s'en occuper ; enfin, le remous s'est apaisé et on n'en a plus parlé. L'intérêt, aujourd'hui, est de savoir la façon dont on en a parlé.

Disons qu'en juillet 1957, aux États-Unis, un avion militaire effectue une mission. Il est équipé d'appareils permettant de capter les faisceaux radar et de les analyser. Il y a six officiers à bord. Sur un des détecteurs, un officier capte une fréquence mobile se déplaçant à grande vitesse. Les autres opérateurs se placent sur la même fréquence et enregistrent le même phénomène. Quant au pilote, il voit devant lui une boule lumineuse. Pendant une heure et demie, et sur une distance de 1 200 km, cette boule tourne autour de l'avion. Trente bases militaires alertées observent et constatent ce phénomène. Ce ne sera pas la seule observation, loin de là, et d'abondantes archives conservent les traces de ces événements.

Cela n'arrive pas qu'aux États-Unis, mais en bien d'autres pays aussi. Il existe donc un phénomène lumineux qui est susceptible d'être enregistré ; donc il n'est pas inexistant : les cogitations de quelques cerveaux en délire ne font pas de traces sur les appareils optiques ou photographiques. Pourtant, le phénomène, étudié, dépeint, tourné et retourné de tous côtés préoccupe beaucoup de monde. Une masse incroyable de papier imprimé est diffusée à ce sujet dans divers pays. On organise des réunions, des congrès, des expositions, des conférences. L'ensemble de ces informations se met à mousser et à faire un énorme volume comme une bonne lessive jetée dans une grosse fontaine.

On est arrivé à décompter environ cinq millions de témoins. Mais tous ces témoignages, mis les uns à la suite des autres, n'éclairent pas le problème qui reste entier. On doit d'abord se demander quelle est, du point de vue technique, la nature de cette sorte d'engin. On ne trouve pas de réponse ; on sait seulement qu'il est rond, comme un disque, et légèrement bombé en son centre. On médite beaucoup sur la manière dont l'engin est propulsé et les solutions que l'on découvre ne sont pas forcément les vraies. Cela fait encore partie des questions sans réponse. Mais il n'y a pas lieu de dramatiser : le phénomène n'est pas agressif.

Cependant, lorsqu'on tient un témoin direct, quelqu'un « qui a vu », non quelqu'un qui a entendu, supposé, soupçonné quelque chose, on le « cuisine » longuement. A se demander si le phénomène manipule le témoin. Un témoin dans les Alpes de Provence, interrogé par la gendarmerie, a peine à répondre ; il a sommeil et un somme de douze heures par nuit pendant six mois a été nécessaire pour le remettre du choc, d'ailleurs, uniquement intellectuel et peut-être affectif. On peut alors se demander quelle est la nature de ce choc et si les occupants de l'engin, ou l'engin lui-même, ne manipuleraient pas le témoin ? Par exemple, épuiser ses facultés intellectuelles pour l'empêcher de parler ou, au moins, le rendre moins crédible.

La notion d'extra-terrestres venant visiter notre planète paraît bien invraisemblable, surtout en tenant compte du temps nécessaire pour venir jusqu'à nous ; à moins que nos procédés de déplacement ne soient réellement infiniment dépassés.

Le phénomène OVNI a l'air d'être un phénomène intelligent ; mais pour servir à quoi ? et à qui ?

Et puis, il nous semble intelligent, mais nous ne pouvons pas l'expliquer ; on dirait que nous ne sommes pas prêts.

Faut-il envisager l'existence d'un autre monde, plus évolué que nous ?

Alors, on va élucubrer des thèses toutes plus étranges les unes que les autres. Ne peut-on dire que le phénomène OVNI est une création collective engendrée psychologiquement par le pouvoir uni des cerveaux de tous les humains réunis ? On est donc maintenant entré dans le domaine de la parapsychologie. On peut parfaitement envisager un tel phénomène parapsychologique produisant une aberration acceptée par tout le monde, séduisant même tout le monde, surtout si l'on fait allusion à des êtres à peu près semblables à nous venant nous visiter d'une autre planète. On peut ajouter que cette aberration se reproduit elle-même et se recrée, envahissant le cerveau des humains qui eussent pu en être témoins si tout avait été vrai.

On peut enfin penser à une aberration apparente, qui ne serait ainsi que parce que nous ne la comprenons pas. Il peut exister des univers qui ne sont pas le nôtre mais qui l'emboîtent ou sont emboîtés par lui comme les poupées russes entrent les unes dans les autres ; les OVNI appartiendraient à un de ces UNIVERS PARALLÈLES (voir ce mot) mais, par suite d'un quelconque disfonctionnement, deviendraient perceptibles d'une façon imprévisible, incompréhensible et sporadique.

Alors, le problème des OVNI devient réellement un problème de parapsychologie. Il n'a plus rien de matériel ni de concret. Il ne peut pas apporter de changement à notre univers, mais à notre esprit, si.

Enfin, la parapsychologie aurait son mot à dire si l'on prenait un jour la décision de communiquer avec les occupants d'un univers parallèle par TÉLÉPATHIE (voir ce mot) et même avec OVNI et extra-terrestres.

P

PALLADINO (Eusapia)

Elle fut un **médium** réellement exceptionnel et se prêta à toutes les expériences qu'on voulut faire avec elle, tant en Italie qu'en France et aux États-Unis.

Eusapia Palladino est née en 1854 à Minervo Murges, près de Bari, en Italie. Elle était d'une famille pauvre et eut une enfance particulièrement malheureuse, dramatique même. D'abord, sa mère mourut en la mettant au monde. A un an, elle tombe si malencontreusement qu'elle s'enfonce un pariétal (os de la boîte crânienne).

Elle a huit ans quand son père, avec lequel elle vit, meurt blessé par des brigands et elle assiste à son agonie. Elle est alors recueillie par sa grand-mère qui la maltraite et, dès qu'elle peut travailler, la place comme servante, puis comme lingère. Mais Eusapia n'est pas une petite fille comme les autres. Depuis l'agonie de son père, elle a des hallucinations terrifiantes ; au moment de sa puberté, changement : elle provoque de véritables manifestations médiumniques d'ordre physique : des objets se déplacent spontanément en sa présence. Cela ne se produit pourtant qu'irrégulièrement.

En fait, elle travaille comme lingère et elle a été recueillie par un couple qui a une situation aisée, M. et Mme Migaldi. Découvrant ses dons de médium, ces gens s'arrangent pour organiser des « séances expérimentales » afin de faire assister à ces étranges manifestations les gens que ces phénomènes curieux intéressent. Parmi ces spectateurs, il y a un professeur Damiani, qui prend Eusapia chez lui pour lui apprendre comment on conduit et favorise des manifestations médiumniques. Ses expériences se font plus régulièrement et plus méthodiquement. Si régulièrement et méthodiquement que ne tarde pas à se manifester une personnalité psychique qui déclare se nommer John Kings et avoir été, de son vivant, un corsaire anglais. Il s'empare d'Eusapia pendant qu'elle est en état de transe, mais quand elle revient à elle, il la relâche...

Ces séances avec Eusapia vont convaincre de l'intérêt de la médiumnité le célèbre et savant criminalogiste Lombroso qui, jusque-là, avait souri de tels récits.

Au cours de 17 séances, une table lévite en pleine lumière, elle est même photographiée. Tous les assistants sont convaincus de l'existence d'un phénomène inconnu jusqu'alors.

Il faut cependant reconnaître que la présence du corsaire John Kings rend les phénomènes médiumniques d'Eusapia moins crédibles. Mais tant de personnalités les ont crus... Selon Robert Tocquet, les expérimentateurs ne sont pas étrangers à la création de ce personnage, ayant probablement influencé Eusapia qui a libéré ses phantasmes. Il est à noter, en effet que, d'après les comptes rendus de ces séances, l'élément intellectuel était d'une pauvreté navrante, en proportion avec la culture d'Eusapia.

En 1891, une commission se réunit, qui compte Lombroso parmi ses membres, un Lombroso entièrement acquis à la médiumnité d'Eusapia, qui dresse méthodiquement des procès-verbaux de séances. Puis, un nombre de plus en plus grand de personnalités savantes assiste aux séances d'Eusapia. On la convoque, elle se déplace d'un pays à l'autre, donne lieu à des séances extraordinaires à la fois par ce qui s'y passe et par la qualité des assistants. Il y a même un prestidigitateur, M. Rybska, qui témoigne par ce certificat : « Malgré le contrôle le plus rigoureux, je n'ai pu découvrir de la part du médium, aucune trace d'artifice ou de tromperie ». Le comte de Gramont, le docteur Maxwell, Camille Flammarion, tous admirent Eusapia avec confiance.

A Gênes (Italie), Eusapia a donné des séances extraordinaires au cours desquelles elle a fait apparaître des formes matérialisées.

Que ce soit en Italie, à Paris, aux États-Unis, partout où elle donna des séances, Eusapia Palladino ne put jamais être soupçonnée de tricher. Le physicien Pierre Curie fut très désireux d'inventer un appareil qui pût expliquer, avec des expériences comme on en fait en laboratoire, les phénomènes provoquées par Eusapia. Le mystère reste entier.

Eusapia Palladino est morte en 1918.

PAPUS

Ce nom propre est le pseudonyme pris par le docteur Gérard Encausse. Celui-ci est né en 1865 à La Corogne, en Espagne, d'un père français. Il aimait déclarer qu'il descendait de CAGLIOSTRO (voir ce nom). Il vécut à Paris, où il fit ses études et où il approfondit surtout la magie. Il aimait considérer l'organisme humain comme un univers en miniature. Il fit partie de la Théosophie, mouvement fondé par HÉLÈNE BLAVATSKY (voir ce nom). En 1889, il créa une revue où il put exposer ses théories et qui eut pour titre *Le Chemin d'Isis*. Il fit, en même temps, ses études de médecine. Puis, il orienta ses préoccupations vers le spiritisme. Enfin, il pratiqua une médecine secrète importée de l'Inde. Ce fut une personnalité très forte dans les diverses branches de l'occultisme.

PARACELSE

Théophraste Bombart de Hohenheim, qui prit le nom de Paracelse, est né en 1493, selon les données qu'on en a, à Einsielden, dans le canton de Schwyz, en Suisse. Sa jeunesse fut occupée par l'enseignement que lui donna son père, à Villach : cela consista en leçons de botanique, puis en cours sur les métaux et les maladies des mineurs du Tyrol, toujours avec son père, qui en avait la charge. Il poursuivit des études plus classiques à Bâle et à Vienne (Autriche). C'est au cours de ses études que Paracelse fit une rencontre qui devait lui être au moins aussi importante que la présence de son père : celle de Trithème, abbé de Sponheim.

Puis, selon les habitudes du temps, il voyagea : Cologne, Paris, Montpellier, l'Espagne, l'Angleterre, les Pays-Bas, la Scandinavie et l'Europe centrale. En 1525, il est de retour à Villach, puis se rend à Salzbourg. Ses études le conduisent à la carrière de médecin ; en même temps, il est nommé professeur à l'Université de Bâle. Là, il manifeste ses opinions avec une certaine énergie en faisant brûler en place publique les œuvres de Gallien et d'Avicenne dont la réputation était grande, mais avec lesquels il n'était pas d'accord... Il est, en effet, resté fortement marqué par les leçons pratiques de son père et rejette tout un passé dogmatique. Il a des ennemis et doit abandonner sa situation à Bâle.

Il recommence à voyager, publiant ses idées et donnant des leçons pour gagner sa vie. En 1541, il est invité à Salzbourg par l'Archevêque Ernst von Wittelsbach. Il mourra dans cette ville, le 24 septembre 1541. Il n'a que 48 ans, c'est un départ prématuré ; mais l'époque est violente et passionnée et Paracelse s'est fait des ennemis ; d'autre part, il mène une vie « de bâtons de chaise » et l'on se demande s'il est mort de ses excès ou d'un ingrédient néfaste qu'un ennemi aurait fait verser dans son verre.

Paracelse a beaucoup écrit ; c'est un grand esprit, mais ses textes sont peu clairs et d'un accès difficile.

Sa rencontre avec Trithème

Il faut, à présent, revenir sur la rencontre de Paracelse avec TRITHÈME (voir ce nom). Celui-ci avait une culture profonde et étendue, différente de celle, plus pratique et expérimentale qu'avait reçue Paracelse. Il lui apprit notamment comment les Juifs utilisaient les caractères hébreux sur plusieurs plans, où le sens littéral n'était pas le plus important. Il lui apprit les méditations métaphysiques et aussi certaines pratiques proches de la magie. En somme, sans sa rencontre avec Trithème, Paracelse n'appartiendrait peut-être pas à la parapsychologie. Mais il apprit les talismans, les pantacles, et bien des éléments qu'il ajouta à sa thérapeutique magnétique. Il s'intégra, aussi par l'intermédiaire de Trithème, à la Rose-Croix et à ses doctrines, à l'alchimie, considérée comme science sacrée, mais appartenant néanmoins aujourd'hui à la parapsychologie. Paracelse attendait le règne de l'Esprit.

Le magnétisme curatif

Cependant, il est indispensable de voir en Paracelse surtout un maître du magnétisme curatif. Son père, qui assuma l'éducation de ses premières années, était botaniste, minéralogiste, chimiste et médecin. Il lui apprit l'utilisation de la BAGUETTE DE SOURCIER (voir ce mot) pour la recherche des filons miniers. Son intérêt pour la baguette le conduisit à envisager le traitement des malades par le magnétisme. Un médecin contemporain avait remarqué que des hommes avaient des « propriétés salutaires puissantes » qui « produisaient sur les corps qui les reçoivent des effets remarquables » (Pierre Virey dans la *Revue du Magnétisme*).

PARAKINÉSIE

Ce terme prétend désigner le mouvement d'objets obtenu par le contact des mains d'un médium, mais impliquant néanmoins la mise en jeu de forces télékinésiques (voir TÉLÉKINÉSIE).

PARAMNÉSIE

C'est une **impression de déjà vu ou déjà entendu.** Selon certaines thèses, ces phénomènes seraient véritables ; on aurait déjà vu ou entendu le fait cité dans une vie antérieure ; mais pour l'admettre, car cela ne peut pas se prouver, il faut accepter la thèse de la RÉINCARNATION (voir ce mot). Or, celle-ci n'est qu'une hypothèse, certes séduisante pour certains, mais une hypothèse seulement. On pourrait donc parler de pseudo-mémoire.

On peut aussi penser qu'il y a un défaut de fonctionnement dans le mécanisme de la mémoire : on ne se souvient pas, mais on a l'impression de se souvenir. L'association d'idées créerait une sensation de déjà vu en s'appuyant sur divers éléments qui se regroupent autrement et l'auditeur qui reçoit le récit y ajoute ses propres associations.

PARANORMAL

On désigne par ce terme l'ensemble des phénomènes qui ne peuvent pas être expliqués par la logique et qui se rattache à la psychologie. C'est l'objet de l'étude de la parapsychologie. Il ne convient pas, toutefois, d'attribuer au paranormal tout phénomène qui étonne ; il y a parfois une explication logique à laquelle on ne songe pas, souvent parce qu'il manque un élément d'information.

PARAPSYCHOLOGIE

Ce terme, qui désigne les études et les faits, en un mot la science de ce qui est encore incomplètement compris ni scientifiquement admis, parmi les phénomènes où intervient l'élément les plus secret de la personnalité humaine, remplace l'ancienne expression **sciences occultes,** qui a soudain paru manquer de logique.

La parapsychologie est une activité de recherche concernant la zone frontière encore inconnue ou mal connue qui sépare les états psychologiques considérés comme habituels et normaux des états exceptionnels ou pathologiques.

Ce terme a été proposé en 1889 par Max Dessoir, qui, étant Allemand, le fit accepter dans son pays, puis aux États-Unis d'où il revint en Europe. Il a été introduit en France par Robert Amadou en 1956.

Les pays de l'Est et la psychotronique

Il n'a pas été accepté dans les pays de l'Est européen. Les chercheurs tchécoslovaques ont proposé à Moscou, lors d'un congrès, en 1968, le terme psychotronique qui a été très bien accueilli.

Les chercheurs des pays de l'Est européen pensent que le terme parapsychologie est impropre parce qu'il vise exclusivement la psychologie et parce qu'il se réfère à la notion d'inconscient ; or, c'est une notion qui se révèle incompatible avec la doctrine matérialiste des pays de l'Est. Elle a paru aussi compromettante pour les chercheurs parce qu'elle était encore trop associée dans l'esprit du public à l'occultisme dont elle apparaît comme une forme noble. Selon les mêmes chercheurs, la psychotronique, qui serait, disent-ils, « la bionique de l'homme », indique que l'on traite d'une forme d'énergie encore inconnue ; une énergie qui serait à la base des manifestations extraordinaires du cerveau humain ; ce serait l'énergie psychotronique, mesurable à l'aide d'une unité nouvelle, le psychotron.

Définition et évolution

On peut considérer, ainsi que le constate M. Edmond Bernard, dans la revue *Renaître 2000,* n° 1, janvier-février 1977, que la métapsychique, la parapsychologie et la psychotronique ne sont pas trois disciplines distinctes, mais trois approches d'une même discipline ne se distinguant que par des nuances.

La parapsychologie prétend placer les phénomènes qu'elle étudie en marge — comme l'indique son nom — de la psychologie, mais aussi de la pathologie. Or, cette définition, ne l'oublions pas, date de 1889 et son admission officielle en France de 1956. Le progrès ne cesse d'avancer. Aujourd'hui, les questions traitées par la parapsychologie concernent des chercheurs appartenant à d'autres disciplines et le champ va sans cesse en s'étendant, ce qui fait qu'on ne peut les nommer tous ici : médecins, physiciens, chimistes, historiens, sociologues, psychiatres, psychologues, pédagogues, etc.

Tout ceci étant dit et à peu près démontré, on peut accepter une définition plus complète — et plus complexe aussi — qui nous est donnée dans le livre de Robert Toquet intitulé *Le bilan du Surnaturel* et que voici : « La parapsychologie est la mise en évidence et l'étude expérimentale des fonctions psychiques non encore incorporées dans le système de la psychologie scientifique, en vue de leur incorporation dans ce système alors élargi et complété. » Ce texte est de Robert Amadou.

L'examen des différentes questions que prend en considération la parapsychologie conduit M. Robert Toquet à conclure que l'homme possède des « pouvoirs paranormaux » qui sont généralement dits pouvoirs secrets simplement parce qu'on n'est pas sûr de bien les connaître, ou bien parce que ceux qui ont eu la preuve qu'ils les possèdent n'aiment pas s'en vanter et ne cherchent pas à les expliquer. De là, le qualificatif d'occulte qu'ils avaient autrefois, jusqu'au XIXe siècle. Aujourd'hui, on étudie ces possibilités et on admire l'infinité des facettes du pouvoir du cerveau humain.

La psycho-physiologie moderne complétée par la psychanalyse nous a montré les espaces intérieurs infinis de l'intelligence humaine ; cet infini jusqu'ici secret, « occulte », apparaît aujourd'hui, de plus en plus, merveilleusement riche, non d'égarements de la raison, mais de possibilités infinies que l'on découvrira les unes après les autres. Déjà, les calculateurs prodiges et les génies précoces nous étonnent sans que nous puissions expliquer

« scientifiquement » leurs dons ; peut-être en trouvera-t-on plus tard le secret et celui de leur développement. Il y a déjà des méthodes d'enseignement sous hypnose qui sont un début intéressant.

Lorsque la parapsychologie sera devenue une science, nous aurons perdu avec une part de merveilleux et d'étrange, des raisons de nous étonner ; mais nous aurons gagné un développement aujourd'hui inimaginable de la personnalité de chacun de nous.

PENDULE

Il ne s'agit pas de l'appareil servant à mesurer le temps, mais de celui qui peut nous signaler certaines **activités magnétiques.** Le principe est le même : un poids au bout d'un fil. Mais le moteur est différent : l'horloge est mue par une mécanique qu'entretient le mouvement du pendule ; le pendule de la parapsychologie est mû par une force mal définie encore, dont on ne sait que peu de choses et même parfois, dont on nie l'existence, ce qui l'apparente aux autres problèmes posés par la parapsychologie.

Constitution d'un pendule

Il y a donc, pour constituer un pendule, un corps d'un certain poids suspendu à un fil d'une certaine longueur. L'autre extrémité du fil est tenue dans la main. Un fil à plomb peut servir de pendule. Il est préférable que le pendule, quand il est tenu en main, ne tourne pas sur lui-même, mouvement qui est donné par la torsion du fil de suspension, lequel tend à se détordre. Il faudrait que le pendule soit suspendu à un fil sans torsion. On peut se procurer cette sorte de fil avec un cocon de ver à soie. On plonge le cocon dans de l'eau tiède et les fils qui le composent se décollent peu à peu ; l'extrémité apparaît alors et on s'en saisit délicatement. Il n'y a plus qu'à tirer et le cocon se déroule car il est formé d'un seul fil très long enroulé en pelote creuse au centre de laquelle se trouve nichée la chrysalide. Il est important que le pendule ait un certain poids pour que son mouvement soit net et ferme ; sans cela, il sera influencé par le moindre souffle traversant l'atmosphère. Au fil sans torsion dévidé du cocon de ver à soie, on suspendait, au cours des travaux pratiques, à l'école, une bille toute petite faite dans de la moelle de sureau. Cet instrument d'une incroyable légèreté servait à des exercices pratiques en classe de physique. Mais, pour détecter des sources de magnétisme, n'importe quel objet peut être pendu au fil ; on attache parfois une bague à un cheveu...

Le pendule a la propriété d'être très « causant ». Il bouge de diverses façons qui valent des discours.

On peut donc suspendre au fil du pendule ce que l'on a sous la main, ce que l'imagination invente. Il existe, dans le commerce spécialisé, une grande quantité de poids proposés à l'utilisateur du pendule ; de la simple boule de verre à l'objet symbolique ou au récipient creux dans lequel on peut introduire un produit, tout a été inventé, dessiné, fabriqué. La matière constituant le pendule est aussi variée que la forme. Si on attache quelques pièces de nickel ensemble avec un fil de cuivre, on a ce qu'on appelle un pendule équilibré. On en fait également avec de petites bobines d'induction. Quant au poids du pendule, il dépend dans une certaine mesure de l'endroit où l'on va l'utiliser ; à l'intérieur, il peut être léger ; si on compte l'utiliser à l'extérieur, il est préférable qu'il soit plus lourd afin de n'être pas mû par la brise. L'air extérieur n'est jamais complètement immobile.

Applications du pendule

L'amateur peut faire sa propre éducation en s'exerçant sur différents objets. Un objet neutre, comme une feuille de papier blanc, n'inspire rien au pendule, qui reste immobile au bout de son fil. Un objet métallique l'éveille et lui donne un balancement. Un verre d'eau également. Le pendule étant tenu à la main par le chercheur, il peut placer son autre main au-dessous du poids et cela suffit à mettre le pendule au mouvement.

Au-dessus de la main d'un homme, le balancement du pendule se fait généralement selon une ligne nord-sud. Au-dessus d'une main féminine, le pendule ne se balance plus, il décrit des cercles dans le sens « des aiguilles d'une montre ». Certains cultivateurs s'en servent pour trier les œufs fécondés en futurs poulets et futures poulettes...

Lorsque le pendule est balancé au-dessus de la main d'une personne, qu'il tourne ou se balance, ses mouvements peuvent avoir une amplitude et une vigueur différentes : cela indique la force vitale, l'énergie intérieure, psychique et physique du sujet.

Une utilisation du pendule « en appartement » est la recherche des objets égarés. On peut promener le pendule dans chaque pièce ou bien le placer au-dessus d'un plan détaillé de cet appartement. Son mouvement se modifiera lorsqu'il passera au-dessus du point où se trouve l'objet égaré.

Le pendule sert officiellement à découvrir de l'eau sur un terrain, ou plutôt sous un terrain. On marche en tenant le pendule selon un quadrillage couvrant chaque point du sol et son mouvement se modifie lorsque quelque chose d'inhabituel se trouve au-dessous. Ce ne sera pas forcément de l'eau. Mais on pourra faire des déductions à partir de la configuration du sol et de quelques notions de géologie. J'ai connu un homme d'affaires qui se promenait ainsi sur des terres dans le département du Gard ; lorsque son pendule le lui suggérait, il notait le point du terrain, rassemblait ses notions sur le minerai intéressant qui se trouve dans le sous-sol et, éventuellement, il achetait le lopin. En général, lorsqu'il faisait creuser, il trouvait le métal « non-ferreux » qu'il cherchait et en faisait l'exploitation. Le pendule n'est donc pas un simple « truc » destiné à étonner les gens ; il a une réelle utilité.

Tenu au-dessus d'une personne se plaignant de certains malaises, le pendule change de mouvement en passant au-dessus de l'organe malade. Les guérisseurs s'en servent ainsi.

Comme le magnétisme humain, le pendule est connu depuis l'Antiquité. Les anciens Égyptiens s'en servaient.

Certains pensent que, pour se servir d'un pendule, il faut un don. Nous n'irons pas jusque-là ; nous dirons seulement que si nous abordons l'étude du pendule avec un scepticisme sec et absolu, si nous sommes disposés à en sourire, nous n'en obtiendrons rien. Nous pouvons même entraver les mouvements du pendule tenu par une autre main que la nôtre. Car, ne nous leurrons pas ; ce n'est pas une activité objective ; elle est par essence subjective, car ce n'est pas le fil ni la masse qui s'expriment, mais nous-mêmes. D'où la nécessité d'un minimum de curiosité et de confiance dans certaines sciences plus ou moins secrètes.

L'utilisation du pendule s'appelle RADIESTHÉSIE (voir ce mot) et l'utilisateur est un radiesthésiste.

Les notions que l'on donne généralement sur la signification des divers mouvements du pendule sont essentielles ; si on les donne à l'envers, les mouvements du pendule seront inversés. On a ici la preuve qu'il ne s'agit pas, dans le cas du pendule, de lois physiques, par conséquent, de lois qui, après réalisation de certains contrôles, pourraient être classées dans les données scientifiques, donc appartenir à la physique, mais d'intuition, de bon sens ou du don de divination de la personne qui tient le pendule. C'est pour ce caractère très particulier que le pendule, bien qu'utilisé réellement et valablement, appartient à la parapsychologie.

PERCIPIENT

Personne qui perçoit les pensées et les images transmises par **télépathie**. Ce terme n'a pas été inventé par les expérimentateurs ; c'est le terme anglais pour « percepteur », c'est-à-dire celui qui perçoit.

Lorsqu'on réalise des expériences de télépathie, en vue de l'étude méthodique de ce phénomène, on rédige des rapports précis et détaillés de ce qu'on a pu réaliser et obtenir. Dans ces rapports, on a besoin d'utiliser des expressions condensées pour exposer les faits. On peut employer, pour désigner la personne qui formule mentalement la pensée à transmettre par télépathie, le terme « émetteur ». On aurait pu employer récepteur pour la personne qui reçoit le message ; mais c'est un terme exprimant une réception nette et sans problème de ce message et ce n'est pas souvent le cas. La plupart de ces mots, de ces phrases, ou de ces images ne sont reçus qu'imparfaitement, quelquefois sous forme de symboles. C'est pour cela que les savants qui se sont livrés à ces recherches ont choisi le terme « percipient », car on « perçoit » le message plus qu'on ne le reçoit.

P.E.S. (ou E.S.P.)

Ces initiales sont l'abréviation de l'expression **perception extra-sensorielle.** Sous leur seconde forme, elles représentent la même expression en langue anglaise : extra-sensorial perception. En effet, lors de multiples réunions et comptes rendus sur les expériences de parapsychologie, on a eu besoin d'un terme générique couvrant l'ensemble des faits spontanés ou provoqués qui constitue l'objet de cette nouvelle science. Qu'il s'agisse d'HYPNOSE, de TÉLÉPATHIE, de CLAIRVOYANCE (voir chacun de ces termes) ou d'autres manifestations, leur caractère commun pouvait servir à les désigner collectivement.

Bien évidemment, ces perceptions ne sont pas vraiment extra-sensorielles ; mais elles ne sont pas forcément perçues par le sens qui, logiquement, eût dû le faire. Ainsi, la voyance ou clairvoyance ne se perçoit pas forcément par les yeux, sauf dans la boule de cristal. La perception a lieu par la pensée, donc aucun des cinq sens connus. Pour cette raison, on a souvent parlé de 6e sens. Mais l'existence de ce sens n'est pas démontrée.

L'expression P.E.S. ou E.S.P. reste utile tant qu'on n'aura rien trouvé de nouveau à ce sujet.

PHILIPPE DE LYON (Maître)

Nizier Anthelme Philippe est né en Savoie au mois d'avril 1849. Il était l'aîné de huit enfants d'une famille de paysans très pauvres. Marie Philippe, sa mère, avait fait une visite au saint Curé d'Ars qui lui avait fait une prédiction ; il lui annonçait qu'elle aurait un fils qui ferait preuve d'une spiritualité très élevée. Cette prédiction se réalisa, en fait.

Le jeune Anthelme, dès l'âge de 13 ans, dans son village savoyard, obtenait des **guérisons par la prière.** A 14 ans, il partit pour Lyon pour continuer cette tâche. Il disait à ceux qui lui exprimaient leur reconnaissance que cela ne dépendait pas de lui, mais que c'était Jésus-Christ qui guérissait ses malades. Il n'avait pas d'autre doctrine que l'Évangile. Monsieur Philippe, comme on l'appelait depuis qu'il avait atteint l'âge adulte, croyait dans la RÉINCARNATION (voir ce mot). Il enseignait qu'elle était un des moyens donnés à l'homme pour accomplir les expériences successives nécessaires à sa spiritualisation.

Il faisait sur ceux qui le rencontraient une forte impression. Ce fut par exemple le cas d'Yvon Leloup dit Sédir, qui écrivit à son sujet : « Lorsque le Maître paraît, c'est comme un soleil qui se lève dans le cœur du disciple. » Ce fut le cas du docteur Gérard Encausse, qui était un brillant occultiste. Il avait accompli de remarquables travaux sur la magie et la Kabbale, mais il n'y avait pas trouvé la réponse à ses aspirations et ce fut Maître Philippe qui la lui apporta. Lorsque le Dr Encausse eut un fils, le Maître Philippe devint son parrain et nous connaissons actuellement les écrits du Dr Philippe Encausse.

Monsieur Philippe mourut le 2 août 1905, toujours pauvre, ayant selon lui accompli sa mission. Il appartient à la parapsychologie par ses guérisons qu'il obtenait par l'imposition des mains et la prière. Sa tombe est à Loyasse et elle est toujours fleurie, tant la reconnaissance pour les bienfaits dont il a été l'auteur est fidèle et durable.

PHRÉNOLOGIE

C'est une science d'observation qui concerne la forme de la **boîte crânienne.** Tout comme on lit les dispositions et peut-être une part de l'avenir dans les lignes de la main et dans les traits du visage (voir aux mots CHIROMANCIE et PHYSIOGNOMONIE), on peut déchiffrer la forme du crâne : il n'est pas rond, il n'est pas ovale ; le crâne n'est pas géométrique ; il se développe chez chacun de nous selon nos dispositions et nos activités. A ce titre, et parce que ces supputations ne sont pas réellement scientifiques, mais uniquement résultat d'observations, la phrénologie peut entrer dans la parapsychologie.

Un nom à retenir au sujet de la phrénologie : GALL, un ami de LAVATER (voir respectivement ces deux noms) qui a tenté de dresser une méthode et des classifications pour l'observation de la boîte crânienne et les conclusions que l'on peut en tirer.

PHYSIOGNOMONIE

On appelle ainsi l'art de connaître les hommes d'après leur physionomie, c'est-à-dire l'ensemble des traits de leur visage. On conçoit que le visage est un élément important de la connaissance de la personne. Le rapprochement entre les traits du visage et certains traits du caractère, défauts ou qualités, est tellement évident que la conclusion en est instinctive.

Malgré cette apparente évidence, l'étude de la physionomie ne semble pas très ancienne, du moins son étude méthodique. Les premiers auteurs ayant écrit sur la question sont LAVATER (voir ce nom) et d'Arpentigny, tous deux au XVIIIe siècle. Ils ont rédigé le résultat de leurs observations sans conclure. DESBAROLLES (voir ce nom) les a reprises, mais son œuvre est touffue et confuse.

Trois zones

Tous les auteurs commencent par définir, dans le visage, trois zones. La **partie supérieure** du visage se rapporte aux tendances spiritualisées ; la **partie médiane**, avec le nez, les yeux, les joues, livre l'affectivité ; enfin **la partie inférieure**, c'est-à-dire la bouche et le menton, concerne le plan matériel et l'instinct. Dans chacune de ces trois parties, obtenues en traçant des divisions horizontales, on peut encore distinguer du haut vers le bas des sections dans une relation différente avec l'idéalisme ou le réalisme : le haut du front exprime plus de spiritualité que le bas du front ; les yeux concernent les sentiments plus élevés que le nez ; le menton est la matérialité même alors que la bouche se rapporte à un sentiment plus élevé.

On considère d'abord la forme générale du visage : les rapports de dimension entre les trois parties obtenues par division horizontale indiquent les degrés possibles d'élévation des sentiments. Le front doit être moyennement haut pour indiquer un esprit large et intelligent ; trop important, il indique un déséquilibre physiologique comme l'hydrocéphalie, par exemple. Droit, il est signe d'intelligence ; quand la partie supérieure surplombe, il montre de la réflexion, des qualités philosophiques. Haut et large, le front est le signe d'une intelligence puissante ; sauf s'il est parfaitement lisse et uni, auquel cas, il serait le signe d'une certaine routine dans les idées.

Si le front est osseux, il s'agit de quelqu'un de têtu. S'il est renversé en arrière, fuyant, il y a de l'imagination, le goût de briller, mais peu de profondeur de pensée ; si, au contraire, la partie supérieure avance sur l'ensemble, il s'agit d'un être réfléchi et philosophe, peu réaliste.

Si la partie médiane est proéminente, c'est signe de la mémoire des faits ; s'il est développé surtout sur les côtés, il y a sens artistique. S'il y a dépression au milieu, il s'agit de quelqu'un de réfléchi, mais en cas d'excès, c'est de l'indécision.

Yeux, nez, bouche, etc.

Passant à l'examen des yeux, on doit savoir que l'iris doit être en principe uni ; des taches seraient signe du mauvais fonctionnement d'un organe et on tombe dans une science d'observation appelée *iridologie*. Les iris foncés indiquent l'ardeur, l'intensité des sentiments, la passion. On peut alors observer l'expression du regard, après avoir noté la forme des yeux : grands, ils indiquent le goût de la rêverie ; petits, le goût des réalisations ; ronds et à fleur de tête, l'indécision ; arrondis et enfoncés, l'aplomb, l'audace. S'ils sont allongés, ils signalent le goût des arts et du luxe.

On observe enfin le regard dont l'expression est lisible par tout le monde.

Les observations doivent ensuite se porter sur le nez : long, il indique le calme, la prudence, la capacité de dominer ses passions. Court, il est signe d'impulsivité, d'émotivité. Droit, c'est la fermeté ; camus, c'est l'insouciance et la légèreté.

La racine du nez large indique des qualités supérieures ; très creusée, il y a manque d'énergie ; si l'arête du nez est large, il y a expansivité ; mince, grande réserve ; trop mince, égoïsme. On peut encore examiner la présence d'une bosse, signe de poésie ; le bout du nez qui peut être rond : bonté ; carré : réalisme ; pointu : avarice. Très large, sensualité ; en bille... lubricité.

Considérant le menton, la bouche, les joues, on peut faire d'autres remarques, en général connues.

Ce qu'on sait moins, c'est le problème de la dissymétrie de l'ensemble du visage. La moitié gauche correspond aux manifestations externes du sujet, la droite aux mouvements internes. Les joues charnues sont signe d'une nature aimante ; maigres : spiritualisation des sentiments ; desséchées : cœur sec.

La bouche donne également beaucoup d'informations. Nettement dessinée : harmonie générale, bonté. Irrégulière, tordue : bas instincts. Lèvres épaisses : domination des instincts ; minces : cérébralité.

Le menton parle aussi : carré : signe de raison ; rond : bonhomie ; pointu : finesse. Le menton qui avance est celui des gens qui agissent souvent avec violence.

On peut aussi observer les oreilles, mais elles ne sont pas toujours découvertes ; le système pileux, avec principalement les sourcils. Les dents donnent d'autres précisions dont on se doute un peu : dents petites, nature timide et affectueuse ; longues : indécision ; larges : audace.

Enfin, il y a les rides ; elles sont le résultat des mouvements d'expression de la physionomie. Une ride verticale entre les sourcils est le signe d'un esprit profond et réfléchi. Certains disent que c'est le signe de maux de tête fréquents...

POLTERGEIST

On appelle ainsi des phénomènes de PSYCHOKINÈSE (voir ce mot), c'est-à-dire des **déplacements d'objets** dont on ignore la cause et les responsables. Bien entendu, il ne s'agit pas d'un effet de l'imagination des personnes qui en ont été les témoins. Dans chaque cas pris en considération, les témoins étaient des personnes notoirement respectables et qui n'avaient aucun intérêt à se faire remarquer.

Le terme par lequel on désigne de tels faits, poltergeist, est une expression du vieil allemand signifiant « esprit tapageur », ou espiègle, ou facétieux. En effet, les désordres causés par les poltergeists sont stupéfiants, mais sans dommage corporel pour les personnes présentes.

Le fait que personne ne soit blessé dans les jets d'objets semble indiquer qu'une certaine intelligence domine ces manifestations, sinon l'esprit d'une personne de bon sens.

Il n'est pas question d'expliquer ici de tels faits, mais de définir des mots. Le poltergeist appartient très certainement à la parapsychologie. L'expliquer serait vouloir expliquer des faits étranges sur lesquels on a beaucoup écrit et dont, finalement, on ne sait pas grand-chose, sauf qu'ils émanent directement du subconscient de quelqu'un : encore faudrait-il savoir qui et pourquoi ? « Qu'il y ait des intelligences invisibles en action dans les phénomènes de poltergeist, c'est incontestable » a écrit CAMILLE FLAMMARION (voir ce nom). Cependant, cette conception entraîne des déductions impossibles à établir, à savoir : qui ? comment ? pourquoi ? Camille Flammarion n'apprécie pas le rôle primordial accordé au subconscient : « Attribuer ces actes raisonnés à des facultés bizarres du subconscient me paraît, écrit-il, une hypothèse difficilement soutenable. »

POSSESSION

Il arrive souvent que l'on confonde la possession avec l'envoûtement.

Dans cette confusion, il y a un défaut d'information. L'envoûtement est l'œuvre humaine d'un occultiste, d'un magicien qui a effectué certaines opérations, certains gestes. La possession est **l'œuvre du Diable.** Conséquence de cette différence : l'envoûtement peut être enlevé par un occultiste ; la possession ne cède pas aux manœuvres de désenvoûtement ; il y faut un exorciste.

Connaît-on des symptômes propres à distinguer ces deux situations ? Certes !

L'envoûté a la possibilité d'entrer dans une église et de prier. Le possédé ne le peut pas. Même s'il le souhaite — et généralement il ne le souhaite pas — il ne le peut pas ; il est incapable de prier. C'est à ce « blocage » que l'on reconnaît qu'il y a possession.

Celui qui est envoûté voit échouer toutes ses entreprises ; celui qui est possédé ne peut plus agir par lui-même : il a l'impression qu'une autre volonté a remplacé la sienne.

Il y a une curiosité dans le phénomène de la possession ; si, pour n'être pas envoûté, il suffit d'être moralement très pur, pour être possédé, il faut pressentir, percevoir l'existence d'un enfer avec un diable.

La possession est beaucoup plus grave que l'envoûtement et le magicien dans un tel cas ne peut rien : il faut appeler l'exorciste officiel ; il en existe un dans chaque évêché.

Le lecteur peut se demander ce que cette affaire religieuse vient faire dans la parapsychologie. Il n'est pas difficile de le deviner : c'est que l'envoûtement comme la possession, en fait, sont deux faces d'un seul et même problème : cela se passe dans la tête du sujet, non à l'extérieur.

PRÉCOGNITION

Perception anticipée de faits devant se dérouler ultérieurement. Cela se distingue de *prédiction*, annonce de faits devant se dérouler ultérieurement, et de *prévision*, conception anticipée de faits dont on suppose qu'ils vont se dérouler. Il y a, dans le terme précognition, une nuance parapsychologique car la précognition a un curieux caractère de certitude alors qu'elle n'a aucune base logique.

PRÉMONITION

Sentiment plus ou moins confus de ce qui va se produire et dont on n'est pas censé avoir connaissance. La prémonition peut se révéler aussi intense qu'une hallucination, avec cette différence que le fait ainsi connu se réalise ultérieurement, tandis que dans le cas d'une hallucination, le fait ne se réalise pas.

La prémonition peut se produire à l'état de veille et aussi pendant le sommeil : c'est alors un rêve prémonitoire (voir le mot RÊVE).

La prémonition est qualifiée de tutélaire quand elle constitue un avertissement dans l'intérêt du sujet. Si l'avertissement est clair, le sujet en tient compte et s'aperçoit du danger évité. Mais souvent l'avertissement est symbolique ; dans ce cas, le sujet peut difficilement en tenir compte et ce n'est que l'accident réalisé que l'on constate qu'il y avait eu prémonition.

PRÉSAGE

Signe qui annonce qu'un événement va se produire. Il n'y a pas de signe déterminé qui soit un présage en soi, mais tout fait fortuit peut en être un. Il suffit que l'on soit surpris par ce fait qu'on n'attendait pas et que, d'autre part, on soit préoccupé par l'avenir. En réalité, ce qui fait le présage, c'est nous, notre anxiété, nos suppositions. Sans ces problèmes psychiques, les présages n'en seraient point.

On peut admettre que l'existence la plus normale est pleine de présages sans qu'on sache les voir. Mais il ne faut pas se laisser dominer par ce sens précognitif.

En fait, les mystères de la destinée sont universels et permanents. Tout peut être une indication. Pour comprendre tant de faits qui, tous, peuvent annoncer quelque chose, il faut séparer ceux que nous provoquons nous-mêmes de ceux qui ne dépendent pas de nous. En fait, en raffinant un peu, nous devons trouver en chaque événement une trace de notre influence personnelle. Mais on y trouve aussi un présage, naturellement. Car nous créons nous-mêmes 90 % de ce qui nous arrive, et peut-être 100 %.

Il y a donc, dans un certain nombre de contingences, des reflets de notre destin, d'avance matérialisés. Un événement en voie de réalisation entraîne avec lui un grand nombre de petits événements accessoires qui lui font comme une escorte ou, mieux, un halo. Car l'escorte suit, le halo entoure.

Des présages, on peut en voir partout. C'est l'expression des choses à notre égard. Qui les comprend ? Notre esprit. Car l'esprit reste dominant et il dominerait toutes les fatalités si nous savions le consulter et le suivre. D'où nous concluerons que nous sommes les auteurs des présages nous concernant. Lorsque nous négligeons d'en tenir compte, il y a, pour nous rappeler à l'ordre, le RÊVE (voir ce mot).

PSI

Le symbole et le nom de la lettre grecque *psi* ont été proposés par les docteurs Thouless et Wiesner, parapsychologues britanniques, pour désigner les phénomènes paranormaux. Les faits « psi » se divisent, d'après eux, en phénomènes subjectifs qu'ils appellent « psi-gamma » et des phénomènes apparemment différents qu'ils appellent « psi-koppa », correspondant à ce que nous appelons en France psychokinèse. Cependant, beaucoup de parapsychologues emploient la lettre « psi » pour désigner la télépathie et la métagnomie exclusivement (voir ces mots).

PSILOGIE

Ce terme a été d'abord en vigueur au Québec où il désigne une chaire en Université traitant de parapsychologie. Ce mot a été proposé en France, lors d'un congrès de parapsychologie réuni alors que ce terme n'existait pas encore et justement aux fins de constituer un vocabulaire spécial pour ces questions, et qui ne soit ni obscurantiste ni supercartésien. Proposé par M. Christian Cabayé, il a été adopté pour désigner l'étude des phénomènes PSI (voir ce mot). Le terme est constitué de la syllabe « psi » adopée pour désigner tous les phénomènes qualifiés de paranormaux. Le radical « logie » vient du grec *logos*, qui signifie science.

Il n'est pas employé actuellement.

PSYCHISME

On range sous ce terme l'ensemble des **caractéristiques psychologiques** d'un individu. Le psychisme intéresse la parapsychologie par les étrangetés qu'il manifeste parfois. On doit admettre en premier lieu que le psychisme est le premier élément en cause dans la parapsychologie. Le fait est que la psychologie intervient dans tout ce qui nous concerne ; on ne peut donc pas négliger le psychisme qui en est le résultat pour chacun de nous.

C'est notre caractère ; c'est le résultat de notre évolution personnelle des premiers balbutiements à l'âge adulte. La majorité des êtres vivants a un psychisme relativement simple et direct. Il en est pour les animaux comme pour les hommes. Ce psychisme, qui est à la base de toute pensée, de toute réflexion, est, au départ, influencé par l'instinct. Chez certains hommes, cet instinct reste dominant. Chez d'autres, il est rapidement soumis à l'intelligence, à la réflexion, à la méditation.

Tout travail de parapsychologie s'interfère avec les éléments constituant le psychisme.

Une énorme littérature commente le psychisme pour l'étudier, l'examiner, l'analyser, le détailler, le critiquer, le modifier, etc. Plusieurs sciences s'y attachent : la psychologie au premier rang et, très proche, mais un peu en marge, la parapsychologie, et aussi la logique, la morale, la religion, la philosophie, tout ce qui constitue l'activité intellectuelle dans l'Univers.

Ce que contient le mot psychisme est infini et infiniment complexe. S'en rendre compte est le propre de l'être humain et fait probablement partie de ce qui le distingue de l'animal, car l'animal a un psychisme, mais sans doute ne le sait-il pas...

PSYCHOKINÈSE

On peut définir la psychokinèse comme **l'action de l'esprit sur des systèmes physiques en évolution,** comme par exemple des objets en mouvement.

L'action qui provoque une psychokinèse est-elle naturelle, logique, normale et partie intégrante de l'esprit humain ? Comme tous les êtres humains sont semblables, à de minimes différences près, nous sommes tentés de répondre par l'affirmative. En fait, nous avons tous une voix et nous ne sommes pas tous des spécialistes du bel-canto ; nous avons tous des yeux pour voir et certains doivent compléter leur sens de la vue par des verres « correcteurs ». Ce qui veut dire que la psychokinèse peut se rencontrer chez tout le monde, mais à des degrés si différents que les uns réalisent des expériences laissant bouche bée les autres qui ont peine à croire ce qu'ils voient.

La psychokinèse appartient à la parapsychologie ; son étude s'y rattache et s'y trouve incluse.

On peut ajouter que la psychokinèse fonctionne facilement quand le sujet est en bonne santé et en possession de toutes ses forces. Elle est moins apparente quand il est fatigué.

Pour expérimenter une psychokinèse, il faut choisir un objet se déplaçant facilement, par exemple une boule très légère sur une surface unie, l'immobiliser et la regarder fermement en lui donnant mentalement l'ordre de bouger. Au bout de plusieurs essais, on réussit à déplacer l'objet sans agir sur lui autrement que par la pensée...

PSYCHOMÉTRIE

Ce terme qui, selon sa composition, paraît signifier « mesure de l'âme », a été utilisé pour désigner la **mémoire des choses.** Cependant, cette mémoire existe-t-elle ? Réponse affirmative si l'on examine chaque cas avec un esprit large. Certains tenteront de donner une explication au fait curieux que les choses gardent le souvenir d'une personne vivante : on parle d'empreinte, d'odeur corporelle, de température modifiée, etc. Bref, quelle que soit la raison pour laquelle ce phénomène existe, les choses gardent le souvenir et le phénomène s'appelle, bien ou mal nommé, la psychométrie.

La définition proposée par M. Robert Toquet dans son livre *Le bilan du Surnaturel* est celle-ci : « Prise de connaissance de l'ambiance d'une personne et de ses états affectifs et intellectuels par l'intermédiaire d'un objet appartenant à cette personne ou ayant été plus ou moins en contact avec elle. »

D'où la demande des médiums que l'on interroge sur une personne n'assistant pas au dialogue : « Pouvez-vous me confier un objet lui appartenant ? »

PSYCHOTRON

Unité de mesure. La doctrine qui accepte le terme PSYCHOTRONIQUE (voir ce mot) pour qualifier les manifestations de l'inconscient et du subconscient et qui souhaite remplacer le mot occultisme par le mot psychotronique, utilise le psychotron pour en quelque sorte mesurer l'intensité et la durée de ces manifestations. Ce mot appartient aux travaux qui témoignent des hésitations et des recherches en vue de constituer un bon vocabulaire pour la parapsychologie, anciennement appelée occultisme.

PSYCHOTRONIQUE

Le docteur tchèque Zdznek Redjak a proposé ce terme en 1968 pour désigner « l'étude scientifique interdisciplinaire des interactions entre les organismes vivants, leur environnement interne et externe et les processus énergétiques qui sous-tendent leurs manifestations. La psychotronique reconnaît que la matière, l'énergie et la conscience sont liées. L'étude intégrée de ces interconnexions contribue à une compréhension nouvelle des capacités énergétiques de l'être humain et des autres organismes vivants des processus de vie et de la matière en général. » (Cité dans la revue *Renaître*)

Le terme psychotronique est celui qui est utilisé dans les pays dits de l'Est pour désigner ce que nous appelons la parapsychologie.

PUYSÉGUR (Marquis de)

Il est né le 1er mars 1751 d'une grande famille et fut d'abord destiné à la carrière des armes. En 1780, étant alors colonel, il épouse la fille d'un très riche banquier. Il se montre toute sa vie très bon et généreux et, son beau-père s'étant ruiné, il lui remboursera la dot de sa fille. A partir de 1780, il s'intéresse au magnétisme. En effet, c'est la grande vogue de MESMER (voir ce nom). Très rationaliste, Puységur doute de l'invention de Mesmer et s'inscrit chez lui « pour voir ».

Par manière de plaisanterie, ayant trouvé la fille de son régisseur en larmes à cause d'une rage de dents, il propose de la **guérir par magnétisme** et, à ses passes, la douleur disparaît. Il a bientôt tant de malades accourus chez lui qu'il organise des guérisons collectives en les installant autour d'un orme qu'il magnétise. Puis, il constate que ses passes plongent dans un étrange sommeil ses patients. Lorsqu'ils sont ainsi, Puységur les suggestionne et ils manifestent alors des dons de voyance. Puységur a laissé le souvenir d'un homme intègre et généreux et quelques découvertes concernant l'hypnotisme.

PYRAMIDE

Ce terme, qui désigne simplement une forme géométrique, n'appartiendrait pas à la parapsychologie, mais uniquement à la géométrie, si l'on n'avait découvert à cette forme particulière des qualités spéciales assez étonnantes.

La définition de la pyramide est d'abord un polyèdre limité par un polygone plan qui en constitue la base, toutes les autres faces, planes également, étant des triangles avec respectivement pour base un des côtés du polygone de base et ayant tous un sommet commun qui est le sommet de ladite pyramide.

En fait, ce polyèdre s'est révélé avoir des qualités particulières. Ces qualités sont actuellement considérées comme provenant des ONDES DE FORME (voir ce mot) émises par le polyèdre en question. Plusieurs sortes d'objets pourraient être étudiés au point de vue des ondes de forme, mais il semble que la pyramide soit le plus typique. Avec de petites pyramides en matière plastique ou en verre, donc transparentes, on peut se livrer à de nombreuses expériences. Ceci se situe à l'avant-garde de la radiesthésie et presque tout, en cette question, reste à découvrir.

En dehors des ondes de forme qui sont émises par les pyramides, celles d'Égypte posent de nombreux problèmes directement liés à la parapsychologie et non encore résolus.

R

RADIESTHÉSIE

La radiesthésie était appelée autrefois *sourcellerie* ou *rhabdomancie*. Elle constitue un procédé divinatoire et, à ce titre, appartient à la parapsychologie. Elle constitue même un des procédés divinatoires les plus employés. Aux mots BAGUETTE DE SOURCIER et PENDULE, on trouvera des informations pratiques sur ces procédés de recherche.

La radiesthésie, sous ses anciens noms que nous venons de donner, remonte à l'Antiquité la plus reculée. Vingt-deux siècles avant l'ère chrétienne, les Chinois la pratiquaient couramment. Certains prétendent que lorsque Moïse, dans le désert, fit jaillir de l'eau devant le peuple hébreu en fuite, en frappant simplement un rocher avec une baguette ou un bâton, il fit tout naturellement acte de sourcier, de radiesthésiste. C'est le caractère légendaire et la tournure imagée, à l'orientale, du récit qui a transformé l'incident en miracle et a créé cette image d'une source limpide jaillissant spontanément d'un rocher touché par une baguette. Sans doute, le vieux sage avait-il cherché la présence de l'eau sous le sable longtemps avant de la trouver ; et peut-être n'était-ce pas une source claire sortant d'un rocher, mais une nappe d'eau enfouie sous le sable.

La radiesthésie atteint aujourd'hui un énorme développement. Des sociétés très actives ne vivent que de son étude, de la recherche de nouvelles applications et de la pratique traditionnelle de cet art, sans compter les entreprises vivant de la fabrication et de la vente des pendules.

La radiesthésie a longtemps consisté uniquement dans la recherche de l'eau, des sources, d'où son nom de sourcellerie. Mais son domaine s'est, à notre époque, amplement développé. On la définit actuellement comme un moyen de connaissance d'après les mouvements d'une baguette ou d'un pendule.

On a pris l'habitude, aujourd'hui, de distinguer deux sortes de radiesthésie : la radiesthésie mentale et la radiesthésie physique.

Que se passe-t-il ?

Le problème consiste à définir pourquoi le pendule ou la baguette manifeste par un mouvement qu'on vient de trouver ce qu'on cherchait. Tout le monde est d'accord sur un point : pour que la baguette ou le pendule s'exprime, cet instrument doit être tenu par une main humaine. Il s'agirait, en effet, d'une action musculaire réflexe engendrée, pense-t-on, par une AUTOSUGGESTION (voir ce mot) ou une hétérosuggestion. On met en doute l'idée que celui qui tient la baguette ou le pendule possède des facultés médiumniques (voir le mot MÉDIUM). Ce n'est pas la médiumnité qui est en jeu dans la radiesthésie, mais autre chose. La recherche en matière de radiesthésie se présente donc comme deux questions auxquelles il faudrait pouvoir répondre.

— Que découvre la radiesthésie ? Quelles informations fournit-elle ? Des secrets jusqu'ici ignorés de tous ou un savoir diffus qui demandait à être précisé ?

— D'autre part, le radiesthésiste est-il un être particulièrement disposé à percevoir des réalités cachées ou bien un praticien particulièrement doué des arts divinatoires ?

Autrement dit, la radiesthésie précise-t-elle ou confirme-t-elle ce que l'on sait déjà ou bien livre-t-elle des informations qui n'ont jamais été dites ni constatées ?

Le défaut des chercheurs en de telles matières est qu'ils refusent d'admettre la parapsychologie. Ils constatent les diverses utilisations de la radiesthésie et déclarent que, puisqu'elle existe, elle doit entrer dans le cadre de la physique. Mieux vaudrait accepter des nuances, des demi-teintes et admettre qu'un phénomène peut être bien réel et n'avoir quand même pas ou pas encore d'explication conforme à la logique intellectuelle.

Les partisans les plus rigoureux d'une logique des phénomènes physiques sont obligés de reconnaître que l'inerte et le vivant émettent un rayonnement, une influence indiscernables avec évidence et généralement non mesurables, mais qui n'existent pas en leur absence. On ne peut pas dire s'il s'agit de particules chimiques, de radiations ou de vibrations. On doit également accorder son attention à ce qu'on appelle les courants telluriques, qui circulent dans le sol. Ces courants subissent des perturbations et l'on comprend que celles-ci modifient le mouvement du pendule ou déplacent la baguette fourchue. Celle-ci, donc, signale la présence d'une anomalie et la géologie ou la fouille, tout simplement, précise la nature du sous-sol et l'intérêt qu'elle présente. C'est une activité qui pourrait n'appartenir en rien à la parapsychologie, si elle ne présentait aucune particularité, mais il en existe une : c'est le pourcentage d'erreurs.

On a remarqué, par des expériences méthodiques, dont les résultats ont été relevés, que la personnalité du radiesthésiste joue un rôle essentiel : le pendule et la baguette effectuent des mouvements et ne donnent des signaux que tenus dans une main humaine.

— C'est vous qui faites bouger le pendule ! s'écrient les témoins critiques auxquels on fait une démonstration.

— Bien sûr que c'est moi, leur répond-on. Mais essayez à votre tour.

Pour quelqu'un qui n'est pas habitué à cet exercice, le mouvement du pendule est à peu près irréalisable ; cela pour la simple raison qu'il « n'y croit pas ». S'il accepte d'y croire, il n'y voit plus rien d'étonnant. Il est donc indispensable de toujours préciser que le mouvement est imprimé au pendule par la main qui le tient, et que ce qui est admirable, c'est que cette main perçoive, de quelque manière que ce soit, la particularité qui fait bouger le pendule. Il faut admirer ici l'étrangeté du fait que nous connaissions si mal nos propres possibilités.

On doit donc reconnaître que les êtres, les choses et divers phénomènes sont liés entre eux dans un ensemble que nous pouvons appeler l'ambiance et qu'une communication entre eux s'exprime. L'action du radiesthésiste consiste donc à sentir ces différentes influences et à trouver un moyen de les exprimer sans les détruire. Il s'agit d'actions si ténues que même la pensée les déforme ; le pendule et la baguette fourchue sont des moyens de signaler leur présence avec assez de finesse pour ne pas les annuler. D'autre part, le radiesthésiste sélectionne ces vibrations et ces émanations ; ceci, c'est une action qui lui est personnelle. Elle tient à son orientation mentale. Il utilise le pendule pour formuler et transmettre l'inexprimable, l'indicible, le ténu qu'il sent, qu'il devine, qu'il subodore.

Les faits scientifiquement établis ne sont pas d'une grande utilité au radiesthésiste, à moins qu'il ne les connaisse de longue date et les ait littéralement assimilés. S'il veut s'expliquer, il va probablement parler d'ondes sans autre précision. Il se crée pour lui-même et à son seul usage un système qui n'est pas forcément exact, mais qui suffit à régir ses possibilités physiques et psychiques et à leur faire mettre en évidence ce qu'il découvre.

Des faits

Ce qui paraît le plus extraordinaire en radiesthésie, c'est la découverte à distance. On cite le cas d'un radiesthésiste qui a été capable, d'une distance de 450 km, de reconstituer le trajet parcouru par le chat égaré de son correspondant, ce qui a permis de retrouver cet animal. De tels faits sont fréquents. On n'explique pas la téléradiesthésie sur plan : on la constate. C'est ce qui se passe pour un grand nombre d'activités. On est presque forcé d'admettre que tout se passe dans l'esprit du radiesthésiste. Il faut un don. Ce don, toutefois, se cherche, s'exerce, se cultive. Avec quelques bons exercices, vous pouvez y arriver, pourvu que vous ayez un pendule, du temps libre et l'esprit serein.

Une autre particularité de la radiesthésie réside dans l'emploi de la méthode dite « des témoins ». Les radiesthésistes chevronnés savent depuis longtemps qu'en mettant une substance dans la main, le pendule ne réagit plus qu'en présence de cette même substance. S'il s'agit, par exemple, d'un morceau de cuivre, le pendule ne réagira plus que pour le cuivre. Il est alors facile, en se reportant aux points où le pendule a réagi, de conclure que là se trouve la même substance que celle qu'on tenait dans la main.

On a vu des radiesthésistes tenir d'une main leur pendule au-dessus d'un consultant tout en promenant l'autre main sur une figure anatomique représentant le corps humain ; dans ce cas, le pendule signale par ses mouvements les maux qui frappent la partie du corps du consultant correspondant au point du dessin où se trouvait la main. Le témoin indique ici la nature d'un mal à guérir.

Par le procédé du témoin, des guérisseurs choisissent le médicament spécifique du mal dont souffre le consultant.

Ainsi, la radiesthésie se manifeste-t-elle comme un merveilleux moyen de résoudre bien des problèmes. Il reste à définir la valeur de ces solutions.

RAPS

Raps est un mot anglais qui signifie « petits coups secs ». On appelle ainsi, en français, des **coups secs** frappés apparemment sans aucune intervention normale. On a étudié les raps à partir de réunions où l'on expérimentait l'influence des mains posées sur une table afin d'obtenir des bruits ou des mouvements significatifs. Il faut savoir distinguer les raps des craquements naturels du bois qui « travaille ». En principe, les raps sont émis dans un style que l'on pourrait qualifier d'intelligent : soit qu'ils répondent à des questions, soit qu'ils se fassent entendre à espaces réguliers et dans un nombre répété. On perçoit alors que le hasard seul ne pourrait réaliser ce bruit et que ces coups répétés sont ce qu'on est convenu d'appeler des raps.

RÉINCARNATION

La théorie de la réincarnation pose en principe la pérennité de chaque âme, qui effectuerait des séjours successifs dans ce qui est la vie. On vivrait donc plusieurs fois. Cette philosophie s'appelle la **palingénésique**. Elle « supprime toutes les difficultés opposées à l'idéalisme par le matérialisme, toutes les objections faites au nom de la logique à la notion de survie ». (Dr Gustave Geley dans *Survie.*)

C'est le problème du mal qui gêne généralement les croyances dans une survie.

D'après la palingénésique, l'idée divine existe en puissance dans toutes les manifestations physiques et psychiques de la vie universelle ; elle tend à se réaliser ; elle est en cours de réalisation. Le mal est alors considéré comme la mesure de l'infériorité des êtres et des mondes. Il est appelé à diminuer. Il a un rôle : il est l'aiguillon qui nous empêche de nous immobiliser. Il nous remet éventuellement dans la bonne voie. Quelle bonne voie ? Apparemment celle qui est la plus propre à faciliter notre évolution vers une perfection que nous cherchons sous le nom de divinité.

Pour la palingénésie, l'âme est éternelle et permanente et elle évolue sans fin. Il faut avoir, pour saisir ce raisonnement, une notion assez nette de l'infini.

Le mal, c'est l'erreur. Il nous fait dévier d'une ligne continue que nous pensons être la bonne voie. Il n'y a cependant pas de sanction : il y a retard ou mauvais aiguillage dans notre évolution.

D'autre part, la palingénésie ne fait pas de différence entre l'âme humaine et celle des animaux. Le processus d'incarnation et de désincarnation est la conséquence d'une loi générale couvrant tout ce qui est, tout ce qui pense, tout ce qui vit.

L'âme serait une parcelle divine non encore pleinement consciente de sa divinité. Elle s'élève constamment et par degrés depuis les règnes inférieurs et cherche son développement le plus parfait.

Les processus d'incarnation et de désincarnation correspondraient, selon cette thèse, à la constitution et à la rupture de groupements éphémères d'éléments que l'on peut appeler monades. Ce terme vient du grec *monos*, qui veut dire « seul ». Il y aurait dans l'univers un seul élément ; on a longtemps dit que cet élément unique était la matière, ce qui a donné naissance au matérialisme. Mais pour le Dr Geley, auquel nous empruntons les principaux points de cette théorie, le « monisme » est l'affirmation que l'intelligence, la force et la matière ne sont que des modalités d'un élément unique : la substance universelle.

La notion de réincarnation a été rejetée par l'Église en 553, au Concile de Constantinople. Depuis, on ne parvient que difficilement à admettre la nature et le rôle de l'âme. C'est le corps physique qui recèle tous les aspects de la personnalité mêlés aux caractères héréditaires. Les parents non éclairés sur ce point, disent les tenants de la palingénésie, ont tendance à réduire la part d'individualité chez leurs enfants en ne voyant en ceux-ci qu'un prolongement d'eux-mêmes.

Jusqu'à quel point les enfants sont-ils proches des parents, selon la théorie de la réincarnation ? Ils sont plus proches des parents si ces derniers les ont conçus délibérément, en conscience et dans le but réel de les créer, ceux-ci et non n'importe quels autres, avec leur individualité propre. Si la conception a été entraînée et masquée par la satisfaction d'un désir, par l'exploitation d'un plaisir, l'enfant se révélera tout à fait détaché de ses parents, et venu entre eux, comme un rameau se greffe sur un tronc.

On en vient alors à la thèse suivant laquelle l'être dynamique préexiste à la gestation du corps de chair.

Les tenants de la philosophie palingénésique y trouvent une explication à l'inégalité des destins qui font des êtres éclatants de santé, de joie, de générosité et d'autres êtres nés malades, infirmes ou misérables, ou encore vicieux.

Dans cette philosophie, le mal est la mesure de l'infériorité des êtres et des mondes, par conséquent la sanction du passé. Mais non d'un passé individuel : un passé collectif.

En revenant dans une nouvelle incarnation, l'individu choisit généralement, pense-t-on, un milieu différent de celui qu'il vient de quitter. Il peut aussi rester volontairement attaché à une même famille et se réincarner dans un de ses descendants, s'il a gardé une prédilection particulière puissante pour cette origine.

La réincarnation implique l'évolution continue et l'immortalité de l'être dans sa manifestation complète et essentielle, c'est-à-dire dans la vie spirituelle universelle.

RÊVE

La question de savoir ce qu'était réellement le rêve a fait travailler bien des esprits et couler beaucoup d'encre. De tout temps, l'homme s'est étonné de cette étrange vie à laquelle il participait pendant son sommeil et dont, en général, il se souvenait à son réveil.

Différentes théories

Selon certains savants, le rêve est « un désordre tumultueux, chaotique, une fantaisie échevelée de la pensée ». Dans cette optique, on peut le considérer comme créé seulement par une activité de la conscience viscérale, c'est-à-dire une forme de conscience animée par les mouvements des différentes fonctions de la vie : digestion, respiration, battements du cœur.

Cette opinion ne recouvre pas dans toute sa diversité la totalité des rêves que nous faisons. Il y a des rêves qui sont déclenchés par une sensation venue de l'extérieur et perçue par les sens à travers l'engourdissement du sommeil : typique est la sonnerie du réveil qui s'introduit parfois dans le rêve où elle se présente comme l'aboutissement de toute une aventure qui a paru durer plusieurs heures ; cette expérience montrant, d'ailleurs, que le temps n'existe pas dans le rêve.

Il y a des cas où le rêve est proprement un éveil de notre subconscient libéré de l'emprise de la raison et se livrant alors sans aucune contrainte à ses propres tendances. Dans ce cas, sont amenées à la surface pensante des craintes ou des espérances informulées dans l'état de veille et qui prennent tout leur développement à la faveur du sommeil.

Le rêve peut aussi manifester le souvenir d'impressions reçues durant l'état de veille sans que notre attention en soit informée et que seul le subconscient a retenues.

Le philosophe Henri Bergson a beaucoup écrit sur le rêve et ses remarques paraissent fort justes. « Le rêve, a-t-il exprimé notamment, c'est la vie mentale tout entière, moins l'effort de concentration. » Et il fait ce commentaire : « La vie à l'état de veille est une vie de travail, même quand on croit ne rien faire, car à tout moment on doit choisir et, à tout moment, on doit exclure. L'effort que l'on fournit sans trêve, le "moi" du rêve s'abstient purement et simplement de le donner. »

Freud et les psychanalystes entraînés dans son sillage ont donné une forme très particulière au problème du rêve. Pour eux, ce ne serait que la réalisation des aspirations les plus secrètes et les mieux dissimulées de notre conscience à l'état de veille. Ce serait donc une soupape de sécurité servant à nous permettre de supporter nos désirs refoulés, désirs souvent à tendances érotiques.

Les occultistes, dont s'occupe généralement la parapsychologie, ont une autre opinion. Ils pensent que les rêves nous sont transmis au moment où notre âme, libérée de ses liens charnels qui lui sont autant de servitudes, peut entrer librement dans l'au-delà et y recevoir les avertissements d'un désincarné ou y puiser seule et par ses propres moyens des images relatives à des événements à venir.

Un problème intéressant consiste à savoir jusqu'à quel point on peut se souvenir de ses rêves. Certaines personnes déclarent « ne jamais rêver ». Or, on sait que tout dormeur rêve ; le problème est dans le fait que la plupart des gens oublient ce qu'ils ont rêvé et pensent, de ce fait, ne pas rêver. Il est donc toujours intéressant de se souvenir de ses rêves et, pour y parvenir, on s'y appliquera quelque peu.

Beaucoup d'auteurs conseillent de noter les rêves dès le réveil.

A notre avis, le seul fait de se munir de papier et de crayon pour noter ses rêves replonge le dormeur qui vient de s'éveiller dans une réalité matérielle qui est trop éloignée de l'état d'esprit pendant le rêve et trop proche de préoccupations de la période de veille. Il sera beaucoup plus facile et beaucoup moins proche de la période de veille d'avoir près de soi un magnétophone ou un dictaphone auquel on racontera à mi-voix ce que l'on vient de rêver. Le passage de l'état de sommeil à celui de veille est alors moins brutal, moins marqué et on pourra demeurer plus près de la situation où l'on se trouvait pendant le rêve, dans le rêve. On pourra même se rendormir un moment avant de se lever pour entrer dans la phase active de la journée.

Jour après jour, on apprend ainsi à se souvenir de ce qu'on a rêvé. Bientôt s'installe un climat favorable au rêve, permettant de se souvenir de ce que l'on a soi-disant vécu pendant la nuit et ces données pourront être traduites et expliquées.

Les mécanismes d'élaboration du rêve

Parmi les mécanismes qui président à l'élaboration du rêve, on remarque ce qu'on a convenu d'appeler la **condensation**. Il s'agit d'une notion importante dans l'analyse des rêves. On note que, parmi tous les symboles ou toutes les allusions possibles pour évoquer dans le rêve une situation ou un objet donnés, sont employés et retenus ceux qui s'associent au plus grand nombre d'impressions. Il semble que le rêve s'exprime avec la ferme intention de bien se faire comprendre et, pour cela, il choisit les symboles les plus couramment présents dans l'état de veille, plutôt que ceux, toujours dans l'état de veille, représentant de plus près et avec plus d'exactitude l'idée à exprimer.

On note un second mécanisme présidant à l'élaboration du rêve : on le désigne sous le nom de **déplacement**. Par exemple : un homme rêve qu'il retrouve un petit chien ayant appartenu à sa famille alors que lui-même était dans l'adolescence. Étonné de le trouver encore en vie après un temps aussi long, il le prend dans ses bras et le couvre de baisers. Or, le petit chien avait été donné à la sœur du rêveur et celle-ci était morte alors que le rêveur avait vingt ans. Le chien apparaissant dans le rêve n'a pas pour but de représenter la sœur du rêveur. Mais sa présence permet a celui-ci d'extérioriser une émotion, due à la perte de cette sœur, qu'il faut donc déplacer de ce chien à la pensée de la sœur disparue. Ainsi, le rêveur peut-il se montrer ému et chagriné sans se ridiculiser aux yeux des indifférents. C'est souvent à cause du déplacement qui vient d'être ici décrit que le rêve prend un aspect étrange et parfaitement illogique.

Les rêves prémonitoires

Dans l'Antiquité, où l'on se préoccupait beaucoup des rêves et de leur explication, on donnait le nom de songes aux rêves que l'on pouvait considérer comme prémonitoires ; les autres ne faisaient pas l'objet d'une divination, étant trop exactement liés à des faits matériels de la vie quotidienne.

On a souvent dit que les rêves dont on ne se souvient pas n'étaient pas prémonitoires ; seuls le seraient ceux qui restent fortement imprimés dans notre mémoire.

Les meilleurs « songes », ceux qui ont le plus de chances de nous apporter des clartés sur notre avenir, sont ceux que nous faisons au petit matin. On suppose que c'est parce que c'est seulement à ce moment que les fonctions organiques qui sont la suite des activités de la journée sont terminées. Nous sommes alors libérés de l'emprise corporelle et disponibles pour accueillir les messages de l'au-delà.

Il existe des rêves nettement prophétiques suscités par l'intuition du rêveur : celui-ci devine, par intuition, tel drame qui est sur le point de se produire ; on sent parfois ces choses sans s'expliquer pourquoi on conçoit de telles idées. Le rêve est alors facilement explicatif. Nous avons souvent noté dans la journée des observations très réelles que nous sommes seuls à avoir faites et qui ont retenu fortement notre attention. Pendant quelques périodes brèves d'oisiveté relative, par exemple au volant d'une voiture dans un parcours facile et monotone, nous avons pu penser de nouveau à notre impression fugace. Dans la nuit qui suit, il est possible qu'un rêve très net traduise notre impression et annonce ce qui va se produire dans les jours suivants : cela peut arriver, par exemple, quand on va rendre visite à un parent gravement malade sans que, pour cela, on le pense en danger de mourir. Ce n'est alors pas le rêve qui est prémonitoire ; c'est notre bon sens et notre raisonnement. Le rêve, comme un maître constatant que l'élève a été étourdi et n'a pas fait attention à ce qu'il a appris, tient à nous rappeler les faits avec une netteté grande et parfois cruelle afin que ce que nous avons vu nous soit utile.

Les rêves constituent un moyen de choix et de haute qualité pour nous permettre de pénétrer, si modestement que ce soit, dans les méandres de notre inconscient. Les anciens l'avaient senti et c'est pour cela que, depuis la plus haute Antiquité, on cherche à interpréter les rêves. Cet art divinatoire s'appelle ONIROMANCIE (voir ce mot).

RHINE (J.-B.)

Il est né le 29 septembre 1895 dans le comté de Juniata, en Pennsylvanie (U.S.A.). Il a fréquenté l'université, où il fit des études théologiques. Puis, il se livra à des études personnelles sur les végétaux. Il obtint, ainsi que Louisa Rhine, son épouse, en 1925, le grade de bachelier ès sciences et de docteur ès sciences. Il occupa la chaire de physiologie végétale à l'Université de Virginie Occidentale, Faculté des Sciences.

Mais, avec Louisa Rhine, il s'était depuis plusieurs années initié à la parapsychologie. Ils connurent le professeur William Mac Dougall et le suivirent à l'Université Duke en Caroline du Nord. Là, J.-B. Rhine se vit offrir une chaire de psychologie. A partir de 1927, J.-B. Rhine entreprit des séries systématiques d'expériences de **télépathie** et de **clairvoyance**. On fonda à l'Université de Duke un Laboratoire parapsychologique et Rhine, pour le diriger efficacement, renonça à sa chaire de professeur. Il lança le *Journal de la parapsychologie* dont il demeura l'un des directeurs jusqu'en 1953. Le Professeur et Mme Rhine furent reçus, à Paris, par l'Institut métapsychique international le 13 juin 1953.

Pratiquement, les travaux de J.-B. Rhine sur la télépathie et la clairvoyance, qu'il réalisa à l'aide des cartes de ZENER (voir ce nom), furent connus en Europe seulement après la Seconde Guerre mondiale. Ils le furent en même temps que d'autres observations qu'il avait faites cependant bien après, sur la chute des dés et l'influence de la pensée sur celle-ci. C'est une impulsion considérable que le professeur Rhine a donnée à la parapsychologie en lui apportant un tour scientifique, au moins dans l'esprit dans lequel sont réalisées les expériences. J.-B. Rhine ne négligeait aucune des branches de la parapsychologie et s'intéressait même à la survie.

Dans son ouvrage intitulé *La double puissance de l'esprit*, il a écrit : « Une survivance quelconque de n'importe quelle partie de la personnalité, pour une durée quelconque, est de telle importance pour la pensée et le sentiment humains, que tout autre découverte scientifique paraît mince à côté. Qu'on songe seulement à quel point s'étendrait notre conception actuelle de l'Univers. Point n'est besoin de grossir l'importance de l'hypothèse de la survivance... La longue persistance de cette croyance dans la foi pure et non vérifiée est un témoignage éloquent de son utilité civilisatrice et de sa valeur sociale. Cette valeur ne saurait, d'ailleurs, devenir effective si elle n'avait l'appui de connaissances scientifiques sûres. »

J.-B. Rhine est mort en 1980.

RICHET (Professeur Charles)

Il a vécu de 1850 à 1935. Il fut un bon élève, s'intéressant autant à la littérature qu'aux sciences. Il savait concentrer son attention et fixer son esprit. Quand il est en classe de rhétorique, il souhaite devenir écrivain. Il se dit qu'il deviendra psychologue, quand il est en classe de philosophie. Et c'est vers la médecine qu'il s'oriente. Il brille là encore. Il fait alors quelques découvertes physiologiques, devient membre de l'Académie de Médecine et reçoit, en 1913, le Prix Nobel de physiologie : il a découvert l'anaphylaxie et la sérothérapie. (Anaphylaxie : état d'un être vivant qui, sensibilisé par l'introduction d'une substance dans son organisme, est susceptible de réagir violemment à l'introduction ultérieure d'une nouvelle dose, même minime, de cette substance. Sérothérapie : méthode thérapeutique fondée sur l'emploi des sérums humains et animaux immunisants pour lutter contre des infections ou des intoxications ou pour les prévenir.)

Il s'intéressa sérieusement à la parapsychologie en plaçant les problèmes sous un angle réaliste et s'attachant à la réalité des faits plutôt qu'à des théories ; il trouvait en cette matière les théories excessivement fragiles. Il réunissait la métapsychique (la parapsychologie) à la biologie générale. Il se livrait à l'étude sérieuse de tous les médiums qui lui étaient signalés. Cette carrière très belle et très continue a été malheureusement troublée par les incidents dits « de la villa Carmen d'Alger ». C'étaient des séances de MATÉRIALISATIONS (voir ce mot) à propos desquelles il écrit qu'elles ne contenaient aucune fraude. Comme la fraude a été, par la suite, reconnue, Charles Richet en fut éclaboussé.

Richet a laissé une œuvre énorme, comprenant des poèmes, des drames, des romans, des ouvrages d'histoire, de sociologie, de psychologie, de philosophie, de métaphysique dont nous citerons : *Traité de métaphysique, Notre 6ᵉ sens, L'avenir de la prémonition, La Grande Espérance, Au secours*, œuvres dont la parution s'échelonne de 1922 à 1935.

ROCHAS (Colonel de)

Eugène-Auguste Albert de Rochas d'Aiglun est né le 20 mai 1837 à Saint-Firmin dans les Hautes-Alpes. Il a commencé sa vie par une carrière militaire classique, avec l'École Polytechnique puis l'École d'Application Militaire de Metz, ce qui le conduit à entrer dans le Génie. Il fait la carrière qui suit tout naturellement de belles études, brillantes sur le plan militaire, étant nommé capitaine en 1864, chef de bataillon en 1880 et prenant sa retraite comme lieutenant-colonel en 1888, nommé alors administrateur de l'École Polytechnique. Il meurt en 1914.

A côté de cette carrière militaire des plus classiques, il a montré un esprit universel et une culture étendue dans le style des grands esprits de la Renaissance. Pour ce qui nous concerne ici, disons qu'il a porté un intérêt actif au magnétisme et aux sciences occultes en général. Il est l'auteur de nombreux ouvrages sur l'art militaire, mais aussi *La Science dans l'Antiquité*, paru en 1883, *Les forces non définies*, en 1887, *Les états superficiels de l'hypnose* et *Les états profonds de l'hypnose*.

Ses expériences ont surtout porté sur l'hypnose et ses divers états. Il expose qu'on peut obtenir divers degrés de profondeur dans l'hypnose, à condition d'agir graduellement, en commençant par les états les plus légers.

Il a étudié également divers procédés pour obtenir l'hypnose. Il lui arrive d'utiliser les courants galvaniques et l'électricité statique.

La critique n'a pas été tendre pour le colonel de Rochas et, si l'on a retenu son nom, c'est peut-être pour son caractère de précurseur dans ses travaux et pour la sincérité avec laquelle il les expose.

S

SABBAT

Depuis la plus haute Antiquité, il existe des **sorciers** et des sorcières, qui se livrent périodiquement à des **réunions rituéliques** appelées sabbat. Par la suite, la croyance au sabbat est devenue, dans une large mesure, une réponse à la réprobation qu'inspiraient aux chrétiens les rites orgiaques, les bacchanales et les saturnales. Tout ce qui se retrouve dans notre tradition du carnaval. Sans les procès de sorcellerie, nous ne saurions pas grand chose sur le sabbat ; mais à partir du XVe siècle, la poursuite des sorciers et sorcières fut telle et les procès avec des aveux et des récits si nombreux qu'on n'en ignore plus grand chose.

On sait qu'il y en eut en Lorraine, en Espagne et en Hollande. On sait qu'il y en eut en Russie, que rappelle « Une nuit sur le Mont Chauve », la symphonie de Moussorgsky. Cette croyance existait même au Mexique avant l'arrivée des Espagnols. Un Grand Sabbat avait lieu chaque année quatre fois, au changement de saison. Le Petit Sabbat se faisait deux fois par semaine. Les rites du sabbat, souvent décrits, ont fait l'objet de nombreuses œuvres d'art. Des gravures en restent à la Bibliothèque Nationale où sont figurées des actions extravagantes et même répugnantes sous le nom de sabbat.

Actuellement, il existe encore une sorcellerie, plutôt secrète, ou discrète. Les sabbats en sont plus modernes et plus simples que ceux d'autrefois. L'année des sorciers se divise en quatre saisons. Chaque saison comporte deux sabbats dont l'un à sa naissance, l'autre à son point culminant. Les sabbats les plus importants ont lieu la veille de la Toussaint et le Premier Mai. L'idéal serait de les fêter en un lieu traditionnel, mais ces endroits ont été débaptisés et, sur un grand nombre de ces sites, on a élevé une église ou une chapelle. La présence d'un monument druidique peut rendre un site favorable à un sabbat.

Un sorcier et une sorcière actuels, s'ils vivent dans une ville éloignée des lieux sacrés traditionnels, se contentent, comme le recommande Scott dans l'édition de 1665 de sa *Découverte de la sorcellerie,* « d'un lieu sombre et solitaire dans les bois ou les déserts, soit à une croisée de trois chemins, ou dans les ruines des châteaux, abbayes, monastères, etc. ou encore au bord de la mer lorsque la lune brille fortement ou dans quelque vaste salle. »

Recette de l'huile sabbatique

Avant de quitter sa demeure, le sorcier ou la sorcière doit s'oindre de l'huile sabbatique. En voici une recette : racine de persil sauvage, racine de céleri, feuilles de peuplier (baume de la Mecque), quintefeuille et safran. Nous n'avons pas les proportions, mais comme nous doutons que vous vous rendiez aussitôt au sabbat, nous pensons qu'un confrère en sorcellerie vous informera avec plus de précision. Il serait idéal de cueillir vous-même ces simples, mais ce n'est pas toujours possible. Écrasez-les et faites-les macérer dans de l'huile végétale purifiée, ceci entre la Nouvelle Lune et la Pleine Lune. Tamisez ensuite l'huile à travers un linge fin et rangez-la dans un flacon de verre. Pour vous oindre de cette huile, frottez-en un peu sur la plante de vos pieds, votre périnée, vos poignets et vos tempes. Ce faisant vous direz :

> « *Émen ! Hétan ! Émec Hétan !*
> *Je suis à toi, tu es à moi.*
> *Je n'ai rien qui ne soit tien.*

Par ton nom
Regarde ton serviteur qui se prépare.
Je voudrais avoir ta grandeur un jour !
Être grand et être toi, être toi et être grand ! »

Ceci est le début. Vous organiserez ensuite votre réunion selon les rituels en votre possession que l'on vous aura remis à votre initiation.

SOMNAMBULISME

C'est un phénomène physiologique automatique, poussant le sujet à marcher alors qu'il est plongé dans un sommeil naturel ou provoqué. Les mouvements du sujet peuvent être complexes et néanmoins exécutés avec précision. Le somnambule a généralement les yeux ouverts, mais aucun de ses sens ne paraît impressionné par les faits extérieurs, sauf pour assurer sa sécurité, car le somnambule se déplace sans accident. Le somnambulisme est un état subconscient.

SOPHROLOGIE

Le mot sophrologie a été créé en 1960 par le DR CAYCEDO (voir ce nom) pour remplacer le mot hypnotisme. L'hypnotisme entrant dans le vocabulaire de la parapsychologie, il est naturel d'y faire figurer également le mot sophrologie. C'est effectivement l'HYPNOSE (voir ce mot) qui inspire les techniques de la sophrologie, mais ces dernières évoluent bientôt pour acquérir des caractères qui leur sont propres.

On peut définir la sophrologie comme une science qui étudie la conscience humaine, une philosophie humaniste et transcendante, ainsi qu'une méthode pratique de restructuration. Elle définit la conscience comme la force qui retient unis entre eux les différents éléments tant physiques que psychiques d'un sujet. Elle a comme postulat l'unité du corps et de l'esprit. De cette définition, on déduit qu'en agissant sur l'élément corps, on agit automatiquement sur les éléments esprit et âme (Thierry Loussouarn).

Mais le nouvel art évolue et, en 1970, il n'y a plus, dans la sophrologie, de techniques rappelant l'hypnose. Comme subsiste cette dernière, les deux techniques demeureront parallèles, mais distinctes l'une de l'autre. En 1972, se tient le premier congrès mondial de la Sophrologie, qui s'avère être un succès. En 1977, la sophrologie s'ouvre au monde non médical. Cette décision est adoptée pour diffuser plus largement la sophrologie et, en même temps, pour lui donner un rôle préventif et non plus seulement curatif. En 1983, est fondée la Fédération mondiale de la sophrologie. Elle se donne pour but de maintenir en activité la méthode de Caycedo, en lui gardant sa pureté, et aussi de contrôler l'exercice de cette activité afin de lui conserver sa crédibilité.

Les principes de Caycedo

Selon Caycedo, on peut considérer que la conscience est constituée de trois niveaux qui sont : la veille, le sommeil et le niveau sophroliminal. Ce dernier est vécu le matin au réveil, avant d'ouvrir les yeux et le soir à l'instant de s'endormir.

En Amérique du Nord, le niveau sophrologique est appelé niveau alpha. Il correspond, en effet, à une plus grande activité des ONDES électriques cérébrales ALPHA (voir ce mot). On peut volontairement se placer en ondes alpha après s'y être quelque peu exercé. En état sophroliminal, toute suggestion ou image possède une force décuplée.

La pratique de la sophrologie permet d'atteindre un état de conscience dit sophrologique. Le sujet placé dans cet état est en harmonie avec lui-même et avec le monde extérieur. Il est particulièrement bien équilibré physiologiquement et psychiquement.

Par ailleurs, Caycedo structure la conscience en trois degrés de profondeur : les structures présentes, qui constituent ce qu'on appelle habituellement le conscient ou la conscience claire ; les structures latentes, qui correspondent au monde des possibilités et représentent le subconscient, et les structures sous-jacentes, représentant le monde biologique ou inconscient.

En sophrologie, on travaille sur les structures latentes.

Pour réaliser l'état sophrologique, le sujet doit commencer par prendre conscience de son corps en l'associant à des images d'euphorie, de sécurité. Il doit aimer ce corps. Caycedo, en effet, estime que l'on doit avoir conscience de son corps, même quand tout va bien et pas seulement quand souffre ce corps. C'est un point de vue positif, donc constructif. En fait, notre civilisation nous habitue à prendre en considération surtout les difficultés, la douleur et l'échec. Il faut adopter profondément une action positive et veiller à enregistrer et retenir les messages positifs. On peut dire, avec Thierry Loussouarn dans *Transformez votre vie par la sophrologie* (éd. Dangles), que l'action positive est le souffle vital de la sophrologie.

La pratique de la sophrologie

La sophrologie demande une pratique suivie et régulière.

Le fait de pratiquer volontairement et sciemment une relaxation exigeant les yeux fermés et le corps immobile provoque chez le sujet une détente imprévue, car on peut remarquer qu'il est exceptionnel de se livrer à ce genre de repos « gratuitement », « pour rien ». Donc, la sophrologie nous apprend à nous arrêter. Puis, elle nous apprend la tranquillité d'esprit. Pour stopper l'activité de la pensée, nous pouvons la diriger sur notre corps, lui-même déjà immobile. Ensuite, il faut respirer en en ayant conscience. Puis, on va éliminer les tensions l'une après l'autre.

Ces notes peuvent suggérer ce qu'est la sophrologie et comment on l'emploie, chez le sujet sain. Pour mettre cette méthode en pratique, on se procurera un manuel de vulgarisation sur le sujet dans une librairie plus ou moins spécialisée dans la littérature de cet ordre : concernant le développement et l'amélioration de la personnalité. Point n'est besoin d'un manuel médical ; il ne s'agit ici que de sophrologie pour les bien-portants. La sophrologie utilisée en médecine et en psychiatrie est réservée à des professionnels.

On peut aussi suivre un enseignement spécialisé.

La sophrologie permettant une action sur le subconscient peut facilement, et même doit, être incorporée à la parapsychologie. Cela d'autant plus qu'elle est étroitement liée à l'hypnose.

SORCELLERIE

Alors que la MAGIE (voir ce mot) est l'art de commander aux forces du mal, la sorcellerie est celui d'« essayer » de commander à ces forces. Car le magicien est un initié, le sorcier un primitif simple. Le magicien est généralement un homme de la ville instruit, expérimenté, ésotériste. Le sorcier est un campagnard ignorant, appliquant certaines traditions. Il perpétue la tradition des anciennes religions mortes devant le christianisme, qu'il s'agisse de cultes druidiques ou païens. Le sorcier risque, à ces pratiques, son âme même.

Le terme sorcier n'apparaît dans des textes qu'en 589, selon Jean Palou. Il concerne nettement la campagne. La sorcellerie, en effet, est transmise par tradition orale et provient, semble-t-il, des religions antiques ; ces religions ont reculé devant le christianisme, se sont dissimulées, mais n'ont pas disparu. Le culte voué aux divinités vaincues sera désormais nocturne ; il devient une manifestation de révoltés. Les lieux de rencontre des sorciers se trouvent toujours auprès des monuments mégalithiques ou de ruines romaines. Le Diable et ses acolytes ont remplacé les Faunes et les Satyres apparemment chassés par la nouvelle religion. Les jours choisis pour les sabbats reflètent la croyance antique ; ce sont en effet souvent le mercredi, jour de Mercure, et le vendredi, jour de Vénus. On peut retrouver dans les manifestations de la sorcellerie des fêtes antiques : les *ludi compitales*, ou les *bacchanales*, ou encore les *priapées*, que représenterait aujourd'hui le culte phallique rendu au

Grand Bouc noir. On retrouve dans ces rites, non seulement un souvenir de l'Antiquité refoulée, mais peut-être même une parodie des fêtes de l'Église chrétienne. Il y eut aussi, au début de cette sorcellerie, une révolte sociale. Il y a un appel aux forces du Mal pour trouver un bonheur que l'obéissance aux lois du Bien n'apporte pas.

Les sorcières

Alors qu'il y avait surtout des magiciens, on eut surtout des sorcières. Le rôle symbolique de la femme est souvent primordial dans le culte de ce qui est impur.

Par ailleurs, dans le foyer rural d'autrefois, la femme est infiniment plus malheureuse que l'homme. Elle a la charge de mettre les enfants au monde, mais n'est pas plus respectée pour cela : au contraire, c'est pour elle une charge et pas un honneur. Par ailleurs, elle prend une grande part aux travaux des champs auxquels, pour elle, s'ajoute la basse-cour et le potager. Quand l'homme rentre et se repose, elle prépare le souper. Quand l'homme se couche et dort, elle reste encore debout quelques heures pour nettoyer la maison, laver la vaisselle et raccommoder le linge. Elle a donc plus d'inquiétude et de peine et elle vit plus de drames que l'homme. Elle se donne au diable plus facilement que l'homme. Cela fait qu'il y a plus de sorcières que de sorciers. Par contre, la magie étant davantage une science et une initiation, on y rencontre plus d'hommes que de femmes. En fait, l'histoire de la sorcellerie ne nous montre pas autant de sorciers que de sorcières.

La sorcellerie est souvent héréditaire, parce qu'on se passe les recettes de mère en fille, de père en fils.

Les « gardes »

Le rite le plus connu de la sorcellerie s'appelle les « gardes ».

C'est un rite de **protection contre les loups.** Les sorciers étant souvent des bergers, les loups étaient leur grande crainte. Voici une première garde, appartenant à la magie blanche, ou sorcellerie bénéfique :

> *« Bêtes à laine, je vous prends au nom de Dieu et de la Très Sainte Sacrée Vierge Marie. Je prie Dieu que la saignerie que je vais faire prenne et profite à ma volonté. Je te conjure que tu casses et brises tous sorts et enchantements qui pourraient être passés dans le corps de mon vif troupeau de bêtes à laine que voici présent devant moi et qui sont à ma charge et à ma garde. Au nom du Père, du Fils, du Saint-Esprit et de M. Saint-Jean Baptiste et de M. Saint Abraham. »*

On remarquera l'entrecroisement des paroles de la magie et de celles de la religion. Et voici une seconde garde :

> *« Astarin, Astarot qui es Bahol, je te donne mon troupeau à ta charge et à ta garde ; et pour ton salaire, je te donnerai bête blanche ou noire, telle qu'il me plaira. Je te conjure, Satarin, que tu me les gardes partout dans ces jardins en disant Hurlupapin. »*

On y parle de bêtes parce que le sorcier est souvent un berger. Les charges sont donc des sorts contre les troupeaux de ses ennemis.

Le sorcier est souvent, en même temps, guérisseur et, parfois, il devient loup-garou. On y crut, en France, assez généralement jusqu'au XVIIIe siècle.

La liste serait longue des pouvoirs des sorciers accrus de ceux que la simplicité populaire leur prête.

A quoi reconnaît-on un sorcier ?

Les signes caractéristiques varient selon les pays ou les provinces. Le signe peut être une tare physique, par exemple une tache de vin, le regard anormal, etc. Le sorcier ou la sorcière est en général âgé. On les rencontre surtout parmi les bergers, les maréchaux-ferrants, les tailleurs, qui sont souvent des infirmes, voués par leur anormalité à ce travail sédentaire ; les bûcherons, également, parce qu'ils vivent dans la forêt ; les taupiers, parce qu'ils ont des recettes secrètes ; et puis, les anciens séminaristes qui n'ont pas poursuivi leurs études, l'absence de vocation paraissant être un signe du diable. Les accoucheuses, celles qui veillent les malades et celles qui font la dernière toilette des morts sont aussi souvent réputées sorcières.

Les paysans qui ne sont pas fils de sorcières se documentent et s'initient seuls avec des grimoires. Dans les grimoires du XVIIIe siècle, dont les principaux sont la CLAVICULE DE SALOMON et le GREMOIRE DU PAPE HONORIUS (voir ces noms) on trouve une énumération des qualités requises pour celui qui opère et pour ses aides. On y trouve aussi une description des vêtements et des chaussures nécessaires, du couteau appelé *arthame*, de l'aiguille appelée *burin,* de l'anneau, du sceptre, de l'eau bénite, des lumières, des parfums, du feu, du parchemin vierge, de la plume, de l'encre et du sang, tous instruments et fournitures indispensables pour l'opération. L'évocation du Démon, en effet, n'est pas une affaire simple. On remarquera les traces de religion dans tout cela.

Lorsque vient le Démon, ainsi rituéliquement convoqué, il vous invite à signer avec lui un pacte dont voici la teneur : « Je promets au Grand Lucifer de le récompenser dans vingt ans de tout ce qu'il me donnera. En foi de quoi j'ai signé. » Et la signature. Il va de soi que, la date venue, on se livrait à mille tours pour tenter de tromper le Démon et ne pas se livrer à lui. Ce qui a donné lieu à maints contes et récits qui faisaient peur aux petits et ne manquaient pas, en plus, d'inquiéter les grands.

SOURCIER

Ce terme n'est pas fréquemment employé actuellement. Il le fut dans le passé et à tel point qu'il se déforma en « sorcier », dont le sens était tout à fait différent. Le sourcier se promène attentivement en tenant la BAGUETTE DE SOURCIER (voir ce mot) avec souplesse et précision, généralement en vue de découvrir un point d'eau, une source.

Il agit selon une expérience qui lui est propre et son occupation est actuellement en partie expliquée par le phénomène des radiations. Aussi, l'appelle-t-on souvent radiesthésiste (voir le mot RADIESTHÉSIE). La recherche des sources fait partie, effectivement, des divers travaux d'un radiesthésiste.

SPIRITISME

On donne le nom de spiritisme à une thèse selon laquelle les vivants pourraient **communiquer avec les morts,** appelés alors des désincarnés. Spiritisme est un mot créé en Angleterre par une passionnée des recherches de cet ordre nommée Anna Blackwell ; elle voulut, par là, différencier les thèses d'ALLAN KARDEC (voir ce nom) de ce qu'on appelait alors le *spiritualisme.* En fait, Allan Kardec, qui fut le principal théoricien de ce nouveau courant de pensée, avait choisi le mot spiritualisme, qui était, par là, dévié de son sens habituel. Le mot spiritisme eut un grand succès et demeure encore pour désigner un courant de pensée qui considère les morts comme en survie et tente de communiquer avec eux. Allan Kardec fonda, pour diffuser ses idées, une revue qu'il intitula *La Revue Spirite.*

Le spiritisme prit son essor au XIXe siècle. Toutefois, la communication avec les morts avait toujours existé. Les Égyptiens en tenaient compte dans leur culte des morts : « Ton âme est avec le soleil. Ton corps est sur terre avec Osiris. Ton âme se pose sur ton corps chaque jour. » D'où les soins donnés au cadavre en vue de sa conservation. La légende d'Orphée, des Grecs, était une illustration du même thème. La légende d'Hamlet, dont le père assassiné revient de l'autre monde pour lui dire qui a commis ce crime afin qu'on le châtie, entre dans la même croyance. De même les innombrables récits de maisons hantées, d'ectoplasmes sur les chemins de campagne et tous les revenants peuplant les récits populaires. Ce n'était pas du spiritisme parce qu'on ne l'avait pas encore ainsi nommé...

Tout au début du XIXe siècle, PUYSÉGUR, disciple de MESMER (voir ces noms), traitait un valet de ferme par le magnétisme pour guérir une rage de dents, quand son patient s'endormit d'un sommeil hypnotique. Il révéla dans cet état des dons de MÉDIUM (voir ce mot). Non seulement, il se montra voyant, mais il put communiquer avec des morts.

Au début de ce même XIXᵉ siècle, des faits étranges s'étaient déroulés dans une petite ville tranquille et puritaine de l'État de New York, aux États-Unis. Des bruits imprévus furent entendus dans sa chambre par une petite fille. La famille déménagea. Elle fut remplacée par le pasteur Fox, sa femme et ses deux filles. Les bruits étranges persistèrent, mais les fillettes s'en amusèrent, au lieu d'en avoir peur. Ceci à tel point qu'elles finirent par créer un dialogue avec ces bruits. Simple phénomène de hantise, mais qui fut étudié et poussé à fond. La source des bruits parvient enfin à faire savoir qu'il s'agit d'un esprit désincarné : celui d'un homme qui a été assassiné et dont le corps a été enfoui dans la cave de la maison. On descend, on creuse et on trouve des ossements ! Un témoin publie le récit de ces faits et alors la mode d'interroger les ESPRITS (voir ce mot) éclate.

Les tables qui tournent

On se mit alors à rechercher des preuves de la présence, dans certaines conditions, de forces qui ne pouvaient émaner que d'un élément survivant des personnes défuntes. Ce fut la mode de « faire tourner les tables ». C'était en effet le meilleur moyen que l'on avait trouvé pour faire s'exprimer les esprits : les participants à l'expérience se plaçaient autour d'une table sur laquelle ils posaient leurs deux mains à plat. On se tenait immobile et attentif à tout ce qui pouvait se passer. Au bout d'un moment, dans les bons jours, on entendait des craquements dans le bois de la table, puis, des sortes de coups dont on ne saisissait pas bien d'où ils venaient. Un « meneur de jeu » posait des questions, intimant à l'esprit qui se manifestait éventuellement de faire entendre, généralement, un coup pour oui, deux coups pour non ; ou bien encore des coups dont le nombre correspondait à la place dans l'alphabet de chaque lettre composant le mot que l'entité voulait transmettre.

Ces séances étaient forcément très longues et parfois n'aboutissaient à rien ; mais si l'on obtenaît un nom connu ou celui d'un parent d'un des assistants, on en éprouvait à la fois de la crainte et de la joie : crainte devant le mystère qu'on avait l'impression de violer, joie d'avoir réussir une expérience. Un secrétaire de séance notait avec minutie tout ce qui se faisait et se disait, afin d'en conserver un souvenir qui ne se déformât pas avec le temps. On possède, de Victor Hugo, d'abondants comptes rendus de telles séances qu'il organisa durant son exil à Jersey. On en possède aussi de séances dont Allan Kardec a relevé tout le déroulement.

Un engouement indescriptible s'était emparé de la foule, au sujet de ces tables tournantes ; toutefois, ce fut surtout l'élément intellectuel de la société qui s'adonna à ces pratiques. Ou du moins dont nous avons conservé les traces.

On utilisait des guéridons en bois légers et généralement à trois pieds. Il est rare qu'avec un tel petit meuble, on n'obtienne pas de résultat, pour peu que l'on s'applique à réaliser l'expérience avec sérieux.

Puis, on renonça au guéridon et on utilisa une sorte de table miniaturisée, de la largeur d'une main, montée sur un roulement léger et très souple. On dessina sur un grand carton un alphabet disposé en un demi-cercle. Un opérateur, de préférence médium, se plaçait au centre de la figure et posait la main sur le mobile que certains, comme Victor Hugo, appelaient table, tandis que d'autres lui inventaient le nom curieux de « oui-ja ». Un secrétaire de séance notait les lettres désignées pour reconstituer le texte du message.

Au cours de telles séances, qui sont toujours réalisées avec le plus grand sérieux, on s'efforce de communiquer avec des « désincarnés » et d'obtenir d'eux des informations sur ce qui se passe « de l'autre côté ».

Les résultats ne peuvent pas être considérés comme probants parce que l'abondance des charlatans et des plaisantins a très vite déconsidéré de telles séances.

Actuellement, on réalise d'autres expériences de spiritisme sans aucun instrument ; cela se fait simplement par l'intermédiaire d'un voyant, ou médium, qui traduit à voix haute ce que le désincarné communique à son esprit.

Comme on a remarqué que, sauf dans des séances exceptionnelles comme celles que présidait Victor Hugo, les propos obtenus des désincarnés étaient très terre à terre, on a dû se rendre à cette évidence : les morts en savent rarement plus long que lorsqu'ils étaient en vie. Ils restent attachés aux mêmes préoccupations. S'ils ont été de grands esprits, des chercheurs, ils se montrent encore préoccupés par leurs thèses et leurs travaux. Mais s'ils ont été des gens simples, comme c'est souvent le cas, ils montrent des préoccupations d'ordre élémentaire et se bornent en général à rappeler un fait familier pour se faire reconnaître. Souvent, ils ont de la difficulté à s'exprimer et on sent que leur message est conçu avec peine ; on devine parfois que ce n'est pas là ce qu'ils auraient voulu dire, mais ils n'ont pas pu trouver l'expression qu'ils souhaitaient. Certains se présentent spontanément sans être appelés par l'assemblée, parce qu'il y a quelque chose qu'ils n'ont pas exprimé de leur vivant et que, cependant, il était important de faire connaître. D'autres, enfin, savent qu'on les pleure et reviennent pour demander qu'on ne s'abîme pas dans le chagrin : trop de larmes les bouleversent.

Comme il est déconseillé d'appeler impérativement les personnes que l'on voudrait entendre, parce qu'on ne sait pas si ces personnes désirent ou peuvent communiquer, on se borne, dans les séances de spiritisme, à recevoir les messages qui viennent spontanément. Or, ceux-là sont justement le fait de gens simples, encore très attachés à leurs souvenirs terrestres. C'est pourquoi leur niveau est parfois décevant.

Allan Kardec

La personnalité d'Allan Kardec reste attachée au spiritisme. Son succès, la réputation de ses travaux ont été si grands qu'ils ont envahi divers pays et notamment le Brésil où le spiritisme est presque considéré comme une religion et Allan Kardec comme un pape ou un prophète.

C'était, en effet, un homme méthodique, intelligent et instruit qui décida un jour qu'il serait temps d'envisager le spiritisme avec un esprit logique et de la méthode ; il devenait nécessaire, en effet, de freiner une exaltation qui défavorisait la nouvelle mode et en faisait un jeu de société alors qu'il y avait peut-être quelque chose d'important à en apprendre. Sa grande habitude du travail écrit — sous son véritable patronyme de Rivail, il écrivait des livres scolaires — l'incita à se faire le secrétaire des séances de spiritisme auxquelles il assistait. C'est avec les messages ainsi recueillis qu'il composa son ouvrage qui le rendit mondialement célèbre : *Le Livre des Esprits.*

La littérature spécialisée sur ce sujet est pleine de récits assez étonnants d'expériences de spiritisme auxquelles prennent part d'illustres personnalités et pas seulement un monde naïf et crédule.

Les matérialisations

Mais voici que bientôt la simple réception de messages venus de l'au-delà ne contente plus les centres spirites. On en vient à des MATÉRIALISATIONS, des APPORTS (voir ces mots), c'est-à-dire que des êtres d'apparence vivante se présentent et des objets se créent spontanément et demeurent ensuite, la séance terminée, comme preuve de la réalité du spiritisme. Encore faut-il prouver qu'il n'y a pas de fraude, truquage bien tentant. En effet, il y en aura et cela jettera un grand discrédit fort regrettable sur le spiritisme : le charlatanisme s'y est développé à plaisir.

Aucune certitude n'est encore scientifiquement acquise aujourd'hui. L'esprit français, généralement dit cartésien et volontiers railleur, s'accommode mal de ces mystères et croit volontiers à des mystifications — et il y en eut, malheureusement, qui jetèrent le trouble — ou bien à des faits d'une naïveté incroyable. Le doute demeure.

D'après Allan Kardec, qui fut le meilleur théoricien en la matière, notre personne est composée du corps matériel qui grandit, évolue, puis vieillit et meurt, et de l'âme qui est éternelle et qui, lors de la naissance, vient s'incarner pour une période donnée, situation dans laquelle elle accomplit diverses expériences, dont certains disent qu'elles la font progresser. L'enveloppe corporelle possède un double fluidique, ce qui veut dire que les autres personnes peuvent, dans certaines conditions, en constater la présence, mais ne le voient pas. Allan Kardec donne à ce double le nom de *périsprit.* Ce périsprit persisterait après la mort. Il reproduirait l'aspect physique de la personne, ce qui fait que les trépassés peuvent se reconnaître entre eux, dans l'au-delà. Après un laps de temps variable, il s'efface-rait et c'est alors que l'âme rejoindrait l'éternité et l'infini.

Le spiritisme est encore actif et vivant aujourd'hui bien que moins « à la mode » qu'au début de ce siècle. Comme une religion, comme toute croyance humaine, certains le considèrent démontré ; d'autres ne voient là qu'un moyen de ne pas désespérer devant le caractère absolu et définitif de la mort.

Un art divinatoire

Le spiritisme, lorsque les expériences en sont bien conduites, peut constituer un art divinatoire. On dira plus volontiers, un moyen traditionnel d'interroger l'avenir.

Une séance de spiritisme se prépare et se conduit, dans ce cas, en précisant toujours verbalement ce qu'on en attend. Les participants doivent être de bonne foi. Il est intéressant de préparer une ou plusieurs questions auxquelles on attend une réponse par oui ou par non. Le calme étant établi et l'accord réalisé sur le contenu de la séance, les questions à poser et le désincarné à interroger, les assistants s'asseoient et posent leurs mains sur le guéridon pour attendre une première manifestation. On s'efforce de faire préciser qui est l'esprit qui, alors, s'exprime et on essaye d'obtenir la présence de la personne choisie. Si elle se manifeste, on lui demande à haute voix si elle accepte de répondre et, dans l'affirmative, on pose la question.

Alors, s'installe le dialogue.

Utilisé de cette façon et avec le plus grand sérieux, le spiritisme devient un art divinatoire.

SUBCONSCIENT

Le subconscient, ou niveau inférieur de la conscience, n'est pas une partie distincte de l'être psychique, il y est intégré. Le conscient serait alors l'aspect extérieur de l'être psychique et le subconscient la base, la collection d'informations dans laquelle nous puisons instinctivement ou volontairement. Le subconscient constitue notre personnalité profonde, celle qui est vraie et ne feint pas. Notre personnalité apparente est souvent modifiée par l'éducation, l'instruction, les habitudes. Le subconscient qui contient tout ce que nous avons connu, est souvent à la base des associations d'idées.

Le subconscient n'est pas pas influençable, aussi a-t-on souvent l'impression qu'il détient la vérité.

Enfin, le subconscient est assimilable à une mémoire intégrale. La chanson de Jacques Brel : « On n'oublie rien, on s'habitue... » en est une illustration très exacte.

Ce qui intrigue, c'est de ne pouvoir situer physiologiquement le subconscient, ni, d'ailleurs, la mémoire.

On a beaucoup écrit sur l'activité intellectuelle du subconscient et chacun sait qu'une difficulté non résolue n'a qu'à être étudiée à l'instant du coucher pour se trouver résolue au réveil après une nuit de sommeil durant laquelle on n'y a absolument pas pensé. Ceux qui savent le mettre à profit tirent de grands avantages de leur subconscient, parfois sans le savoir, d'ailleurs.

SUGGESTION

On appelle ainsi une influence exercée sur l'ensemble formé par le corps et l'esprit, en se basant sur ce caractère général qui existe entre les êtres : la résonance affective. La suggesion est donc une fonction normale.

Dans le langage courant, on entend par suggestion une **incitation**, l'acte d'engager quelqu'un à admettre ou exécuter une chose. On a constaté, par expérience, qu'une personne sous hypnose obéit inconsciemment à ce que lui ordonne l'hypnotiseur. Mais, contrairement à ce qu'on a cru un certain temps, il n'est pas nécessaire d'être en état d'hypnose pour obéir à la suggestion. En fait, l'hypnose ne crée pas une aptitude à se laisser suggestionner ; elle rend simplement cet état plus apparent. La suggestibilité est une aptitude normale de l'esprit.

La **suggestion hypnotique** peut modifier profondément un caractère ou imposer une bienfaisante stimulation. La même suggestion hypnotique a permis d'obtenir des anesthésies générales. La suggestibilité existe à l'état de veille; l'hypnose ne fait qu'accentuer ce caractère. La suggestibilité constitue une fonction absolument normale du cerveau. Le rôle de la suggestion commence à l'éducation : l'enfant à l'école la subit de façon à se plier à la discipline, à l'exactitude, à l'étude. Subir l'empreinte du milieu où l'on vit, c'est un effet de suggestion. La méthode COUÉ (voir ce nom) est une utilisation de la suggestion.

Parallèlement à la suggestion, existe l'**autosuggestion** qui consiste à se suggestionner soi-même. L'autosuggestion, pratiquement, consiste à introduire dans l'inconscient, sans aucun effort de volonté, les formules expressives et les images représentatives de l'effet cherché. On utilise pour cela l'imagination qui est une grande force.

La suggestion peut être considérée comme une de nos plus grandes richesses intérieures, car elle permet de tout obtenir sans effort de volonté.

SURNATUREL

Le terme surnaturel n'est pas admissible en parapsychologie. En effet, ce qui est vraiment surnaturel n'est pas de ce monde; or, la plupart des phénomènes qui font l'objet de la parapsychologie ont un aspect surnaturel, mais ils ne le sont pas : ils sont inhabituels. Nous plaçons cependant ce terme dans ce dictionnaire et on a compris que c'était pour l'en retirer.

Tout ce dont s'occupe la parapsychologie est d'origine humaine, donc naturelle. Cependant, on peut parler d'anormal, d'inhabituel ou d'inexpliqué. Quand M. le Professeur Robert Tocquet écrit un livre intitulé *Bilan du*

Surnaturel, il veut y traiter des phénomènes exceptionnels, inexpliqués ou... truqués. Ces derniers étant d'autant moins surnaturels qu'ils sont le résultat de tours d'adresse accompagnés de discours fallacieux. Il conclut d'ailleurs sur les « phénomènes paranormaux ou présumés tels ».

Ne nous laissons pas illusionner par le terme « surnaturel ». Il qualifie ce qui « dépasse la nature ». Or, la parapsychologie nous le montre : rien ne dépasse la nature, mais, parfois, des explications se révèlent nécessaires.

SURVIE (ou survivance)

Le problème de la survivance de l'âme doit être examiné indépendamment de l'objection fondamentale posée par la physiologie. Il est bien évident que l'on doit, ou bien nier toute possibilité de survie, ou bien admettre la séparation du corps physique et de la personnalité psychique. Ce sont des dilemmes de ce genre qui donnent du poids à la parapsychologie que bien des gens, soit par croyance religieuse, soit par excès de matérialisme, considèrent avec une certaine ironie, reflet de leur scepticisme en la matière.

On sait, par l'observation de la TÉLÉPATHIE (voir ce mot), que des esprits humains, vivants, peuvent communiquer entre eux sans interventions de moyens physiques. Il est permis d'en déduir qu'il existe un sens psychique indépendant des autres sens ; quoique cette thèse ait été réfutée par l'argument : chaque sens a un organe qui lui est réservé, le sens psychique ne semble pas en avoir. La survivance est donc indépendante des problèmes de la physiologie. L'indépendance réciproque de l'esprit et du corps étant considérée comme manifeste, la survivance spirituelle est concevable, nous dirons probablement possible.

Il est bien évident que cette thèse, qui est celle des parapsychologues, n'est pas toujours approuvée. Mais elle fait partie des problèmes qui ne sont pas résolus avec évidence et sur lesquels même les religions « révélées » ne montrent pas un accord unanime.

SYMBOLE

On appelle ainsi tout objet, image, figure, expression imagée évoquant par sa forme, son apparence, sa signification propre et sa nature, une idée précise, toutefois délicate à exprimer par des mots ordinaires et dont la signification est plus souple, plus étendue que celle qu'on obtiendrait par des expressions directes et naturelles. Le symbole est aussi utilisé dans le cas de notions secrètes que l'on veut exprimer sans que les non-initiés ne devinent de quoi l'on parle.

Le symbole est fixe, c'est-à-dire qu'il demeure toujours le même dans la représentation de la même idée. Le plus parfait exemple de symbole est le signe tracé sur un talisman, par exemple, le sceau de Salomon.

En dehors de la parapsychologie, le symbole est utilisé presque constamment et l'on peut dire que l'écriture elle-même est déjà un symbole, le symbole du langage parlé.

T

TALISMAN

Ce terme, dérivé du mot grec *telesma*, qui veut dire rite, désigne un objet marqué de signes particuliers qui a la vertu de **protéger** celui qui le porte ou de lui donner un **pouvoir magique**.

L'homme du XXe siècle se sent aussi impuissant, aussi désarmé, aussi inquiet que son ancêtre lorsqu'il évoque les grandes lois de l'univers et se perçoit alors comme particulièrement petit. Il lui suffit d'une brève réflexion pour prendre conscience de tout ce qui le dépasse, de tout ce qui lui paraît surnaturel, et dont il ne peut donner une explication rationnelle et, en somme, fonctionnelle. Il se sent inquiet devant les forces de la nature et il éprouve le besoin de se mettre sous la protection d'une puissance supérieure. Alors, l'être humain charge un objet quelconque d'une puissance particulière qui doit continuellement le protéger en restituant au moment propice le fluide dont on l'a comblé.

Tout peut devenir talisman : des pierres, des animaux, des plantes.

Pour l'alchimiste et pour des penseurs tels que Paracelse, tout vit dans la nature et les minéraux exercent une véritable action sur le corps. La pierre permet ainsi au plus misérable caillou d'être adoré à l'égal du plus beau diamant.

Car la pierre, immobile, dure, témoin du passé, fixe la volonté cosmique. Les pierres de soleil et de lune, les pierres levées concrétisent un point d'équilibre et de volonté. La pierre fondamentale composée de Feu, lumière spirituelle, d'Eau, substance subtile, et d'Air, l'éther, se situe dans le cœur, car elle figure le centre de toute chose, la cristallisation première de l'univers. La pierre enferme en elle tous les secrets, toute la puissance des miracles, toute la force des trois règnes, comme la gemme du sous-sol.

Le mot talisman englobe toutes sortes d'objets courants auxquels la tradition donne différents pouvoirs. Ici se placent la corde de pendu, le fer à cheval, le grillon, le poil d'éléphant, le trèfle à quatre feuilles, le pompon du béret d'un marin français, une queue de lézard, une médaille de Saint-Christophe.

La fabrication du talisman repose sur l'idée fondamentale de la magie mimétique : il y a correspondance entre le monde cosmique et le monde terrestre. Parmi cette correspondance qui donne lieu à une symbolique complexe, on peut noter les rapports entre les planètes et les métaux, les végétaux, les minéraux. Le Soleil correspond à l'or, la Lune à l'argent, Mars au fer, Mercure au vif-argent, Jupiter à l'étain, Vénus au cuivre, Saturne au plomb.

La création d'un talisman exige une série de rites, un cérémonial bien particulier que l'on retrouve dans toutes les traditions.

L'AMULETTE (voir ce mot), proche du fétiche, ou gri-gri des peuples primitifs, est généralement un objet naturel, utilisé tel quel : un morceau d'os, une arête de poisson ou une plume, par exemple. Le seul rôle du gri-gri est d'arrêter les influences mauvaises. Tandis que le talisman proprement dit est un objet fabriqué. Sa fabrication fait partie de sa valeur et de son efficacité. Il reflète la correspondance existant entre le monde cosmique et le monde terrestre. Cette fabrication, ou préparation, a exigé un rite, un cérémonial ; le préparateur, un mage, devant lui-même se purifier, revêtir un costume spécial, etc.

Le talisman fait plus que protéger, il irradie sa faveur. Dans sa forme la plus élaborée, il est un pantacle (éviter d'écrire pentacle, qui signifie étoile à cinq branches).

Le talisman est influent mais passif ; le pantacle est actif.

TAROT

Le Tarot est un **jeu de cartes illustrées** et coloriées ne portant pour marques distinctives que des titres (le Bateleur, la Papesse, etc.), des nombres et des caractères hébraïques. Il contient deux catégories de cartes. L'une appelée *les arcanes majeurs* représente des personnages ou des scènes ; il y en a 22, autant que de lettres dans l'alphabet hébraïque. L'autre catégorie, qui fait suite à la première, ne porte pas de personnages, mais des motifs décoratifs, inspirés par quatre objets symboliques : les *bâtons*, les *coupes*, les *épées* et les *deniers*. Il y en a 56.

L'origine du Tarot

On s'est beaucoup penché sur l'origine du Tarot. Il semblerait qu'il s'agisse du « livre muet », c'est-à-dire un ensemble d'informations ou de règles exprimées par des symboles afin de n'être pas compris de ceux qui ne devaient pas les connaître. C'était un usage dans une époque où l'on manquait de liberté et où la moindre erreur pouvait vous faire brûler vif.

Selon Papus, le Tarot aurait été inventé par les Bohémiens. Ce serait leur Bible. Le livre d'Hermès Trismégiste. Il aurait formé la base successivement de l'enseignement synthétique de tous les peuples anciens. Mais cette origine n'est pas démontrée. Une autre explication existe qui semble plus proche de la réalité.

L'histoire du Tarot aurait son origine dans la Diaspora, cet exode massif du peuple hébreu obligé par les événements de l'Histoire de se répandre sur la terre entière dans divers pays, mais forcé de dissimuler son origine et de s'exprimer d'une manière secrète. On dit habituellement que l'origine du Tarot se perd dans la nuit des temps, mais historiquement on ne peut pas la faire remonter au-delà du XIe ou peut-être même du XIIIe siècle.

La signification du Tarot est enfermée dans un dessin typique dont chaque trait, chaque couleur sont symboliques. Il n'est donc pas le fruit d'un art populaire instinctif, mais une œuvre voulue et pensée. Ne se composant que d'images et non de textes, il ne paraît pas, au premier examen, être le fruit de travaux d'érudits. L'étrangeté des sujets, les caractères hébraïques que portent les lames de son grand arcane ne laissent pas davantage penser à une œuvre appartenant à la tradition populaire. En fait, le Tarot est formé de deux jeux. Les grands arcanes, au nombre de 22, correspondant exactement à l'alphabet hébraïque, et les arcanes mineurs ; d'où l'on conclut facilement sur son origine. Selon Valentin Bresle, le Tarot rassemble dans ses arcanes majeurs tout ce qui reste des civilisations antiques.

Si l'on étudie l'histoire d'Israël, on constate que ce peuple, malgré ses efforts, son zèle et sa bonne volonté, n'a jamais pu se fixer nulle part ; même actuellement, son territoire lui est reproché. Sans revoir son histoire complète, on peut noter qu'au cours des XIIe et XIIIe siècles, le monde musulman s'est mis en mouvement et a chassé les Juifs de Jérusalem dont le temple merveilleux élevé par Salomon avait été détruit en 586 avant J.-C., mais dont le site conservait la ferveur des Juifs. Le peuple d'Israël dut se disperser sous les coups et la haine de tous ceux qui se sentaient gênés par le particularisme de sa civilisation et par cette naïve vanité avec laquelle il affirmait être le Peuple Élu, seul porteur de la parole de l'Éternel. Chacun voulant défendre sa propre croyance, le plus intransigeant fut le plus haï et le plus pourchassé.

Peuple méditerranéen, le peuple juif s'éparpilla dans tous les pays entourant cette mer, berceau d'une civilisation à laquelle il se sentait appartenir. La poursuite, cependant continua. L'Égypte, la Libye, l'Algérie et l'Espagne virent passer ces errants pourchassés par la haine du musulman, le barbaresque d'alors.

Une autre partie du peuple juif était passée par la Grèce jusqu'en Italie, mais les chrétiens ne furent pas plus généreux que les musulmans et l'arrivée en masse de juifs pourchassés fut autre chose que l'acceptation de quelques-uns d'entre eux vivant en Europe occidentale en une minorité d'étrangers. L'Espagne, la très catholique, les refoula. La France n'en voulait pas, sauf s'ils acceptaient de se convertir. Ce qu'ils firent. C'est donc en tant que chrétiens que les juifs d'Espagne arrivèrent dans le sud de la France.

Ayant abjuré formellement leur religion, ils pouvaient cependant conserver au fond d'eux-mêmes une liberté de pensée que personne ne peut ôter à un être humain, même s'il le prive du droit de s'exprimer. Ils restèrent juifs dans l'âme, mais craignant d'être surpris porteurs de la Thora, ils la dissimulèrent. Ils en firent des images dont chaque trait, chaque couleur étaient symboliques. Ils mêlèrent ces images à d'autres pour en faire un jeu de cartes anodin. Cependant, pour que leurs descendants reconnaissent le vrai Tarot initiatique du jeu trompe-l'œil, ils inscrivirent sur chaque carte majeure une des lettres de leur alphabet.

Il faut ajouter que l'alphabet hébraïque joue un double jeu : d'une part, il a sa fonction d'écriture pour rédiger, noter, communiquer et conserver ; mais, d'autre part, il est, en quelque sorte, cabalistique : chaque lettre possède un sens caché, un symbolisme qui lui est propre. Et c'est pourquoi il y a 22 arcanes majeurs comme il y a 22 lettres dans l'alphabet hébraïque.

Désormais, les ex-juifs arrivant en Provence et s'installant dans les principales villes purent, en ayant l'air de manipuler un quelconque jeu de cartes, relire et méditer quotidiennement les grands secrets de leur religion. Ils furent les véritables importateurs du Tarot, leur livre et leur loi morale, dont le plus classique porte tout naturellement le nom de Tarot de Marseille.

Les lames majeures

La première « lame » car ce ne sont pas des « cartes », mais traditionnellement des « lames », est intitulée **le Bateleur.** Elle porte le nombre 1 et la lettre hébraïque *aleph.* C'est l'homme agissant. La deuxième lame représente une femme assise tenant un livre ouvert et s'intitule **la Papesse** ; elle porte le nombre 2 et la lettre *beth.* La troisième lame porte le nombre 3, la lettre *ghimmel* et représente une femme sur un trône ; elle est intitulée **l'Impératrice.** Après l'actif Bateleur et la Papesse passive, elle représente la spiritualité. La quatrième lame porte le nombre 4, la lettre hébraïque *daleth* et représente **l'Empereur** : un personnage masculin sur un trône. C'est le masculin procréateur et réalisateur. La cinquième lame, avec le nombre 5 et la lettre *hé*, s'intitule **le Pape.** C'est la vie, l'animation, l'être doué du libre-arbitre. La sixième porte le nombre 6 et la lettre *vau*. Elle est intitulée **l'Amoureux**. C'est l'homme devant le choix à faire entre le vice et la vertu. La septième, avec le nombre 7, porte la lettre *zaïn*. Elle s'appelle **le Chariot** et montre l'être humain qui a su vaincre et diriger les forces élémentaires. Le huitième, nombre 8 et lettre *heth*, s'appelle **la Justice.** On en devine le sens. La neuvième, au nombre 9 et à la lettre *teth*, est **l'Ermite** : c'est le sage, qui peut lutter contre l'obscurantisme et l'erreur. La dixième, avec le nombre 10 et la lettre *iod* représente **la Proue** avec la balancement alternatif du bien et du mal. La onzième porte le nombre 11 et la lettre *caph* ; elle s'appelle **la Force** et c'est la puissance que donne la science sacrée appliquée à la justice. La douzième, avec le nombre 12 et la lettre *lamed*, représente **le Pendu** accroché par un pied : c'est le Bateleur du numéro 1 hésitant entre deux décisions, image de tout ce qui est raison et équilibre. Vient ensuite le 13, avec la lettre *mem*, qui est une représentation de **la Mort**, c'est-à-dire la nécessité de détruire pour progresser. La quatorzième, avec la lettre *noun*, appelée **la Tempérance**, fait entrer l'esprit dans la matière en versant un liquide d'un vase dans un autre ; c'est la création de la vie. La quinzième, portant la lettre *samech*, représente **le Diable**, c'est-à-dire la fatalité quand la matière domine l'esprit. La seizième, lettre *gnaïn*, appelée **la Maison-Dieu** représente une tour foudroyée ; c'est la chute d'Adam. La dix-septième lame, avec la lettre *phé*, représente **l'Étoile** ; une jeune fille déverse sur le sol le fluide universel. La dix-huitième, *tsadé*, c'est **la Lune** : l'Esprit est enfoncé dans la matière. La dix-neuvième, *coph*, **le Soleil**, montre que l'Esprit n'a pas été détruit par sa chute ; il remonte la pente. La vingtième lame, *resch*, **le Jugement**, est la nature s'éveillant sous l'influence du verbe divin. La vingt et unième, *schin*, s'appelle **le Mat.** C'est l'état où ses passions conduisent l'Homme. La vingt-deuxième, *thau*, s'appelle **le Monde** ; c'est, dit-on, le macrocosme opposé au microcosme qui serait le Bateleur ou numéro 1.

Un jeu divinatoire

Aujourd'hui, le tarot est un jeu divinatoire. Après avoir posé une question au consultant pour préciser ce qu'il souhaite savoir, le devin lui demande cinq nombres, de un à vingt-deux, les cartes étant empilées devant lui mélangées. Le devin prend les cartes une à une en comptant et, au nombre indiqué par le consultant, retire la carte du jeu et la met de côté ; ainsi pour les cinq nombres. Sur une feuille, il dessine cinq carrés : un au centre, et les quatre autres l'encadrant de chaque côté. Dans le carré central, il écrit *Synthèse*. Dans celui d'en haut : *Juge*. Dans celui de droite : *Contre*. Dans celui de gauche : *Pour*. Dans celui d'en bas : *Solution*. Au fur et à mesure de la désignation des nombres, il inscrit dans le carré correspondant le nombre qui se trouve sur la carte. Il sait à quelle carte correspond chaque nombre. Selon le symbolisme de la carte et sa propre intuition, il fait un commentaire et aboutit à une conclusion qui est la réponse à la question du consultant.

Un grand nombre d'ouvrages commentent le tarot ; on a même conçu plusieurs modèles modernes de tarots. Mais les « puristes » en la matière diront toujours que seul le « Tarot de Marseille » est valable. Il existe, en effet, un symbolisme traditionnel des dessins et des couleurs dont on ne saurait s'écarter sans courir le risque de commettre des erreurs.

TÉLÉKINÉSIE

On appelle ainsi le phénomène produisant des **déplacements d'objets** par l'influence d'un médium. L'opération se fait sans qu'il y ait contact entre le médium et l'objet. Les travaux effectués à ce sujet par le Dr OSTY (voir ce nom), directeur de l'INSTITUT MÉTAPSYCHIQUE INTERNATIONAL (voir ce nom), ont été réunis sous le titre : *Les pouvoirs inconnus de l'esprit sur la matière* et publiés en 1932.

TÉLÉPATHIE

Dans l'ancienne forme de la parapsychologie, qu'on appelait alors métapsychie, le mot télépathie désignait certains états de conscience, sensoriels ou psychologiques, qu'éprouvait un sujet donné et qui se rapportait à d'autres états de conscience qu'éprouvait en même temps une autre personne assez éloignée pour que toute communication sensorielle soit exclue.

Pour l'actuelle parapsychologie, la télépathie désigne un ensemble de coïncidences significatives entre deux séries subjectives sans liaison connue. Ces définitions portent une marque qui est celle de bien des esprits confus pour lesquels rien n'est jamais assez précis.

En fait, on appelle télépathie un phénomène de **communication directe** entre deux personnes auxquelles la **distance** qui les sépare interdit l'obtention de ce contact par les sensations usuelles. Les deux sujets pensent de même au même instant sans avoir pu communiquer normalement, c'est-à-dire sans utiliser un des cinq sens. Je pense à vous ; le téléphone sonne : c'est vous qui m'appelez. On dit communément qu'il y a eu télépathie entre vous et moi.

On a fait de nombreuses expériences de télépathie ; elles n'ont jamais permis d'en expliquer le mécanisme. C'est pour cela que la télépathie appartient à la parapsychologie. Parce qu'elle est humaine, et non mécanique ; parce qu'on a la preuve de son existence et parce que rien ne peut l'expliquer.

Le principe de l'expérience suppose deux personnes : l'AGENT, qui enverra le message et le PERCIPIENT qui le recevra (voir ces mots). Quand on tente de telles expériences, il faut en dresser des statistiques rigoureuses pour exclure le fait du hasard. Il y a deux sortes de communications télépathiques : celles qui sont spontanées et celles qui constituent des expériences concertées et voulues.

Celles qui sont spontanées répondent à un besoin intense et urgent.

Dans le cas des expériences, le message reçu par le percipient n'est pas rigoureusement celui qui a été envoyé ; mais dans la télépathie spontanée non plus. Dans l'un et l'autre cas, le percipient reçoit un message très proche de celui qui lui a été envoyé.

On pourrait citer un grand nombre d'expériences anecdotiques de télépathie. La plus remarquable a été une communication avec l'équipage du sous-marin américain Nautilus alors qu'il se trouvait en plongée au Pôle Nord, sous la banquise, hors de portée des appareils radiophoniques. Le succès de l'expérience a été tel que l'opération de communication télépathique est entrée dans le domaine de la défense nationale de presque tous les pays.

Toutes les définitions données jusqu'ici de la télépathie sont maladroites et compliquées. On peut dire très simplement que la télépathie est une **relation mentale** entre deux personnes n'utilisant aucun des sens connus. Mais on pourra toujours trouver cette définition trop limitée par le mot « personne ». La télépathie, en effet, peut exister entre l'être humain et les animaux. Dans cette définition, le terme « mentale » qualifiant la relation est l'abrégé des phrases citées ci-dessus. On souhaite très justement employer le mot « mentale » dans son imprécision pour marquer le fait qu'il peut y avoir une interaction de deux subconscients.

La télépathie n'a jamais été découverte parce qu'elle a toujours existé et toujours été connue. La transmission des états d'âme qui est proprement la télépathie semble soumise à un certain nombre de lois sur lesquelles toute la lumière n'est pas faite. On doit d'abord signaler que la télépathie n'est pas automatiquement bilatérale. Il peut y avoir message envoyé et reçu, mais point de réponse. De plus, l'envoi du message et sa réception peuvent appartenir au domaine du subconscient. On peut même remarquer que, si la télépathie appartient à la conscience claire quand on fait des expériences, quand elle est spontanée, elle émane du subconscient tant dans son envoi que dans sa réception. Généralement, cet envoi d'un message comme sa réception demandent un état second, voisin de l'hypnose.

On différencie la télépathie de la télésthésie. La première est la communication d'un état d'âme, la seconde une vision à distance de certains événements.

A côté des termes télépathie et télesthésie, il faut connaître celui de sympathisme. Toutes ces formes de télépathie ont donné lieu, dans un passé relativement récent, à de nombreuses expériences de transmission de pensée, transmission de dessins, transmission de chiffres, etc. Ces expériences ont surtout démontré une chose : **l'état émotionnel** favorise la télépathie. Sans l'urgence ni l'émotion, la télépathie est très difficile à réaliser. Tout se passe, en télépathie, comme s'il devait obligatoirement y avoir un accord préalable entre les correspondants. Tout se passe comme s'il fallait accorder les longueurs d'ondes. Cependant, l'élément émotionnel garde une grande importance car il obtient l'accord et la correspondance. Comme si cette précieuse faculté de communication refusait de se gaspiller en expériences que la nature considère comme inutiles et se réservait, dans sa spontanéité, pour les cas d'urgence.

Les lois de ce phénomène sont encore ignorées, comme c'est le cas pour la plupart des phénomènes parapsychologiques.

En fait, il semble que nous soyons trop lourds, ou trop maladroits pour nous trouver à l'aise dans ces activités.

Le phénomène télépathique est soumis à des lois encore ignorées. Une certaine part de volonté est indispensable chez le transmetteur appelé agent. Il ferait beau voir qu'on lût dans nos pensées à notre insu ! La volonté de transmettre un message télépathique semble soumise à des règles qui n'ont pas été encore bien définies. De plus, entre l'agent et le percipient doit exister une sorte d'accord préalable, même dans le cas d'une émission spontanée ; on n'appelle pas au secours en cas de danger une personne avec laquelle on n'a jamais eu aucun contact ; on appelle quelqu'un dont on sait qu'il sera ému et qu'il se mettra en mouvement au reçu de l'appel. Enfin, se pose la question de l'objet de l'émission.

D'après les observations qui ont été faites, la transmission est lente. Non l'envoi du message, et pas davantage sa réception, mais son interprétation. Même si le message arrive en clair, si le destinataire n'est pas prévenu, il saisit les termes du message, mais il lui faut un délai parfois étonnament long pour comprendre que c'est un message et savoir ce qu'il doit faire de son contenu. Il semble que les choses se passent comme si, dans un bureau, on recevait une communication téléphonique, puis, on continuait le travail sans changement, et, au bout d'un temps assez long, on annonçait au destinataire pour lequel le message était envoyé : « Un tel a téléphoné pour ceci ou pour cela... » On a pensé que la conscience ne saisissait pas tout de suite le message télépathique, en avait d'abord une connaissance en quelque sorte machinale, puis, peu à peu, se rendait compte du fait qu'il s'agissait d'un message télépathique. Cet aspect du phénomène, tel qu'il se produit effectivement, reste encore inexpliqué.

Persistant à chercher le mécanisme du phénomène de télépathie, certains auteurs ont émis l'hypothèse que tout ce qui existe serait accompagné de sa forme fluidique, peut-être psychique, que reconnaîtraient par leur sens supranormal certaines personnes se révélant, pour cette perception, douées d'un sixième sens.

TÉLÉPSYCHIE

Un des termes qui ont été « essayés » au cours des années cinquante, lorsque les milieux de la parapsychologie cherchaient leur nouveau vocabulaire. Il a été remplacé par le mot TÉLÉPATHIE (voir ce mot).

TRANSE

On appelle généralement transe, terme apparenté à transi et transir, une appréhension ou un état d'inquiétude très vive. Mais le terme est également employé pour désigner **un état particulier** dans lequel se trouve un médium lorsque l'esprit d'un désincarné se manifeste en lui. A côté de cette définition, on doit situer aussi un état général, apparemment physique et psychique qui prédispose aux phénomènes de parapsychologie. Cependant, tout en ignorant les conditions les meilleures pour cette forme de recherche, on a pu faire certaines remarques. Il y a, entre les conditions à réunir pour une expérience parapsychologique et l'attention qu'un enfant de 6 à 8 ans peut accorder à une leçon particulière, un certain parallélisme : l'un et l'autre ont besoin d'une brève mise en train. L'un et l'autre, après un passage très bon, montrent une nette décrue de leurs qualités.

On a cherché si les plantes hallucinogènes favorisaient réellement la manifestation, chez ceux qui en consomment, d'un état favorable aux démonstrations parapsychologiques, état que l'on peut qualifier de transe. Ces plantes que l'on appelle parfois divinatoires vont, selon l'ordre alphabétique, de l'aconit au yohindé, en passant par la belladone, le café, la coca, le datura, le laurier, la mandragore etc., renfermant des produits que l'on retrouve dans la pharmacopée chimique. Mais la constitution propre des médiums et les produits que l'on absorbe ne créent pas la transe : ils la favorisent seulement.

L'état de transe assure la mise en jeu des pouvoirs paranormaux de l'organisme. En fait, la transe paraît comporter un abaissement du niveau de la conscience claire. Certaines manifestations physiologiques peuvent signaler cet état. L'électro-encéphalogramme de la transe n'a pas fourni d'information probantes. Il faut noter la difficulté de prendre de telles mesures.

La plupart des sujets se rendent compte, au moment de la transe, des modifications qu'ils subissent.

TRITHÈME

De son vrai nom, Johannes Heidenberg, avec pour pseudonyme Trithémus, ce moine bénédictin d'une immense culture, à une époque où le monde savant bougeait (1462-1516) eut une très grosse influence sur PARACELSE (voir ce nom).

On pense qu'il était initié à la Rose-Croix, formation spirituelle à l'opposé de la théorie scholastique. On y soutenait une thèse selon laquelle du mineral le plus primaire à l'individu le plus parfait, tout, dans l'univers, évolue vers un perfectionnement et une harmonie. Il connaissait également la KABBALE (voir ce mot). Il avait adopté l'utilisation juive de l'écriture, qui donne aux signes une valeur différente de leur sens réel. Il amena Paracelse à la Rose-Croix.

TYPTOLOGIE

Ce terme désigne une méthode de communications qui utilise d'une part les qualités particulières d'un médium, d'autre part les coups frappés selon le numéro d'ordre de chaque lettre de l'alphabet. C'est la traditionnelle manifestation spirite : pour oui, frappe un coup, pour non, deux coups ; pour les lettres de l'alphabet, on décompose le mot et les coups sont frappés selon la position de la lettre dans l'alphabet. C'est une méthode simple, qui a donné de nombreux et intéressants résultats surtout au XIXe siècle. C'est exactement ce que raconte Victor Hugo dans *Les tables tournantes de Jersey.*

U

UNIVERS PARALLÈLES

En vue d'expliquer certains mystères d'une manière vraisemblable, on émet et soutient l'hypothèse des univers parallèles. Pour se faire une idée de ce que cela représente, il faut imaginer ce que serait l'ensemble de notre raisonnement si nous ne suivions pas la mathématique euclidienne, mais une autre mathématique. Rien ne serait pareil. Les explications concernant les faits de notre vie seraient totalement différentes et telles que nous ne pouvons pas les imaginer. Or, nous avons une telle habitude de suivre les principes d'Euclide que nous ne sommes plus en mesure d'imaginer autre chose. Les spécialistes des mathématiques non-euclidiennes sont capables d'expliquer cet univers ou ces univers parallèles ; les autres, c'est-à-dire le commun des mortels, ne peuvent qu'en apprendre l'existence intellectuellement, c'est-à-dire comme on retient un raisonnement théorique qui vous est fondamentalement étranger, mais dont on a besoin pour échafauder certaines thèses. Avec le principe des univers parallèles, on peut supporter la pensée de bien des étrangetés que, sans cela, on chasserait immédiatement de tout raisonnement.

Selon cette théorie, il existerait donc un autre univers, à peu près construit comme le nôtre, mais qui ne serait pas le nôtre ; il comporterait des gens, d'autres civilisations, serait régi par d'autres règles, mais serait en quelque sorte imbriqué dans le nôtre, l'un et l'autre existant en même temps, étant de puissance équivalente, mais dans l'impossibilité de se mélanger, voire même de se rencontre. Il y a un escalier au château de Chambord dont les personnes qui le montent ne peuvent jamais voir les personnes qui le descendent. Deux univers parallèles peuvent se trouver dans une situation réciproque ayant quelque chose de celle des utilisateurs du double escalier de Chambord.

On ne devrait pas savoir qu'il existe des univers parallèles, puisqu'on ne les voit jamais ; mais une curieuse imperfection, ou l'audace de certains créent des cas d'exception ; ainsi, des gens apparaissent tout à coup sans que l'on sache d'où ils viennent et d'autres disparaissent sans laisser de traces. Apparu, par exemple, tel enfant sauvage dont on ne sut jamais d'où il venait ; et disparus, une foule de gens parmi lesquels l'écrivain américain Ambrose Bierce qui vivait à la fin du siècle dernier et au début de celui-ci et qui est l'auteur d'un *Dictionnaire du Diable*, entre autres œuvres. Il y expose d'ailleurs une thèse selon laquelle des disparitions mystérieuses ne seraient explicables que par la présence de « trous » qui feraient communiquer les deux univers : le nôtre et un univers parallèle. Mais si on peut passer par un tel trou, il n'est pas certain que l'on retrouve sa route pour revenir.

Quant à Ambrose Bierce lui-même, et ce n'est pas le point le moins étrange de toute cette thèse, il a disparu en 1914 au Mexique. On n'a jamais su ce qu'il était devenu car on n'a pas retrouvé son corps ni un quelconque objet lui appartenant. Peut-être a-t-il été happé par un de ces « trous ».

Il arrive qu'on impute également à une communication entre univers parallèles les apparitions, telles celles de la Vierge de Lourdes ou de Fatima ; et même les OVNI dont on n'a jamais donné une explication satisfaisante...

V

VAUDOU

Le vaudou, qui est une religion, semble ne pas avoir sa place en parapsychologie. En effet, les religions n'appartiennent pas à cette sorte d'activité ; sauf exception, peut-on ajouter, et le vaudou est une d'elles. Ceci parce que la religion vaudou est fortement mêlée de MAGIE (voir ce mot).

Le vaudou est un **culte animiste** qui représente les réminiscences ataviques des esclaves noirs qui, du Dahomey et de la Guinée, ont été transportés, par villages entiers dont on ne laissait sur place que les vieillards, aux Antilles et en Haïti. Aujourd'hui, des auteurs se sont intéressés à la propagation du vaudou et on a des informations sur ce qui passa, il y a une cinquantaine d'années, pour un mystère dramatique tel qu'on mêla, dans une peur générale, les ZOMBIES (voir ce mot) et le vaudou. Alors que ce culte a longtemps passé pour une forme dramatique de magie noire, le vaudou, sous la plume de ses propagandistes, devint un culte animiste, hautement qualifié pour exalter chez les Noirs leur origine africaine. Contrairement à ce qu'on a pensé par le passé, le culte vaudou révèle des aspects symboliques et possède des significations ésotériques certaines. Parmi les rites pratiqués dans le vaudou, on distingue les *radas,* ou rites du soleil, et les *pétros*, aux vertus magiques.

Être vaudouisant, terme par lequel Claude Planson et Camille Delio désignent les pratiquants de ce culte, n'implique pas seulement une croyance aux esprits, dite, selon nos usages, superstition, mais l'imprégnation profonde par le sacré du moindre détail de l'existence. En fait, le vaudou est le culte d'esprits qui assurent le lien entre le ciel et la terre. Ces esprits, qu'on appelle *loas*, sont des êtres surnaturels.

Le vaudou a un double aspect : celui fixé par la tradition, qui lui vient de ses origines et qui est statique, et celui qui a évolué avec le cours de la vie et qui représente le dynamique. Par dessus ce couple, se pose un catholicisme exacerbé qui, ayant exigé d'être présent, se symbolise par quelques allusions. On trouve dans le vaudou un réalisme peu à peu devenu fantastique. Le culte vaudou se pratique la nuit. Il y a des prêtres, des initiés et des assistants. Pour ce culte, on s'habille en blanc, couleur dont on sait qu'elle repousse les effets magiques et les mauvais sorts. Dans le culte catholique, les surplis blancs du prêtre et de ses assistants jouent le même rôle.

La cérémonie du vaudou

La cérémonie vaudou est précédée du tracé des *vévés*. Ce sont des dessins symboliques éphémères obtenus en répandant sur le sol, suivant des lignes prévues à l'avance, de la farine de maïs. Lors des déplacements des fidèles, ces tracés vont se brouiller et s'effacer ; on les refait chaque fois. « Ces vévés possèdent, une fois consacrés, un véritable pouvoir magique. » (Claude Planson et Camille Delio dans *Planète*). Le rituel se développe alors et les participants se livrent à des marches, l'un derrière l'autre, qu'accompagnent des gestes et des mots psalmodiés. Un par un, les assistants, auxquels on a servi d'agréables boissons non dépourvues d'alcool, sont appelés fort gracieusement à se joindre aux participants.

L'intensité de la gesticulation, la concentration, puis l'explosion qui constituent l'élément spirituel du culte vaudou créent une masse de force psychique telle « qu'elle peut être qualifiée de magique » (ibid).

Un égrégore naît et se forme peu à peu, tandis que les profanes sont entraînés par la main. Ce n'est pas sans réticence qu'on se laisse incorporer dans cette danse, tant on pressent que tout acte magique pourrait se produire qu'on devrait subir. La création instantanée est nettement perceptible de l'élément spirituel du culte vaudou et la naissance de deux circuits : l'un visible, perceptible, unit les *hounsi*, qui sont des jeunes filles initiées constituant une sorte de chœur, au *poteau-mitan* qui est un mât dressé au centre de l'espace réservé au culte. L'autre circuit, totalement invisible, est inconscient et collectif : il porte en lui la tradition millénaire. Un contact formel et rituel entre l'un et l'autre circuits est assuré par le *Hougan* et la *Mambo*, les deux personnages principaux qui conduisent la cérémonie. Les dieux ainsi appelés ne tardent pas à occuper les esprits des personnes présentes, parmi lesquelles ils font leur choix.

A cet instant de haute intensité, où le profane ne ressent pas très clairement ce qui se passe, les dieux invoqués « chevauchent » les officiants ou toute autre personne, s'exprimant par leur bouche, réclamant les offrandes qui leur sont dues. Ces offrandes sont diverses et, lorsque les invités profanes sont nombreux et non habitués, consistent en corbeilles de fruits, en fleurs et en feuillages. Si l'on suppose que les profanes pourront le supporter, on sacrifie un coq que l'on saigne, ou encore un jeune mouton.

Lorsque l'intensité de la manifestation atteint son sommet, on assiste à une agitation indescriptible. Les dieux sont là et les corps vacillent, se désarticulent, se dépersonnalisent. Il y a extériorisation de tout ce que l'on retient en soi. C'est la crise, la convulsion, le cri primal. La danse folle effraie les assistants profanes qui se retirent, s'ils n'ont pas été suffisamment bouleversés pour se voir portés au délire, en un mot, chevauchés par les dieux.

Puis, vient le retour au calme et ces êtres que l'on a vus devenir fous redevenir les hôtes courtois et les jeunes filles sereines du début. La nuit s'achève sur d'aimables échanges. Ce sont là, pour le profane, des manifestations à peine déchiffrables ; il a vu des danses, des gesticulations et s'il y a participé, il se sent libéré et soulagé et peut revenir à ses coutumières contraintes.

« Pour le vaudouisant, tout se confond et s'imbrique, ne l'oublions pas, et la magie joue un grand rôle. » (Ibid)

La dualité de l'homme se trouve ainsi exprimée et le profane et le sacré se mêlent en lui. Les dieux sont assez proches des humains pour qu'une communication efficace puisse s'établir. Les loas font des prophéties par la voix des fidèles qui ne gardent aucun souvenir quand la cérémonie est finie, le poteau-mitan enlevé et les vévés effacés.

Les finalités du vaudou

Le vaudou a pour effet ce dont ces populations transplantées avaient le plus besoin : maintenir une solide cohésion entre ses fidèles. Il fut la religion des esclaves et maintint leur moral et leur union. Aujourd'hui, en Haïti, il aide le paysan à supporter sa misère. Il ne parle pas comme nos religions chrétiennes de « gagner le ciel » et de « racheter son âme ». Il fait espérer obtenir dans l'immédiat les bienfaits nécessaires. Sa morale part de l'ordre : « Aimez-vous les uns les autres ». Il n'est pas question de survie après la mort. Le défunt se fond dans la divinité dont il devient une parcelle et il disparaît dans le grand tout universel.

La cérémonie du culte vaudou est très théâtrale. Le décor, les costumes sont soigneusement préparés ; il y a un texte, des chants, des danses et une partie improvisée.

Le miracle vaudou, c'est la présence des dieux dans la personne de ses fidèles, ce qui donne une extraordinaire joie de vivre au peuple haïtien. Il n'y a pas de crise dramatique de possession, il y aurait plutôt un joyeux délire inconscient. On a tenté une explication psychanalytique du phénomène vaudou ; nous, qui avons une certaine considération pour la magie, lui donnons cette explication.

VOULT (ou volt)

Le mot vient d'un terme latin, *vultus*, qui signifie visage. Le voult est, en effet, une image, une **représentation d'une personne** ; on utilise pour le faire de la cire à modeler à laquelle on donne une figure humaine que, par des traits caractéristiques, on fait ressembler à une personne déterminée. Pour créer des liens réels entre la poupée de cire et la personne vivante, on incorpore à la poupée des éléments provenant de la personne, autant que possible directement de son corps ; ce sont des rognures d'ongles ou des cheveux récupérés sur un peigne ; à défaut, une partie d'un vêtement ou un objet qu'elle porte habituellement sur elle.

L'auteur du voult se trouve alors uni à la personne choisie par un lien magique. Désormais, toute opération magique effectuée sur le voult, que certains appellent une *dagyde*, aura un retentissement sur la personne réelle. Il faut alors agir. On le fait, par exemple, en plantant des épingles dans la poupée, créant une douleur physique dans la partie correspondante du corps de la personne réelle. Par exemple, on pique dans la tête et la personne a des migraines ; on pique dans l'estomac et elle a des gastralgies, etc. Mais si on pique dans le cœur ou, fortement et profondément, dans la tête, on provoque des accidents plus graves pouvant aller jusqu'à la mort.

On peut exécuter sur la poupée un rituel d'**envoûtement** ; dans ce cas, la personne réelle peut obéir aux ordres que, par la suite, on donnera à la poupée. On peut ainsi lui faire éprouver divers sentiments ; forme utilisée pour les « retours d'affection ». L'opération terminée, on la prolonge ou on la complète, en enfouissant la poupée dans le sol en un endroit où la personne visée passera souvent.

Il va de soi qu'il existe une protection. La plus simple est un « sceau de Salomon » : une étoile à six pointes constituée par deux triangles équilatéraux entrelacés, un rouge et un bleu ; on applique cette figure sur les murs de l'appartement ou de la chambre, dans les directions respectives des quatre points cardinaux. Si on trouve le voult, il faut le brûler.

Il existe un moyen plus moderne de fabriquer un voult, c'est la photographie. Si l'on magnétise avec l'extrémité des doigts des deux mains une photo de la personne à envoûter, on peut obtenir un résultat approchant l'effet du voult.

Il est naturellement fortement déconseillé, dans ce cas, de prendre une photographie représentant plusieurs personnes ou alors, il faut la découper pour isoler le personnage choisi.

VOYANCE

La voyance est une faculté de l'esprit ne relevant d'aucune intervention surnaturelle ou divine, permettant à un individu de percevoir les faits cachés dans le passé, le présent, le futur d'un autre individu ou d'un groupe d'individus, à travers le temps et l'espace (J. et A. Dessuart).

Cette perception peut être purement intuitive, forme d'inspiration intérieure et c'est alors la voyance directe ; elle peut être partiellement aidée par différents procédés appelés MANCIES (voir ce mot).

La perception extra-sensorielle

Il s'agit en partie de ce que la parapsychologie appelle la perception extra-sensorielle. Celle-ci, n'utilisant aucun des cinq sens physiques, semble faire appel à une activité mentale mal connue et encore inexplorée que certains aiment appeler le **sixième sens.** Il semble s'agir d'un don à l'état latent chez tout le monde et qui peut se développer plus ou moins bien par des exercices et une concentration suffisante.

Cette sorte de perception extra-sensorielle provoque la vision d'images que l'on appelle CLICHÉS (voir ce mot). Ces visions se présentent dans un aspect différent de ce que l'on voit en réalité et de ce qu'on rêve. Ce sont des sortes d'images transparentes venant en surimpression sur la réalité. Elles peuvent être statiques, demeurant immobiles et inchangées comme des images, imprimées ou bien mobiles et se déroulant comme des fragments de film. Ces créations intérieures sont spontanées et sans aucun lien avec ce que le voyant pourrait savoir en matière de psychologie. Ces clichés se produisent spontanément et apparemment sans ordre ni logique. Décrits au consultant, ils créent chez lui des associations d'idées dont il peut comprendre la signification. Il existe des méthodes pour développer ce don et permettre au clairvoyant d'avoir des clichés sur demande. Selon la tradition ésotérique de l'Inde, la perception extra-sensorielle émanerait du « troisième œil ».

La clairvoyance

A côté de la clairvoyance, existe la « clairaudience ». Le sujet entend une voix qui lui donne certaines informations. Ce n'est pas vraiment une voix : c'est l'impression qu'on entend une voix. En fait, on n'entend rien, on a simplement l'impression d'entendre et cela masque les sons réels extérieurs. Il arrive, dans certains cas, inhabituels, que la voix soit extérieure au voyant et l'on a pu en faire des enregistrements sur magnétophone. Dans la plupart des cas, cependant, il n'y a pas réellement de son. Le fait d'entendre une voix à l'intérieur de soi alors qu'on n'émet personnellement aucun son vocal impressionne généralement celui qui en est le « terrain ». Certains en ont fait une crise de mysticisme. Il semble que l'on puisse favoriser la clairaudience par la concentration, la méditation et une certaine ascèse.

L'intuition

Une autre forme de voyance est **l'intuition.** Il ne s'agit plus, dans ce cas de l'intuition de la personne qui, bien informée sur un cas, une situation, réfléchit et, ajoutant son savoir à son bon sens, donne un avis. Ici, le déroulement est différent ; le voyant ne sait rien du consultant, mais à sa vue et à son contact il a soudain à son sujet une certitude. S'il émet cette certitude, en général avec prudence, car il peut toujours se tromper radicalement, du moins le craint-il, le consultant dit ce qu'il pense de la suggestion qui lui est faite ; généralement, il admire l'exactitude de la déclaration.

Il s'agit ici de véritable voyance, dans laquelle l'opérateur agit presque malgré lui, faisant des affirmations sur lesquelles la minute d'avant il ne savait rien. Ici, aucune concentration n'est nécessaire ; la voyance est spontanée et rien ne l'explique jusqu'à présent. On peut supposer un subconscient collectif.

L'interprétation

Au reçu du message, quel que soit le mode de perception, le voyant doit l'exposer au consultant. Le moment est délicat. Qu'il s'agisse d'images, de voix, d'intuition ou de toute autre expression que peut-être nous ne connaissons pas, il faut en donner une traduction fidèle, exacte et compréhensible par le consultant.

Le danger que peut présenter la traduction du message réside dans le fait que, s'agissant d'un symbole, le voyant sera tenté de le traduire selon son propre esprit et sa vision du monde. Or, c'est d'après l'esprit du consultant et la vision du monde qu'en a le consultant que le message doit être traduit et exprimé. Car il est destiné au consultant. C'est à cause de cette traduction que le voyant peut rarement exercer spontanément : il lui faut d'abord s'exercer dans le mutisme, s'efforçant de sélectionner les meilleures traductions possibles d'après ce qu'à première vue il remarque chez le consultant. Si le voyant livrait son message « en vrac », tel qu'il l'a perçu, le consultant, en raison de son propre caractère, de ce qu'il connaît déjà de sa propre situation, des influences qui l'entourent, pourrait concevoir une interprétation conforme soit à ce qu'il souhaite, soit à ce qu'il craint, mais non à ce que sera la réalité.

La suggestion

Quand on traite de la voyance, on doit penser à la suggestion et à l'autosuggestion : ce qu'on annonce peut ne pas être destiné à se produire et se produire pourtant parce que le voyant l'a annoncé ; dans ce cas, il est possible que le subconscient du consultant, ayant entendu la prédiction, en prenne note et favorise sa réalisation.

C'est l'affaire classique de la jeune fille à qui on annonce son prochain mariage avec un jeune homme blond. Elle n'en connaît point. Mais le prochain jeune homme blond dont elle fera la rencontre aura toute son attention, en sera peut-être flatté, prendra un air aimable et cherchera tous les moyens d'adresser la parole à la jeune fille. Le contact se fera et pourra les conduire au mariage ; le voyant n'aura pas prédit le mariage, il l'aura suggéré...

Ce fait est de première importance pour le voyant lorsqu'il doit faire un choix parmi plusieurs interprétations de sa voyance ; il y a des voyances qu'il est préférable de taire.

Y

YI-KING

On appelle Yi-King un document datant de la Chine ancienne, environ 6.000 ans av. J.-C., qui est considéré dans ce pays avec le respect et l'importance que nous donnons, en Occident, à la Bible. Il est la base d'une tradition, d'une éthique et d'une morale et s'appelle *Le Livre des Transformations.* Il n'est pas relié, mais, dans la forme sous laquelle il est commercialisé chez nous, il se compose, comme le Tarot, de feuillets séparés sur lesquels on voit soit des textes, soit des dessins décoratifs ou symboliques, en tous cas des indications à interpréter. Parmi les utilisations du Yi-King, on retient surtout en France la divination. Consulté selon certaines règles, il délivre, en effet, des oracles.

La légende

Comme beaucoup de choses, en Chine, le Yi-King est tellement ancien qu'on peut se permettre d'expliquer son origine par une légende. La voici.

L'empereur Fe-Hi, il y a de cela très longtemps et, probablement plus de six mille ans, se promenait sur la rive du fleuve Jaune quand il vit venir à lui, nageant sur l'eau, un dragon ; l'animal portait sur son dos un tableau octogonal sur lequel se lisaient huit signes formés chacun, selon des dispositions variées, de trois traits, les uns continus, les autres coupés en leur milieu. Il y avait huit combinaisons de ces traits.

Ces figures ou trigrammes étaient toutes différentes. La première était formée de trois traits continus, horizontaux et parallèles, soigneusement dessinés à égale distance les uns des autres. Cette figure s'appelle *K'ien* ; la deuxième consistait en deux traits coupés et un trait continu ; c'est *Tchen* ; la troisième, c'est un trait continu entre deux traits coupés, *K'an* ; la quatrième est un trait continu au-dessus de deux traits coupés, *Ken* ; la cinquième : trois traits coupés, c'est *K'ouen* ; la sixième, deux traits continus au-dessus d'un trait coupé, c'est *Souen* ; la septième, un trait coupé entre deux traits continus, c'est *Li* et la huitième et dernière, un trait coupé au-dessus de deux traits continus, c'est *Touei.* On dit aussi que le trait continu représente *Yang* et le trait coupé *Ying.*

Un art divinatoire

N'ayant pas reçu la formation chinoise, sa mentalité, et n'étant pas imbu de tous les principes dans le détail qui inspirent les usages et les croyances de ce grand pays, nous ne pouvons saisir du Yi-King que ce qui a été mis, par les sinologues et particulièrement Soulié de Morant, à la portée de l'esprit occidental. Aussi, ne pouvons-nous généralement en saisir toute la richesse et toute la valeur. Mais des éditions ayant été faites pour l'Occident, nous pouvons en prendre connaissance et le ranger au nombre de nos procédés divinatoires.

Le Yi-King, outre ses images et sa philosophie, est une **numérologie**. Comme l'astrologie chinoise. La tradition existe, le développement des notions de base existe, mais, pour les Occidentaux, il a paru plus simple de ramener l'ensemble de ce *Livre des Transformations* à l'assemblage d'images constituant aujourd'hui, dans le commerce, le matériel d'un art divinatoire de plus.

Comme pour tous les arts divinatoires, c'est l'esprit de l'utilisateur qui accomplit le principal de la besogne.

La figure formée par trois traits parallèles, continus ou coupés, placés l'un au-dessus de l'autre est appelée **trigramme.** On peut grouper les trigrammes deux par deux ;

cela donne des **hexagrammes.** Il y a huit trigrammes et 64 hexagrammes.

Au Yi-King, s'associe le *Tao*, signe représentant lui aussi toute une philosophie, celle du Yin et du Yang.

Lorsque le Yi-King est conçu comme moyen divinatoire, le jeu des trigrammes et des hexagrammes est complété par un léger matériel indispensable. Il s'agit de sélectionner un certain nombre d'hexagrammes. Ce choix est déterminé par une sorte de tirage au sort, s'apparentant au procédé de début de la géomancie. D'un côté, il y a les pairs et les impairs, de l'autre les traits continus ou coupés accompagnés de la notion de Yin et Yang.

Lorsqu'on s'intéresse à ce mode divinatoire, on se procure un jeu de Yi-King chez un libraire spécialisé ; on y trouve des baguettes en bois d'achillée et trois pièces qui ne sont pas de la monnaie, mais rondes et illustrées comme ces dernières. On dispose donc de deux procédés pour déterminer les hexagrammes qui seront la base de l'oracle.

On dispose également de cartes sur lesquelles sont inscrites des formules qui, après interprétation, donnent l'oracle cherché. Ces cartes portent simplement une formule ou bien, et c'est un des charmes de cet ensemble, elles sont illustrées avec beaucoup de goût. Nous ne savons pas comment elles sont en Chine même, mais ce jeu « occidentalisé » est certainement très agréable à manipuler.

On peut se demander quelle est l'origine ou quel est le sens du nom de ce jeu : Yi-King. On le traduit par *Livre des Transformations,* ou *Livre des Changements.* « Le Yi-King, écrit le Dr J.-P Guynnaud dans son livre *Initiez-vous au Yi-King*, enseigne qu'il n'y a qu'une seule chose qui ne change pas, c'est le changement. » Il ajoute, *Yi,* signifie caméléon ; *king*, signifie étoffe ou trame.

Un livre de sagesse

Alors que, si nous avons des bons et des mauvais jours, nous sommes tentés de croire que c'est l'effet du hasard, avec le Yi-King, nous pouvons tenter de limiter les effets du hasard, au lieu de le laisser nous dominer. Pour cela, nous devons nous mettre à l'unisson avec les plans supérieurs du cosmos, ce qui veut dire que nous devons faire entrer notre vie dans l'harmonie universelle.

Le Yi-King devient alors un moyen d'apprendre à lire l'ordre de l'univers et de s'y conformer. Abondant en conseils judicieux, le Yi-King est un livre de sagesse. On peut dire qu'en un certain sens l'astrologie est figée, parce qu'elle est basée sur un fait qui ne change pas et qui est la date de naissance du sujet. Le Yi-King, au contraire, ne part pas d'un point fixe, il tient compte du « potentiel évolutif de l'univers et de l'homme. » (ibid.)

Il est un livre d'oracles, un art divinatoire, un recueil magique.

Selon Marcel Granet qui a étudié à fond *La pensée chinoise*, pour comprendre le Yi-King, il faut comprendre la pensée chinoise. Alors que, pour l'Europe et probablement à des fins de commercialisation, le Yi-King est tel que nous le connaissons, pour les Chinois, il n'est pas un jeu ni uniquement un mode de divination ; il est, probablement et surtout, un système philosophique.

Des secrets, des maîtres-mots, étaient enseignés par les maîtres à leurs disciples. Nous les trouvons souvent « sans queue ni tête », mais nous les admettons comme des usages indéchiffrables. Ils sont donc des bases de méditation, pour les Chinois ; mais nous ne méditons pas comme eux. Pourtant, tel est le Yi-King. Pas essentiellement un jeu de divination. Toutefois, on doit reconnaître que la traduction de ces adages en français leur a fait perdre leur caractère premier ; comme la traduction de la Bible a suscité des critiques et des corrections.

Ce message antique et puissant se condense, en réalité, dans les 64 hexagrammes. Celui qui prend la peine de les traduire comprend toute la philosophie chinoise. En fait, c'est une illustration de ce trait de leur pensée : tout peut se traduire par des nombres. Ainsi en est-il de l'astrologie chinoise qui nous semble plutôt être une numérologie.

En somme, pour bien admettre le Yi-King en profondeur, il faut savoir que ses adages, qui nous paraissent désespérément plats et vulgaires, n'ont jamais cessé de fournir, tels pour certains Occidentaux les versets de la Bible, un stimulant pour la pensée la plus probe et la plus libre, selon Marcel Granet (*La pensée chinoise*).

Z

ZENER (Cartes de)

Il s'agit d'un jeu de cartes, du format des cartes à jouer, en carton ferme et facilement maniable. Ces cartes portent chacune un dessin abstrait spécialement choisi simple et bien typé. Le jeu comprend 25 cartes et il est composé de cinq figures différentes qui sont : 5 *cercles*, 5 *lignes ondulées*, 5 *croix*, 5 *carrés* et 5 *étoiles*. Les cartes et les figures sont toutes de la même dimension. Ce jeu, valable pour tous les tests sur la perception extra-sensorielle, est principalement utilisé pour la **télépathie** ; mais il peut l'être aussi pour la **voyance**. Il y a dialogue entre l'agent (celui qui mène l'expérience) et le percipient (celui qui s'y prête).

L'agent bat le jeu sans le voir avec une boîte spéciale. Il regarde alors la première carte qui se présente, puis la seconde, la troisième, etc. Le percipient est séparé de l'agent par un écran, ou bien se trouve dans une pièce voisine. Chaque fois qu'on lui signale qu'une carte est sortie, il doit faire un effort pour la visualiser, c'est-à-dire la voir par la pensée. Il note celui des cinq dessins qui lui vient à l'esprit. A la fin de l'expérience, on constate combien de cartes ont été « vues ». Les observateurs ont noté que la moyenne de réussites, c'est-à-dire de cas où le percipient a « vu » la bonne carte, est de 5 sur 25. Certains percipients obtiennent un nombre bien plus grand de réponses justes. On observe, au cours de telles expériences, une variation dans les résultats avec des succès au début et puis, un net déclin au bout d'un certain nombre d'essais. Il semble que la faculté télépathique s'use.

Avec le même jeu de cartes de Zener, on peut faire des **tests de prémonition** et de clairvoyance. Personnellement, nous avons fait de tels tests avec le jeu de la roulette dans des casinos. La faculté de divination du nombre sur lequel s'arrêtera la boule atteint son maximum après deux ou trois lancers. Là, s'installe une sorte de point culminant étalé sur cinq ou six lancers et puis l'exactitude décroît et, au dixième lancer, on sent que le hasard seul intervient dans le choix du nombre. Comme si cette faculté devait se mettre en train, puis donnait son maximum, et enfin s'épuisait.

ZODIAQUE

Ce terme désigne une figure théorique qui se situerait dans l'espace céleste en formant une bande circulaire dont la Terre serait le centre. En apparence, le Soleil se lève chaque matin sur l'horizon, à l'orient. A chaque lever, il apparaît en un point précis de la ceinture zodiacale, point qui se déplace chaque jour. En une année, le Soleil a parcouru le cercle entier du zodiaque. Il se retrouve au même point que 365 jours plus tôt.

Le nom de zodiaque est issu du grec *zoe diago* qui signifie « ce qui dirige la vie ».

Les 360 degrés du cercle zodiacal sont théoriquement répartis en *douze secteurs* dont chacun porte le nom d'une constellation qui paraît s'y trouver. Nous disons qui paraît s'y trouver et non qui s'y trouve parce que les constellations sont des figures apparentes formées par divers corps célestes qui, dans la réalité, ne se trouvent peut-être liés par aucun rapport entre eux, mais uniquement par un effet d'optique.

Selon la tradition antique, le caractère et la personnalité des êtres vivants dépendent en partie du secteur du zodiaque — on dit plutôt le signe que le secteur — dans lequel s'est levé le Soleil le jour de leur naissance. On a constaté que les personnalités nées sous le même signe se ressemblaient quelle que soit l'année de leur naissance. D'où l'intérêt que présente le zodiaque pour chaque être vivant.

Tout ce qui précède appartient à l'ASTROLOGIE (voir ce mot).

Il est cependant important de noter ceci, qui appartient à la parapsychologie. Une personne qui ignore la signification zodiacale de la date de sa naissance présente certainement, mais sans s'en douter, les caractères généraux des natifs de ce signe. A partir du moment où elle est informée des traits de caractère que donne ce signe, elle en fait état quand elle parle d'elle. Plus : dans ses moments de méditation, elle a tendance à excuser ses défauts et ses erreurs par l'influence zodiacale. Si elle approfondit quelque peu la question, elle finit par agir spontanément comme le dit la tradition au sujet de « son signe ».

On en vient à devoir considérer l'influence zodiacale comme une double force : la première partie en est l'impulsion donnée par le signe zodiacal de naissance ; la seconde, c'est l'effet de suggestion provoqué par ce que disent les commentateurs sur ce signe. Il y a là un phénomène psychique qui prend sa source dans le subconscient et auquel les commentateurs de l'astrologie populaire, ceux qui parlent du zodiaque plus que des positions et aspects planétaires, feraient bien de penser constamment.

En particulier, ils doivent savoir qu'il n'y a pas de « bons signes » et qu'il n'y en a pas, non plus, de mauvais ; que l'accord entre natifs de chaque signe est toujours possible et que le fait que tel signe ne s'accorde pas avec tel autre n'existe pas ; il y a seulement des personnes qui se connaissent et se comprennent et d'autres qui se connaissent mal et ne se comprennent pas tout en pensant au contraire savoir tout l'une sur l'autre. Il n'y a jamais de jugement de valeur en astrologie et le zodiaque n'a aucune influence sur les qualités et les défauts des natifs des divers signes ; il apporte seulement des traits de caractère et des tendances. L'astrologie doit expliquer, non juger.

Les signes du zodiaque

Voici une liste des douze signes du zodiaque avec l'indication des dates auxquelles ils correspondent et des traits principaux qu'ils apportent aux natifs.

Si vous êtes né dans la période :
— du 21 mars au 20 avril, vous êtes **Bélier**, donc vif, violent, volontaire ;
— du 21 avril au 20 mai, **Taureau** donc artiste, jaloux, économe ;
— du 21 mai au 21 juin, **Gémeaux**, donc léger, jeune, dynamique ;
— du 21 juin au 22 juillet, **Cancer**, donc tendre, posé, sentimental ;
— du 23 juillet au 22 août, **Lion**, donc fort, fier, généreux, paresseux ;
— du 23 août au 22 septembre, **Vierge**, donc soucieux de votre santé, méticuleux, positif ;
— du 23 septembre au 22 octobre, **Balance**, donc gracieux, aimable, indécis ;
— du 23 octobre au 21 novembre, **Scorpion**, donc dynamique, complexe, sensuel ;
— du 22 novembre au 20 décembre, **Sagittaire** donc mesuré, méthodique, sportif ;
— du 21 décembre au 19 janvier, **Capricorne**, donc réaliste, économe, fantaisiste ;
— du 20 janvier au 18 février, **Verseau**, donc distrait, changeant, généreux ;
— du 19 février au 20 mars, **Poissons**, donc irréaliste, généreux, distrait.

Remarque : les natifs des signes du Cancer, du Scorpion et des Poissons sont doués pour la parapsychologie.

ZOMBIE

Être apparemment vivant, mais inconscient, réputé être un **mort-vivant**, en **Haïti**.

« Est aussi qualifié d'attentat à la vie d'une personne par empoisonnement, l'emploi qui sera fait contre elle de substances qui, sans donner la mort, auront produit un état léthargique plus ou moins prolongé et quelles qu'en aient été les suites. Si, par suite de cet état léthargique, la personne a été inhumée, l'attentat sera qualifié d'assassinat. »

Cet article a figuré jusqu'en 1953 dans le Code pénal en vigueur à Haïti. On devine que ce texte punissait les faiseurs de zombies.

Mais qu'est-ce qu'un zombie ?

On appelle zombie un être humain qui, théoriquement, a été ranimé après avoir été mort et enterré. Ces êtres, officiellement rayés de la liste des vivants, constituaient, disait-on, une main-d'œuvre gratuite. On les utilisait surtout dans les travaux agricoles. On doit éviter d'assimiler l'utilisation des zombies au culte VAUDOU (voir ce mot). L'écrivain W.-E. Seabrook a décrit des zombies dans son livre *L'île magique*. Il déclare en avoir vu et cela lui a donné l'impression de se trouver en présence d'êtres dont toutes les facultés mentales avaient été annihilées. Plusieurs cas troublants ont été recueillis par des écrivains.

Il est difficile de dire si les zombies existent réellement, c'est-à-dire si ce sont des morts ressuscités ou si ce sont des vivants soit drogués, soit atteints d'une anomalie cérébrale. Il n'est pas certain que les zombies aient leur place dans la parapsychologie. La réponse serait positive s'il s'agissait de personnes envoûtées. Elle serait négative s'il s'agissait de personnes, spontanément ou artificiellement, frappées d'une anomalie cérébrale. Ce serait alors, soit du domaine psychiatrique, soit du domaine pénal. Quoi qu'il en soit, la question des zombies ne semble pas tout à fait éclaircie. L'opinion la plus courante selon laquelle il s'agit d'une mort apparente, suivie d'un réveil avec des facultés mentales très amoindries, suppression quasi totale de la volonté et de la mémoire, est du domaine pénal. Empruntons l'expression de son opinion à M. François de Closets dans *Planète*, n° 13 : « Le zombisme est beaucoup plus qu'un crime, il touche à des zones obscures de l'âme primitive et à des secrets encore inconnus... »

A ce titre, le zombisme appartient à la parapsychologie.

INDEX

IMPRESSION : BUSSIÈRE S.A., SAINT-AMAND (CHER). — N° 7806
D. L. MARS 1989/0099/82
ISBN 2-501-01189-9
Imprimé en France